HELMUT FISCHER

# DIE IKONE

HELMUT FISCHER

# DIE IKONE

## URSPRUNG – SINN – GESTALT

HERDER
FREIBURG · BASEL · WIEN

*Den lernenden und lehrenden*
*Kolleginnen und Kollegen*
*meiner Zeit*
*im Theologischen Seminar Friedberg*


Herstellung: Freiburger Graphische Betriebe 1989
ISBN 3-451-21431-8

# VORWORT

In meinem Studienurlaub 1987 wollte ich eine umfangreiche Befragung zur Predigtarbeit auswerten. Die Befragung kam aber nicht zustande. So wurde überraschend Zeit frei für ein Thema, das mich schon einige Jahre beschäftigte: die Ikone. Ermutigt wurde ich zu dieser Arbeit von vielen, die meine Liebe zur Ikone kannten und die selbst mehr über die Ikone erfahren wollten.

Besonders zu danken habe ich Frau Ingrid Basenau für die Geduld und Genauigkeit bei den nicht einfachen Schreibarbeiten, Frau Nina Leudesdorff für das unermüdliche Lesen der Korrekturen, Frau Christel Gottwals, Herrn Manfred Holtze und Herrn Martin Schneider für die Erstellung der Register. Meiner Frau und meinen Freunden danke ich für die mancherlei „Ikonengespräche" und dafür, daß sie es verstanden haben, wenn ich selbst die knappe Freizeit voll dem Studium der Ikone und dem Schreiben widmete. So haben zum Werden und zum Gelingen dieses Buches sehr viel mehr Menschen beigetragen, als mit dem Verfassernamen zum Ausdruck kommt.

Ich wünsche mir sehr, daß etwas von der Freude, die mir die Arbeit an diesem Buch gebracht hat, auf die Leser überspringt.

Friedberg, Ostern 1988

# INHALT

## II
## VOM CHRISTLICHEN BILD ZUR IKONE
## (6. bis 9. Jahrhundert)



## III
## DIE IKONE

## IV
## DER UMGANG MIT IKONEN

# EINFÜHRUNG

## 1. DIE IKONE, UNS FREMD UND UNS ANZIEHEND ZUGLEICH

Vor wenigen Jahrzehnten konnten im Westen nur Kunsthistoriker und Theologen mit dem Wort „Ikone" etwas verbinden. Das hat sich geändert. Bei Reisen in ost- oder südosteuropäische Länder, durch Bildbände und durch Veranstaltungen zur Tausendjahrfeier der Taufe der Kiever Rus sind Ikonen auch bei uns bekannt geworden. Der kaum beschreibbare Reiz, den die Ikone auf den westlichen Menschen ausübt, liegt vielleicht in einer spannungsvollen Mischung von ästhetischer Faszination, von religiöser Evidenz und Hintergründigkeit und von inhaltlicher Unverbindlichkeit, zumal für den, der seiner eigenen Kirche skeptisch, distanziert oder entfremdet gegenübersteht, sich aber als christlich oder religiös versteht. Die Ikonen fordern trotz ihrer Ausstrahlung den Betrachter selbst im Kontext katholischen oder evangelischen Glaubens inhaltlich merkwürdig wenig heraus. Das wird verständlich, sobald man sich einen Grundtatbestand klarmacht: Die Ikone ist nämlich kein Allgemeingut der Christenheit. Sie ist in der orthodoxen Kirche des Ostens entstanden und für deren Theologie und Frömmigkeit charakteristisch. Die orthodoxe Kirche des Ostens ist uns westlichen Menschen aber trotz vieler Gemeinsamkeiten sehr fremd. Der orthodoxe Christ wird das im Blick auf die westlichen Kirchen ebenso erleben. Warum ist das so? Die Antwort liegt in der Geschichte.

## 2. EIN BLICK IN DIE ÖKUMENISCHE KIRCHENGESCHICHTE

Die Kirchen des Ostens und des Westens hatten seit mehr als tausend Jahren nur wenig Berührung miteinander. Die Weichen dazu wurden bereits von Kaiser Konstantin I. gestellt. Als er 324 zum Alleinherrscher über beide Teile des Römischen Reiches aufstieg, baute er die Kleinstadt Byzantion (später Konstantinopel) zur neuen Hauptstadt des Gesamtreiches aus und verstand sie als das „Neue oder Zweite Rom". Konstantinopel sollte tatsächlich mehr als tausend Jahre lang Zentrum der religiösen und kulturellen Entwicklung des Ostens sein.

Nach dem Tode von Theodosius I. im Jahre 395 zerfiel das Römische Reich endgültig in zwei Teile. Das weströmische Reich löste sich unter dem Ansturm der in Bewegung geratenen Germanenstämme bald auf. Rom fiel 410 in die Hände der Westgoten. Die Kirche erwies sich in diesem Zusammenbruch und Durcheinander als eine stabile Institution, als Hüterin und Retterin der alten Kultur. Der Bischof der ehemaligen Hauptstadt Rom gewann an Bedeutung. Für das politische Kräftespiel war es entscheidend, daß die germanischen Stämme für den christlichen Glauben lateinischer Prägung gewonnen werden konnten. Es entstand das christliche Abendland.

Im Osten vollzog sich eine andere Entwicklung. Dort drängten seit dem 6. Jahrhundert slawische Stämme nach Süden in den Herrschaftsbereich von Konstantinopel. In der Mitte des 7. Jahrhunderts siedelten sie bereits im gesamten Balkangebiet, wo sie mit der hellenistischen Kultur und mit dem Christentum in Berührung kamen. Um die Mitte des 9. Jahrhunderts nahmen die Bulgaren das Christentum an. Zur gleichen Zeit wirkten die griechischen Brüder Konstantin (später Kyrill) und Methodius als Missionare in Mähren. Sie stammten aus dem griechischen Thessalonich, waren aber durch das slawische Umfeld der Stadt zweisprachig aufgewachsen und bedienten sich bei ihrer Missionstätigkeit der slawischen Sprache. Kyrill entwickelte für den ihm geläufigen makedonisch-bulgarischen Dialekt eine Buchstabenschrift aus griechischen, lateinischen und orientalischen Zeichen: das glagolitische Alphabet (glagol bedeutet „Wort" und ist auch der Name für den Buchstaben G). Die Bulgaren haben dieses Alphabet später zum einfacheren kyrillischen Alphabet umgeformt, indem sie eine Reihe von griechischen

Großbuchstaben (Majuskeln) übernahmen. Mit dem kyrillischen Alphabet war der Grund gelegt für eine gemeinslawische Kirchensprache und Liturgie, darüber hinaus auch für ein eigenständiges slawisches Schrifttum und für eine slawische Geisteskultur.

Ebenfalls im 9. Jahrhundert entbrannte zwischen Rom und Konstantinopel ein Streit um die christianisierten Slawenstämme. Zusätzliche dogmatische und liturgische Differenzen und gegenseitige Machtansprüche führten 1054 schließlich zum endgültigen Bruch zwischen Rom und Konstantinopel. Bereits vorher hatte sich schon entschieden, daß die im Nordwesten wohnenden Slawen des mährisch-pannonischen Raumes sich der lateinischen Kirche Roms zuwendeten, die im Südosten lebenden Bulgaren hingegen, wie später alle ostslawischen Gebiete, der griechischen Kirche Konstantinopels zufielen. Die christianisierten Slawen dieser Gebiete übernahmen mit der ostkirchlichen Ausprägung des Christentums auch das kyrillische Alphabet und die slawische Kirchensprache. Die ohnehin bestehende Sprachgrenze zwischen dem lateinischen Westen und dem griechischen Osten wurde durch das kyrillisch geschriebene Kirchenslawisch noch schärfer gezogen. Sprache, Schrift und Einbindung in die Ostkirche wirkten zur abendländisch-lateinischen Kultur hin wie ein Graben, über den hinweg ein kultureller Austausch kaum stattfand.

Das byzantinische Reich erlag mit dem Fall von Konstantinopel 1453 dem Ansturm der islamischen Türken. Sie eroberten auch den Balkan und unterwarfen sich alle orthodoxen Slawen, ausgenommen die Russen. Mit dem Untergang des christlichen Byzanz verlagerte sich der Schwerpunkt der orthodoxen Christenheit nach Rußland, wo er fast ein halbes Jahrtausend bleiben sollte. Seit 1492 verstanden sich die Russen staatlich und kirchlich als die Erben des oströmischen Reiches. Moskau wuchs in die Rolle des „Neuen Konstantinopel“ und damit des „Dritten Rom“. Die Kirche des Westens hat in ihr lateinisches Erbe auch die Impulse aus den jungen romanischen und germanischen Völkern integriert. Latein wurde für viele Jahrhunderte zur internationalen Gelehrtensprache des Westens. Die Kirche des Ostens hat die süd- und ostslawischen Stämme in sich aufgenommen und ihre griechisch-hellenistische Tradition an diese jungen Völker weitergegeben. Damit wurden nicht nur politisch wesentliche, sondern auch kulturgeschichtlich bedeutungsvolle Weichen gestellt.

Das Abendland hat in seiner Geschichte umwälzende, ja dramatische Wandlungen durchgemacht, bis hin zur Aufklärung und zur naturwissenschaftlich technischen Zivilisation. Auch innerhalb der abendländischen Kirche haben sich einschneidende Wandlungen vollzogen, z. B. durch die Reformation. Beide Kirchen des Westens mußten sich mit den geistigen und kulturellen Wandlungen, die im Abendland stattfanden, aktiv auseinandersetzen. Demgegenüber hat die östlich-orthodoxe Welt und Kirche den mit der Aufklärung verbundenen Umschmelzungsprozeß nicht durchgemacht. Die Ostkirche hat das Erbe der antiken griechischen Welt und die aus diesem Geist geformte christliche Theologie über die Jahrhunderte hinweg gehütet, die daraus erwachsende Frömmigkeit lebendig erhalten und Berührungen mit den geistigen und kulturellen Entwicklungen des Westens gemieden. So haben sich in geographisch und sprachlich voneinander abgegrenzten Bereichen zwei unterschiedliche theologische Kulturen und Frömmigkeitsformen herausgebildet, zwischen denen Kommunikation immer seltener und gegenseitiges Verstehen zunehmend schwerer wurden. Anders als im Westen, wo katholische und evangelische Christen eng nebeneinander lebten und oft in harten Auseinandersetzungen standen, blieben die Territorien der orthodoxen Kirchen konfessionell weithin geschlossen und gegenüber westlichen Einflüssen abgeschirmt.

Im Westen gab es zwar immer orthodoxe Geschäftsleute, Diplomaten, Reisende und Kurgäste, aber stets nur in kleiner Zahl. In das öffentliche Bewußtsein trat das orthodoxe Christentum erst seit den sechziger Jahren. Orthodoxe Christen kamen jetzt in großer Zahl als Gastarbeiter in unser Land. Gegenwärtig leben etwa 650000 Orthodoxe in der Bundesrepublik Deutschland, zumeist Griechen und Serben. Augenfälliges Merkmal ihres Glaubens ist die Ikone.

## 3. DIE IKONE IST MEHR ALS EIN KUNSTGEGENSTAND

Was allen orthodoxen Christen heiligster Gegenstand ihres praktizierten Glaubens ist, das begegnet uns westlichen Menschen in erster Linie als Kunstgegenstand. Selbst die sozialistischen Länder, die Religion als absterbendes Phänomen verstehen, haben die Ikone als künstlerisch wichtiges und des Vorzeigens würdiges Objekt nationaler Kunst- und Kulturgeschichte entdeckt. So finden wir heute in Moskau, Leningrad, Novgorod, Kiev und vielen anderen Städten der Sowjetunion und des Balkans eindrucksvolle Ikonensammlungen. Kunstbuchverlage in Ost und West haben sehenswerte Bildbände publiziert, und der Kunsthandel hat sich mit der Ikone einen lukrativen Markt erschlossen. In der Bundesrepublik sind neben einer Reihe von Privatsammlungen schon in den fünfziger Jahren in Recklinghausen und in Autenried bei Günzburg zwei beachtliche Ikonenmuseen entstanden. Auf diese Weise ist die Ikone seit einer Generation vornehmlich als Kunstgegenstand in unser Bewußtsein getreten. Gewiß ist die Ikone auch Kunstgegenstand; sie ist zugleich aber mehr und etwas anderes. Dafür möchte dieses Buch den Blick öffnen.

## 4. WAS DER LESER VON DIESEM BUCH ZU ERWARTEN HAT

Es gibt eine Fülle von allgemeinverständlichen Ikonenbüchern mit unterschiedlichen Schwerpunkten. In Bildbänden werden meistens die Ikonen bestimmter Epochen oder Regionen vorgestellt. Einige streben sogar einen Gesamtüberblick über Regionen und Stile an. Die Textteile enthalten entweder kurze Einführungen, oder sie beschreiben die abgedruckten Ikonen. Ein anderer Buchtyp beschränkt sich auf nur wenige Ikonentafeln oder geht gar nur auf ein einziges Ikonenmotiv ein und bemüht sich um eine meditative Interpretation. Spezialarbeiten befassen sich in fundierter Weise unter kunstgeschichtlichen Gesichtspunkten mit bestimmten Schulen oder mit der Entwicklung in bestimmten Ländern. Die theologische Dimension der Ikone kommt – wenn überhaupt – durchweg nur als Darstellung oder als Selbstdarstellung orthodoxer Ikonentheologie in der Form von Kirchenväterzitaten zur Sprache. Die Etappen des Bilderstreits erscheinen dabei als die notwendigen Schritte hin zur schließlich siegreichen Bildertheologie. Handbücher und Nachschlagewerke geben Auskunft über Realien und Fakten, setzen aber das Verständnis der Ikone bereits voraus. Wieder andere Bücher richten sich an Leser, die daran interessiert sind, Ikonen zu kaufen oder Ikonen selbst zu malen. Die Vielfalt der Ikonenbücher entspricht der Vielfalt der Interessen bei den Autoren und bei den Lesern.

Gefehlt hat bisher ein Ikonenbuch, das zum theologisch verstandenen Wesen der Ikone „hinführt" und von diesem Zentrum her über die Ikone umfassend Auskunft gibt. Das bisherige Fehlen eines solchen Sachbuchs macht verständlich, daß selbst enthusiastische Ikonenliebhaber und die wachsende Zahl derer, die sich in der Ikonenmalerei versuchen, trotz manchen Detailwissens vom Gegenstand ihrer Zuneigung und ihres Bemühens oft nur geringe Kenntnis haben.

Der Impuls zu diesem Buch kommt aus zwei Richtungen. Zum einen waren es die Fragen, die ich selber an die Ikone hatte, zum anderen waren es jene Fragen, die von Ikonenfreunden, aber auch von Skeptikern vor Ikonen immer wieder gestellt werden. Das Problem für unser Verstehen liegt vor allem darin, daß wir als westliche Menschen in der Ikone einem urtümlichen Phänomen ostkirchlichen Glaubens gegenüberstehen.

Was mir vorschwebte, war also der *Versuch, mit den Verstehensmöglichkeiten des westlichen Menschen die östliche Ikone ihrem Wesen gemäß zu verstehen, ihr gerecht zu werden und uns zu ihr ins Verhältnis zu setzen.* Das ist schwieriger, als es zunächst scheint. Denn was immer wir betrachten, das sehen und begreifen wir von unserem eigenen Standort aus und gemäß den Möglichkeiten, Kategorien und Hinsichten, die uns in unserer kulturellen und religiösen Tradition zur Verfügung stehen. Es wäre also eine Selbsttäuschung, zu meinen, wir könnten aus uns selbst und aus unserer Tradition heraustreten und die Ikone ohne jede Vermittlung unmittelbar als das verstehen, was sie ist. Wenn wir uns als westliche Menschen des 20. Jahrhunderts der Ikone nähern, deren Selbstverständnis sich vor anderthalb Jahrtausenden im Osten gebildet hat, so müssen wir den „garstigen Graben" überbrücken, der zwischen uns und der Ikone liegt. Dieser Graben ist so breit wie die vielen Jahrhunderte, die uns von den Anfängen des byzantinischen Staatskirchentums trennen, und er ist so tief wie der Riß, der zwischen dem östlichen und dem westlichen Kulturkreis klafft.

Für den Abendländer führt es eben noch nicht zum Verstehen, wenn das, was die griechischen Kirchenväter und die alten Konzilien zu den Ikonen gesagt haben, lediglich „zitiert" wird. Zwar dokumentieren die Zitate das uns Fremde; aber dieses Fremde wird uns durch diese Dokumentation nicht von selbst zugänglich. Verständlich wird uns der Inhalt der Väterzitate erst, wenn wir die geistigen Vorgaben kennen, die in ihnen enthalten sind, und die Logik, nach der sie argumentieren. Da wir Abendländer des 20. Jahrhunderts von anderen geistigen Voraussetzungen herkommen und entsprechend anders argumentieren als die Kirchenväter, müssen wir die Ikonenlehre der orthodoxen Kirche in unser Denken erst „einholen", und das heißt, so „übersetzen", daß das Ikonenverständnis, das die Orthodoxie hat, im Horizont westlichen Denkens und Verstehens sachgerecht in den Blick kommt.

„Sachgerecht" verstehen heißt für uns auch, die Ikone historisch und in ihrer Vielschichtigkeit verstehen, denn sie ist ja nicht eine punktuelle und isolierbare religiöse Erscheinung. Die Ikone ist als zentrales Phänomen orthodoxen Glaubens und östlicher Kultur in nahezu alle kulturellen Bereiche verflochten: in Profangeschichte, Kulturgeschichte, Religionsgeschichte, Philosophiegeschichte, Sprachgeschichte, Kunstgeschichte, Kirchengeschichte, Dogmengeschichte, Liturgiegeschichte, Frömmigkeitsgeschichte und anderes mehr. Alle diese Bereiche mußten in die Betrachtung einbezogen werden, und zwar in dem Maße, wie sie über Werden und Wesen der Ikone Aufschluß geben. Das forderte auf der einen Seite einen weiten Horizont, nötigte aber auf der anderen Seite dazu, nur das jeweils Wesentliche auszuwählen. Die Gesichtspunkte mußten vielschichtig und umfassend sein, die Ausführung durfte sich aber nicht in Details verlieren. Der Text mußte allgemeinverständlich und lesbar bleiben, die Information durfte aber nicht ungenau werden.

Die historisch-kritische Betrachtungsweise wird manchem orthodoxen Leser vielleicht nicht als angemessen erscheinen, weil profane Rede einem heiligen Gegenstand nicht gerecht zu werden vermag. Umgekehrt wird den Konfessionalisten der westlichen Kirchen die Kritik nicht konsequent genug sein, weil sie die eigene Position nicht als Maßstab vorfinden. Wir müssen aber weder die abendländische Denktradition noch die eigene Position, noch uns selbst aufgeben und in orthodoxes Denken und Fühlen eintauchen, wenn wir die Ikone verstehen wollen. Ich möchte zeigen, daß es sehr wohl möglich ist, von unseren westlichen Vorgaben her jenes Denken und Fühlen, das sich in der Ikone äußert, angemessen zu verstehen, ohne die Ikone von unserem religiösen oder weltanschaulichen Standort her zwanghaft „beurteilen" zu müssen. Die fruchtlose konfessionelle Polemik soll nicht nur außen vor bleiben, ihr soll durch Information auch der Boden entzogen werden.

Im Westen ist das alttestamentliche Gebot „Du sollst dir kein Bildnis machen" sehr präsent, und zwar nicht nur im Protestantismus, sondern als kritische Anfrage an den eigenen Bilderkult auch in der katholischen Kirche. Dem westlichen Leser mußte daher die Frage beantwortet werden, wie – trotz ausdrücklichen Bilderverbots in der Heiligen Schrift – die Ikone in der Kirche entstehen und eine so zentrale Bedeutung gewinnen konnte. Theologiegeschichtliche Aspekte durften also nicht ausgeklammert werden.

Für die Interpretation der Ikone war es auch wichtig, die Maltechnik in die Überlegungen einzubeziehen. Die Malweise ist für die Ikone nicht neutrales Medium, sondern ein inhaltlicher Faktor.

Aus der langen Geschichte der Ikone sind noch viele Probleme unerforscht und ungeklärt. Ich habe die Erkenntnisse aufgenommen, die in der Forschung als halbwegs gesichert gelten. In die Diskussion strittiger Probleme habe ich nicht eingegriffen, mußte aber gelegentlich eigene Entscheidungen treffen.

Die vorliegende Veröffentlichung soll und will kein anderes Ikonenbuch ersetzen. Als eine weitgefaßte „Einführung", die möglichst viele Aspekte berücksichtigt, ist sie so angelegt, daß sie alle deutschsprachigen Ikonenbücher ergänzt. Dem Leser werden die Informationen gegeben, die ihn instand setzen, westliche Vorurteile hinter sich zu lassen, ein sachlich begründetes eigenes Ikonenverständnis auszubilden und Ikonen selbständig zu interpretieren.

## 5. EINIGE HINWEISE

Ein Buch über die Ikone kommt bei allem Bemühen um Allgemeinverständlichkeit nicht ohne *Fachbegriffe* aus. Ich habe aber darauf geachtet, ihre Zahl an der untersten Grenze des Unumgänglichen zu halten. Die Fachwörter werden bei ihrer ersten Verwendung aus der Sprache, der sie entstammen, erklärt und – wo nötig – mit Betonungszeichen versehen. Für die Wörter aus dem Griechischen und Russischen mußte die Umschrift in Kauf genommen werden. Auf Anmerkungen habe ich generell verzichtet.

Im *Glossar* sind die wichtigen Begriffe kurz erläutert.

Über die *Register* sind die im Text vorkommenden Personen, Bibelstellen und Inhalte schnell aufzufinden. Die Register schlüsseln das Buch nach Sachgesichtspunkten auf und fügen zusammen, was im Text an unterschiedlichen Stellen zur Sprache kommen mußte.

Die *Literaturempfehlungen* habe ich bewußt knapp und übersichtlich gehalten. Sie sind für den interessierten „Nichtfachmann" gedacht, der sich in einzelnen Bereichen umfassender informieren möchte. Aufgeführt sind Titel, die im Bereich des Allgemeinverständlichen liegen und die entweder auf dem Büchermarkt greifbar oder in öffentlichen Bibliotheken zugänglich sind. Über die aufgeführten Titel kommt man mühelos auch an die wissenschaftliche Spezialliteratur.

Ein Sachbuch muß so angelegt sein, daß die einzelnen Abschnitte auch in sich verständlich sind. Diesem Ziel zuliebe waren an einigen Stellen kurze *Wiederholungen* erforderlich.

Die *Abbildungen* auf S. 153 – 163, 174 – 179, 183f hat der Ikonenmaler Klaus Kegelmann gezeichnet, der in Ochtrup/Westfalen eine empfehlenswerte Ikonenmalschule unterhält. Die übrigen Zeichnungen stammen (wenn nicht anders angegeben) vom Verfasser. Die Vorlagen zu den Schwarzweiß- und Farbbildern sind dem Bildarchiv des Verlags Herder entnommen.

# I
# VOM BILDERVERBOT ZUR BILDERVEREHRUNG

## 1. DAS BILD IN DEN RELIGIONEN

Die Ikone ist als Kultbild nach Ursprung und Selbstverständnis ein religiöses Phänomen. Sie ist daher angemessen nur in dem religiösen Kontext zu verstehen, dem sie entstammt. Kultbilder gehören zu den urtümlichen religiösen Äußerungen. Dennoch haben die einzelnen Religionen ein unterschiedliches Verhältnis und unterschiedliche Nähe zum Bild und zum Kultbild. In manchen Religionen spielen die Bilder eine überragende Rolle, so z. B. im Hinduismus und Buddhismus. In anderen Religionen sind Bilder eher eine Randerscheinung, oder sie werden gerade eben geduldet wie etwa im heutigen japanischen Shinto. Die prophetischen Religionen neigen zur Bildlosigkeit, oder sie sind sogar eindeutig bilderfeindlich wie etwa der Islam. In welchem religiösen Umfeld hat die christliche Kirche ihre Form ausgebildet und ihr Verhältnis zum Bild gefunden?

Ausgeprägt bilderfreundlich zeigen sich die Religionen des alten Ägypten, des Zweistromlandes und der Griechen. Aber auch die Kelten, die Germanen und die Slawen hatten ihre Götterbilder. Die Römer übernahmen die Bilder von den Griechen. Für die jüdische Religion ist das Bilderverbot charakteristisch. Aber das muß ein wenig genauer betrachtet werden, denn die heiligen Schriften der Juden sind zugleich das Alte Testament der christlichen Kirche. Die alttestamentlichen Aussagen haben die christliche Einstellung zum Bild entscheidend mitgeprägt.

## 2. BILD UND BILDERVERBOT IM ALTEN TESTAMENT UND IM JUDENTUM

Die alttestamentliche Religion zeigt ihr Profil erst auf dem Hintergrund der sie umgebenden altorientalischen Religionen. Die altorientalischen Religionen erkennen das Göttliche in den vielfältig wirkenden Kräften der Natur. Ihre Götter sind Personifikationen dieser Mächte. Da es viele Naturmächte gibt, gibt es auch entsprechend viele Götter. Der Polytheismus ergibt sich ganz konsequent aus dem Gottesverständnis dieser Religion. Polytheistische Religionen dieser Art sind ihrem Wesen nach tolerant. Treten neue Götter in ihren Gesichtskreis, so werden sie problemlos in das eigene Pantheon aufgenommen und integriert.

Der alttestamentliche Jahweglaube ist in diesem Umfeld ein Fremdkörper, denn er kennt nicht viele Götter, sondern nur den einen Gott: Jahwe. Dieser eine Gott zeigt sich seinen Verehrern nicht in den Vorgängen der Natur, sondern er steht als der Schöpfer über der Natur; er ist transzendent und daher weder greifbar noch abbildbar. Er offenbart sich auch nicht vielgestaltig in den vielen Naturgewalten, sondern er wird in der Geschichte des Volkes als die eine wirkende Person erfahren.

Der Jahweglaube wurde von einem der nach Kanaan eingewanderten Halbnomadenstämme in den späteren sakralen Zwölfstämmeverband eingebracht und ist zu dessen verbindendem Glauben geworden. Das vollzog sich offenbar nicht problemlos; denn die polytheistischen Naturreligionen und ihre Kulte waren überall gegenwärtig. Der Jahweglaube jener Zeit stellte die Götter der anderen Kulte nicht in Frage, sondern er rechnete damit, daß auch die anderen Götter präsent sind und am Werk bleiben. Das zeigt z. B. die Art, in der sich Jahwe seinem Volk vorstellt und immer wieder in Erinnerung bringt: „Ich bin Jahwe, dein Gott" (Ex 20,2). Ein Name, auch ein Gottesname, ist ja nur dort nötig, wo unterschieden werden muß und wo der eine unter den vielen durch einen Eigennamen gekennzeichnet und herausgehoben werden muß. Im Gegensatz zu allen anderen Völkern seines Umfeldes soll Israel nur diesem einen Gott dienen: „Du sollst keine anderen Götter neben mir haben." Diese Abgrenzung mußte so eindeutig ausgedrückt werden, weil allein schon die Existenz und die Anwesenheit anderer Götter für die Jahweverehrer Versuchung und Gefahr bedeutete.

Wie akut diese Gefahr damals war, zeigen eindrücklich die Schlußsätze der Rede Josuas an die versammelten Stämme im ersten Zentralheiligtum zu Sichem:

„So fürchtet nun Jahwe und dient ihm aufrichtig und treu; tut die Götter von euch, denen eure Vorfahren jenseits des Euphrat-Stromes und in Ägypten gedient haben, und dient Jahwe. Gefällt es euch aber nicht, Jahwe zu dienen, so entscheidet euch heute, wem ihr dienen wollt: den Göttern, denen eure Vorfahren jenseits des Stromes gedient haben, oder den Göttern der Amoriter, in deren Land ihr (jetzt) wohnt. Ich aber und mein Haus wollen Jahwe dienen!" (Jos 24, 14.15).

Die Naturgötter, denen die Stämme ehemals anhingen, schienen in den Herzen noch recht lebendig zu sein. Die neuen Götter Kanaans, deren Kultstätten man bei der Landnahme übernommen hatte, lockten. Die Denkmuster des Polytheismus steckten noch in den Köpfen, denn vielerorts schien man Jahwe ganz selbstverständlich mit Baal, mit Astarte oder mit Aschera gleichzusetzen und wie diese zu verehren.

Nun steht und fällt aber der Jahweglaube mit dem ersten Gebot. Dieses sein Herzstück ist freilich sehr abstrakt. Wollte der Jahweglaube im polytheistischen Umfeld überleben, so mußte das abstrakte erste Gebot unter den gegebenen Bedingungen ganz praktisch und für jedermann verständlich abgesichert werden. Der alttestamentliche Jahweglaube stand damit von Beginn an vor der Frage und Herausforderung, die ihm bleiben sollte: wie nämlich das Bekenntnis zu Jahwe als dem einen Gott unter den jeweils geschichtlichen Bedingungen durchgehalten werden kann.

Der Jahweglaube nahm die anderen Kulte, deren Götter und Götterbilder durchaus ernst. Er selbst bezog sich freilich allein auf Jahwe, und die kultischen Formen dieser Verehrung waren bildlos, nicht bilderfeindlich. Der Jahweglaube bekämpfte die Kultbilder der anderen Religionen zunächst nicht; er konnte, im Gegenteil, mit fremden Kultsymbolen ganz unbefangen umgehen. So war die Lade im Allerheiligsten des Salomonischen Tempels (fertiggestellt 955 v. Chr.) von zwei riesigen Cherubengestalten aus vergoldetem Ölbaumholz flankiert. Die mit Zedernholz getäfelten Wände des Tempels waren mit Flachreliefs von Cheruben und Palmen geschmückt. Das Bronzebecken im Tempel wurde von Stierkolossen getragen. Oder ein anderes Beispiel: Bei der Landnahme (etwa

1400 – 1200 v. Chr.) hatten die Israeliten das Kultheiligtum von Betel von den Kanaanäern übernommen und Jahwe zugeeignet. Als Betel nach der Teilung des Reiches (926) zum Hauptheiligtum des Nordreichs erhoben wurde, stattete man dieses zentrale Jahweheiligtum sogar mit einem goldenen Jungstierbild aus, das als Postament des unsichtbaren Jahwe gedacht war. Der Prophet Elija (um 850), der unter Gefahr für Leib und Leben für die Reinheit des Jahweglaubens eiferte, nahm an diesem Stierbild von Betel erstaunlicherweise keinen Anstoß. Erst zwei Jahrhunderte nach seiner Aufstellung attackierten die Propheten Amos (um 760 in Betel) und Hosea (Haupttätigkeit 750 – 725) das „Kalb von Betel" als Zeichen des Abfalls von Jahwe zu anderen Göttern. Hosea kritisierte nicht das Bild als Bild, sondern weil es Inhalte repräsentierte, die mit dem Jahweglauben nicht zu vereinbaren waren. Der Stier war in den Naturreligionen des Alten Orients ein bekanntes Göttersymbol der Fruchtbarkeit. Der Stierkult war allgemein verbreitet. Auch in Kanaan wurde Baal häufig als Stier dargestellt und verehrt. Amos und Hosea haben die Ambivalenz des Kultbildes erkannt. Was zunächst ganz naiv als Postament für den unsichtbaren Jahwe gedacht war, konnte eben zugleich auch Baal und damit die Welt der anderen Götter repräsentieren.

Die Vieldeutigkeit des Kultbildes wirkte also wie ein Kanal, über den fremde Götter unmerklich in den Jahwekult eindringen und das erste Gebot aushöhlen konnten. Sobald erkannt war, daß die Vieldeutigkeit des Kultbildes für das erste Gebot, und damit für den Kern des Jahweglaubens, eine Gefahr darstellte, mußte sich die Abwehr direkt auf die Kultbilder konzentrieren. Das ergibt sich aus der inneren Logik des Jahweglaubens. Wenn nämlich Jahwe beanspruchte, für sein Volk der einzige Gott zu sein, so folgt daraus das Verbot, andere Götter zu verehren.

Waren die Götterbilder anderer Kulte als jene Kontaktstellen erkannt, über die die Israeliten dazu verführt wurden, fremden Göttern zu „dienen", so galt es, zum Schutz des ersten Gebotes jegliche Berührung mit Kultbildern zu unterbinden, ja diese selbst im Kult Israels zu verbieten. Eben dies leistet das zweite Gebot, das in seiner ältesten Fassung von Dtn 5, 8 und 9 lautet: „Du sollst dir kein Gottesbild machen, in keinerlei Gestalt, weder dessen, was oben im Himmel, noch dessen, was unten auf Erden, noch dessen, was in den Wassern unter der Erde ist. Du sollst sie nicht anbeten und ihnen nicht dienen."

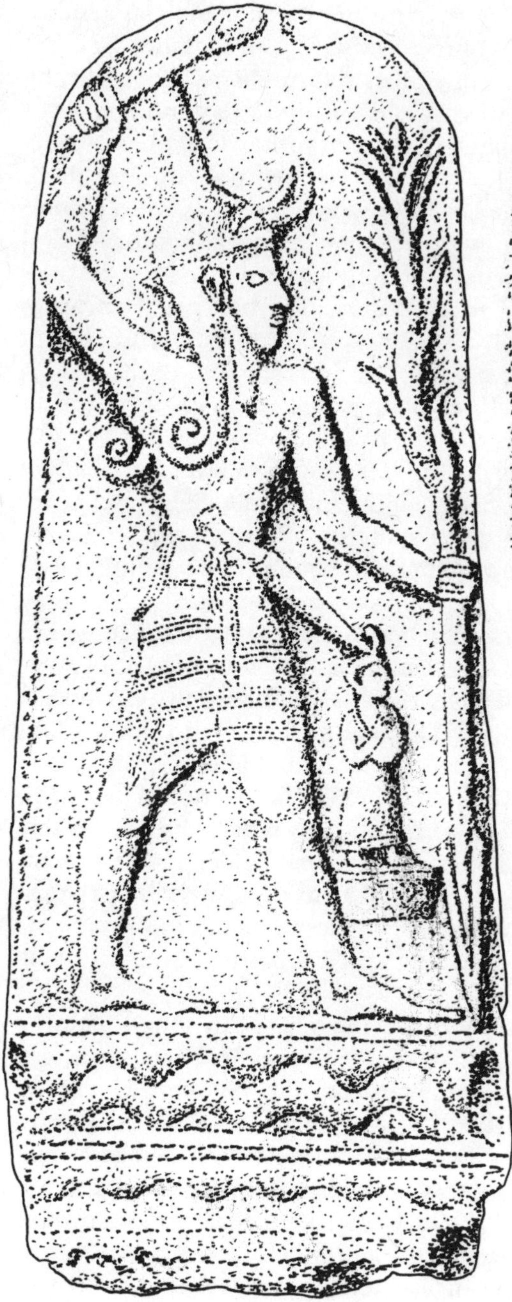

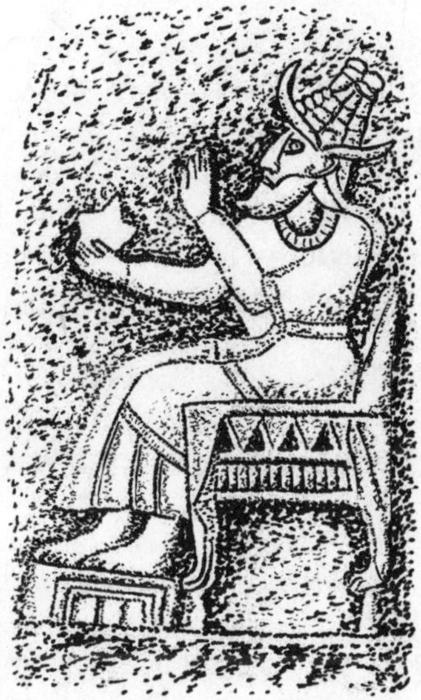

*Oben:* Syrischer Gott mit Thronsessel und Fußschemel. Ugarit, Ende 13. Jh. v. Chr. Der thronende Gott, der eine Hörnerkrone trägt, hebt segnend seine linke Hand.

*Links:* Männliches Götterbild, Ugarit (Libanon), 14. Jh. v. Chr. Die Macht dieses Gottes wird durch die Waffen, die er trägt und hält (Dolch, Keule, Speer), zum Ausdruck gebracht. Die Welt, die ihm zu Füßen liegt, wird durch die Wellenlinien dargestellt. Ganz klein steht der anbetende König vor ihm. – Auch Israel stand in der Gefahr, sich von Jahwe ein Bild zu machen und ihn damit verfügbar zu haben. Durch das erste Gebot wurde diese Versuchung abgewehrt.

Diese Fassung, die weit ältere Formulierungen in sich aufgenommen hat, stammt aus der Zeit um 620 v. Chr. Zur gleichen Zeit hat König Josija, der mit seiner großen Kultreform die Alleinverehrung Jahwes in Israel durchsetzen wollte, die Kultstätte von Betel samt Stierbild zerstört und geschändet. Schon vorher war unter König Hiskija, ebenfalls in einer Reform, die im Tempel von Jerusalem aufgestellte Eherne Schlange beseitigt worden. Dieses Kultsymbol, das von Mose überkommen war, hatte bis dahin keinerlei Anstoß erregt. Als sich aber unter der Fremdherrschaft der Assyrer herausstellte, daß die Schlange eine assyrische Gottheit repräsentierte, wurde selbst dieses dem Jahweglauben ureigene Kultsymbol zum Problem, und es mußte weg.

Die Beispiele zeigen, daß der Schutz des Jahweglaubens unter den damaligen Lebensbedingungen Israels notwendig bis hin zur Zerstörung selbst harmloser Kultbilder führen mußte. Bei alledem bleibt aber festzuhalten: Selbst in jener Zeit, in der sich Israel genötigt sah, die Kultbilder im eigenen Bereich bewußt zu zerstören, gibt es keinerlei Anzeichen für eine allgemeine Bilderfeindlichkeit oder gar Kunstfeindlichkeit.

Die bisherigen Überlegungen haben eines sehr deutlich gemacht: Ursprung, Sinn und Ziel des alttestamentlichen Bilderverbotes erschließen sich uns nur auf dem geschichtlichen und religionsgeschichtlichen Hintergrund der Landnahmesituation und der Zeit der Richter und der ersten Könige. Geschichte bleibt aber nicht stehen. Neue geschichtliche Konstellationen schaffen neue Herausforderungen, zumal für einen geschichtsbezogenen Glauben. Unsere Aufmerksamkeit soll sich daher auf jene entscheidenden geschichtlichen Vorgänge richten, in denen nicht nur die staatliche Existenz des Volkes Israel in die Krise gerät, sondern auch der Jahweglaube eine neue Dimension gewann und das Verhältnis zum Bild sich grundlegend änderte.

Wie wir wissen, hatten sich die nach Kanaan eingesickerten Halbnomadenstämme zunächst als Kultgemeinschaft formiert. Der so entstandene Zwölfstämmeverband war erst durch David um das Jahr 1000 zu einer politischen und staatlichen Einheit geworden, aber 926 schon wieder in ein Nord- und ein Südreich zerfallen. Das religiöse Umfeld Israels war polytheistisch. Der Jahweglaube war demgegenüber auf nur „einen" Gott konzentriert (Henotheismus). Alle Verehrung sollte nur diesem einen Gott gelten (Monolatrie, von gr. latréia = Gottesverehrung). Henotheismus und

Monolatrie unterscheiden sich also im Gottesverständnis und in der Gottesverehrung in charakteristischer Weise von den polytheistischen Religionen. Deren Götter und Kulte werden aber als solche nicht in Frage gestellt.

Mit dem 8. Jahrhundert v. Chr. beginnt sich die Situation im orientalischen Raum zu ändern. Israel gerät in das Kräftespiel der aufsteigenden und zerfallenden Weltmächte und damit in wechselnde politische Abhängigkeiten. Bereits im 8. Jahrhundert v. Chr. dehnt das assyrische Großreich seinen Einfluß auf den syrisch-palästinensischen Raum aus. Im Jahre 722 geht das Nordreich Israel unter. Ägyptens Vormacht bleibt ein kurzes Zwischenspiel, denn mit dem Sieg Nebukadnezars über Pharao Necho im Jahre 605 bei Karkemisch beginnt für die Israeliten die harte Fremdherrschaft der Babylonier. Sie sollte ein halbes Jahrhundert dauern und im Jahre 587 mit Deportation und babylonischem Exil auch das Ende eines selbständigen Südreichs Juda bringen. Die neue Weltmacht der Perser verfolgte zwar eine freundlichere Politik gegenüber den unterworfenen Völkern, aber das Restreich Juda hat sich nie wieder erholt. Die Juden begannen sich in alle Winde zu zerstreuen. Alexander der Große (336 – 323) unterwirft Palästina dem hellenistischen Einflußbereich. Im Jahre 65 v. Chr. erscheinen die römischen Legionen in Syrien-Palästina. Jerusalem wird im Jahr 63 v. Chr. von Pompeius erobert. Die Stadt wird zwar noch einmal zum großen Sammelplatz für jüdische Pilger; aber immer neu aufflammende Erhebungen gegen die römischen Besatzer führen schließlich dazu, daß Jerusalem und der Tempel im Jahre 70 n. Chr. zerstört werden. Jerusalem wird zur römischen Kolonie und Provinzialhauptstadt. Seit 135 n. Chr. ist es den Juden bei Todesstrafe verboten, die Stadt zu betreten. Das lange Exil beginnt.

Seitdem mit den Assyrern die Großmächte und deren Götter in Kanaan aufgetaucht waren, hatte der Jahweglaube die Frage zu bewältigen, wie sich denn Jahwe zu den siegreichen und mächtigen Völkern und deren Göttern verhält. Erst vor dieser Herausforderung begann der Jahweglaube sein Wesen voll zu entfalten. Die Propheten erkannten in den geschichtlichen Vorgängen die gestaltende Hand ihres Gottes, der die Großmächte und deren Könige und Heere als seine Werkzeuge einsetzte. Der Gott Abrahams, Isaaks und Jakobs erweist sich gegen allen Augenschein als der Herr der gesamten Völkerwelt, in dessen Hand die Geschicke aller Reiche, Völker und Menschen liegen. Vor diesem Gott werden die Götter selbst der mächtigsten Völker zu ohnmächtigen „Nichtsen". Der Henotheismus des Jahweglaubens hat sich zum Monotheismus entfaltet. Jahwe, der eine unter vielen, hat sich als der alleinige Herr und Gott, der jetzt keinen Namen mehr braucht, zu erkennen gegeben. In der tiefsten Ohnmacht von Erniedrigung und Exil wird die Allmacht des einen Gottes zur Glaubensgewißheit.

Wer Gott so versteht, für den ergibt sich ein ganz neues Verhältnis zu fremden Göttern und zu deren Bildern. Beide haben ihre Kraft verloren. Es gibt keinen Grund mehr, sie zu fürchten. Man muß sich mit ihnen nicht einmal mehr auseinandersetzen. Deuterojesaja, ein Prophet, der sich um 550 v. Chr., also während der Exilzeit, zu Wort gemeldet hat, gießt nur noch seinen Spott über sie aus:

„Die Bilder der Götzen sind allzumal nichtig, und ihre Lieblinge sind nichts nütze, und ihre Zeugen sehen und merken nichts; denn sie sollen zuschanden werden. Wer formt auch einen Gott und gießt ein Bild, daß es nichts nütze? Siehe, alle seine Genossen werden zuschanden, und seine Werkmeister sind ja nur Menschen. Mögen sie alle sich versammeln und auftreten: sie werden erschrecken, zuschanden werden zumal. Der Eisenschmied macht es in der Kohlenglut und formt es mit Hämmern, arbeitet es aus mit starkem Arm; er hungert sogar, so daß er kraftlos wird, und trinkt kein Wasser, so daß er ermattet. Der Zimmermann spannt die Richtschnur aus, zeichnet den Umriß mit dem Stifte, führt es aus mit den Schnitzmessern und mit dem Zirkel nach dem Bild eines Mannes, einem stattlichen Menschen gleich, ein Haus zu bewohnen. Er fällt sich Zedern, er nimmt eine Steineiche oder sonst eine Eiche und läßt sie für sich stark werden unter den Bäumen des Waldes. Er pflanzt eine Esche, und der Regen macht sie groß, daß sie dem Menschen als Brennholz diene; und er nimmt davon und wärmt sich. Teils heizt er damit, um Brot zu backen, teils macht er daraus einen Gott und wirft sich nieder, formt es zum Bilde und kniet vor ihm. Die Hälfte verbrennt er im Feuer, auf den Kohlen brät er Fleisch, ißt einen Braten und sättigt sich; auch wärmt er sich und spricht: Ha, mir ist schön warm; ich spüre das Feuer. Und den Rest macht er zu einem Gott, zu einem Bilde und kniet vor ihm, wirft sich nieder und fleht zu ihm: Rette mich, denn du bist mein Gott! Sie erkennen es nicht und sehen's nicht ein; denn ihre Augen sind verklebt, daß sie nicht sehen, und ihr Herz ist verstockt, daß sie nicht klug werden. Man überlegt sich's nicht, hat weder Einsicht noch Verstand, daß man dächte: Die Hälfte habe ich im Feuer verbrannt und auf den Kohlen Brot gebacken, Fleisch gebraten und gegessen; und den Rest sollte ich zu einem Greuel machen, vor einem Holzklotz sollte ich knien? Wer sich mit Asche abgibt, den hat ein betrogenes Herz verführt; er rettet nicht seine Seele, noch überlegt er: Ist's nicht Trug, woran ich mich halte?" (Jes 44, 9–20)

Mit dem Schritt vom Henotheismus zum Monotheismus ist das Thema Bilderverbot in seiner massiv-gegenständlichen Dimension erledigt. Mit ohnmächtigen Nichtsen muß man sich nicht mehr auseinandersetzen. Freilich wird zu fragen sein, ob durch das monotheistische Gottesverständnis nicht tiefere und subtilere Formen von Götzendienst aufgedeckt werden, die vorher gar nicht zu erkennen waren. Dann wäre das Bilderverbot zwar in seiner geschichtlichen Zielrichtung überholt; seine aufdeckende Funktion und seinen Wächterdienst hätte es aber sehr wohl auch weiterhin auszuüben. Die theologische Aufgabe einer jeden Generation läge darin, mit der Hilfe des Bilderverbots die jeweiligen Götzen der Gegenwart aufzuspüren.

Die Juden behielten im gegenständlichen Bereich ein feines Gespür für die Grenze zwischen Bildschmuck und Kultbild. Wir finden in allen Epochen der jüdischen Geschichte Bildschmuck: in öffentlichen Bauten und in Privathäusern, auf Gegenständen des täglichen Gebrauchs und auf Sarkophagen, in der Buchmalerei und auf Münzen. Ornamente und geometrische Muster waren nie ein Problem. Pflanzen, Blüten und Früchte sind reichlich anzutreffen. Fische und Seepferdchen, Tauben und andere Vögel, Gazellen, ja selbst Adler und Löwen werden dargestellt, gelegentlich sogar plastisch. Dagegen wurde der goldene Adler, den Herodes der Große über dem Haupteingang des im Jahre 10/9 v. Chr. fertiggestellten neuen Tempels anbringen ließ, von aufständischen Juden schnell heruntergerissen, weil sich das kultische Symbol deutlich aufdrängte. Vereinzelt wurden auch Kentauren und Eroten, ja sogar Menschen gemalt. In der Diaspora paßten sich die Juden ihrer bilderfreundlichen Umgebung an, besonders in Mesopotamien. Die jüdische Synagoge von Dura-Europos am Euphrat war um 250 n. Chr. mit Fresken ausgestattet worden, die neben Fabelwesen und Tieren auch Bildzyklen aus der jüdischen Geschichte und Szenen aus der griechischen Mythologie darstellten. Gerade bei der biblischen Historienmalerei wird aber der Unterschied zu heidnischen Darstellungen deutlich. Wo die heidnischen Kulte das Götterbild malen, da stehen in der jüdischen Malerei der Toraschrein und der Leuchter, Symbole für das erleuchtende Wort Gottes. Gott aber bleibt, selbst für die liberalsten Kreise, unabbildbar. Er wird dargestellt, indem sein Handeln an und mit Menschen dargestellt wird. Das Äußerste an Gegenständlichkeit ist seine Hand, Symbol für sein vollmächtiges Tun. Die Einstellung der Juden zum Bild war natürlich auch regional und je nach dem Grad ihrer Strenggläubigkeit unterschiedlich. Immer wieder kam es auch zu bilderfeindlichen Bewegungen. Bilderfreundlichkeit hingegen hat nirgendwo zur Bilderverehrung geführt.

## 3. DAS BILD IN NEUTESTAMENTLICHER ZEIT UND IN DER FRÜHEN KIRCHE

Der christliche Glaube trat in eine der alttestamentlichen Zeit gegenüber stark veränderte Welt ein. Beginnend mit der Eroberung des Perserreiches (ab 311) durch Alexander den Großen, breitete sich auch die Kultur der Alexanderzeit, die man „Hellenismus" nennt, über den gesamten Mittelmeerraum aus. Eine griechische Allgemeinsprache, die „Koine" (koinḗ), wurde zur Universalsprache, mit der man sich überall verständigen konnte. Die ehemaligen Staatsgrenzen waren in Alexanders Reich aufgehoben, Verkehr und Handel verbanden Landschaften und Kulturen und förderten die Mobilität. Der einzelne verstand sich nicht mehr als Bürger nur seiner Stadt, sondern er gewann das Bewußtsein, Weltbürger zu sein und einer großen Kulturgemeinschaft anzugehören. Die verschiedenen Kulturen begannen einander zu durchdringen und miteinander zu verschmelzen. Griechische Philosophie, Kunst, Literatur und Lebensformen setzten sich allenthalben durch. Gleichzeitig strömte über viele Kanäle auch die Kultur des Orients in den Mittelmeerraum ein. Diese Entwicklung setzte sich in die Römerzeit hinein fort und ergriff auch den Westen.

Mit den politischen und kulturellen Veränderungen war auch das religiöse Leben in Bewegung geraten. In klassischer Zeit war die Religion eine Angelegenheit des Stadtstaates. Die Stadt hatte ihren göttlichen Patron und den ihm gewidmeten eigenen Stadtkult. So wurde in Athen die Athena verehrt, in Rom die Trias Jupiter, Mars und Quirinus. Kultgottheit und Kultgemeinschaft waren gleichsam ortsgebunden. Denken und Fühlen waren im örtlichen Kollektiv verankert. Wer den Bereich seines örtlichen Kults verließ, war von seiner Gottheit abgeschnitten. In einer mobil gewordenen Welt mußte die ortsgebundene Religion in die Krise geraten. Eine neue Entwicklung bahnte sich aber bereits an.

Sklaven, Kaufleute und Soldaten aus den Gebieten Vorderasiens hatten ihre jeweilige Volksreligion mit in den Westen gebracht. Dabei handelte es sich um Naturreligionen, in deren Mittelpunkt eine meist jugendliche Vegetationsgottheit stand, zu deren Wesen es gehört, wie die Vegetation dem Tod zu verfallen und wieder zum Leben zu erstehen. Religionen dieser Art sind z. B. der Kult der Kybele und des Attis in Phrygien oder der Adoniskult in Syrien. Vegetationsgottheiten konnten problemlos sowohl vom vegetativen Geschehen wie auch vom örtlichen Volkstum abgelöst werden und das Sterben und Wiederauferstehen schlechthin repräsentieren. Verehrer dieser Gottheiten konnten deshalb je ihren Gott auch in die Fremde mitnehmen, ihm auch im Umfeld anderer Kulte dienen und ein persönliches Verhältnis zu ihm aufrechterhalten. Der Typus der universalen Religion war entstanden. Das Geschick der Gottheit wurde auch auf den Verehrer bezogen und gab diesem Antworten auf dessen persönliche Fragen nach Leben und Tod. Um Gottheiten dieser Art konnten sich überall Kultgemeinden bilden, denen man durch freien Entschluß beitrat. Die Unterschiede von Herkunft, Stand, Beruf und Geschlecht waren hier aufgehoben. Der Eintretende wurde durch einen Aufnahmeritus in die Gemeinschaft der Eingeweihten aufgenommen, mit dem Geheimnis der Gottheit vertraut gemacht und durch Eid zur Geheimhaltung verpflichtet. Man nennt diese Religionen deshalb *Mysterienreligionen* (von gr. mystḗrion = Geheimnis, Geheimlehre). Die Gottheit wird als „Heiland“ (sōtḗr) verstanden. Der Eingeweihte (Myste) bekommt in den Riten (Mysterien) durch kultische Vereinigung am Schicksal der leidenden, sterbenden und wiederauferstehenden Gottheit und an deren neuem, unvergänglichem Leben Anteil. Er gewinnt so das Heil (sōtēría) der Seele, die Unsterblichkeit, und er erfährt die „Vergottung“. Zur Gattung der sterbenden und auferstehenden Götter gehören auch der ägyptische Osiris, der sumerisch-babylonische Tammuz, der phönikische Baal und der germanische Baldr.

Hellenistischer Geist wußte die unterschiedlichen Mysterienreligionen, Götter und Kulte in einem sehr griechischen Sinn zusammenzuführen. Der Neuplatonismus, eine Renaissance der Gedanken Platons, die um 70 v. Chr. eingesetzt hatte, lieferte eine philosophisch-religiöse Begründung. In den verschiedenen Göttermy-

*Farbtafel Seite 33: Acheiropoietos (Eikon)* – Nicht von Menschenhand geschaffenes (Bild Christi). Tempera auf Holz, 77 × 71 cm. Zweite Hälfte des 12. Jahrhunderts, Novgorod (?). Moskau, Tretjakov-Galerie. – Dieser Bildtypus geht auf die Abgarlegende des 5./6. Jahrhunderts zurück. Danach hat Jesus selbst sein Antlitz in ein Tuch (Mandylion) gedrückt. Ältestes Zeugnis ist eine enkaustische Ikone aus dem 6. Jahrhundert (Tiflis, Museum). Der auf den Acheiropoietoi dargestellte Typus hat sich im Osten als normativ für die Christusdarstellungen durchgesetzt. Die westliche Entsprechung ist das Veronikabild, das Christus mit einer Dornenkrone zeigt. (Vgl. im Glossar auch Edessenum und Kamulianum).

*Farbtafel Seite 34: Pantokrator* – Halbfigurenbild Christi (Ausschnitt). Enkaustische Ikone, Gesamtmaße 84 × 45,5 cm. 6. Jahrhundert, Konstantinopel (?). Sinai, Katharinenkloster. – Noch in antiker Wachsmaltechnik gemalt. – Der Typus des Pantokrators (Allherrscher) ist schon um 500 nachweisbar. In der westlichen Tradition begegnet uns der Pantokratortypus unter der Bezeichnung „Maiestas Domini". (Vgl. im Glossar auch Enkaustik).

*Farbtafel Seite 35: Pantokrator* – Thronender Christus, Weltenrichter. Tempera auf Holz, 19,3 × 15,8 cm. Zweite Hälfte des 15. Jahrhunderts, Moskau. Prag, Nationalgalerie. – Der Typus ist aus Texten wie Ez 1,5–28, Jes 6,1–3 und Offb 1,1–13 entwickelt worden. Die älteste uns bekannte Ikone dieses Typs stammt aus dem 7. Jahrhundert. Der thronende Christus erscheint vor dem Hintergrund von drei hintereinander liegenden Aureolen. Die innere vierzackige Aureole symbolisiert die göttliche Herrlichkeit. Die ovale Mandorla, die oft mit Seraphim und Cherubim ausgestaltet ist, steht für den Himmel und die himmlischen Hierarchien. Das hinterste Viereck symbolisiert die Erde und zeigt in den Ecken die Symbole der vier Evangelisten. Dieser Pantokratortypus, der in Rußland „Der Erlöser inmitten himmlischer Mächte" genannt wird, findet sich in russischen Kirchen seit Beginn des 15. Jahrhunderts, oft in der östlichen Reihe der Bilderwand seitlich der Königstür oder als Mittelikone einer Deesisreihe.

*Farbtafel Seite 36: Alttestamentliche Dreieinigkeit* – Philoxenia. Tempera auf Holz, 53 × 49,5 cm. Um 1700, Novgorod (?). Stockholm, Nationalmuseum. – Nach orthodoxem Verständnis kann Gott nicht direkt, sondern nur in irdischen Erscheinungsformen dargestellt werden. Die Geschichte Gen 18,1–6 vom Besuch dreier Männer bei Abraham und Sara ist in besonderer Weise geeignet, Gott als den darzustellen, den der Mensch nicht sehen kann, dem er sich aber dennoch offenbart. Die Anordnung der drei göttlichen Besucher um einen Tisch ist erst seit dem 11. Jahrhundert bezeugt. Gilt auch als Pfingstbild der Ostkirche. (Vgl. im Glossar Trinität).

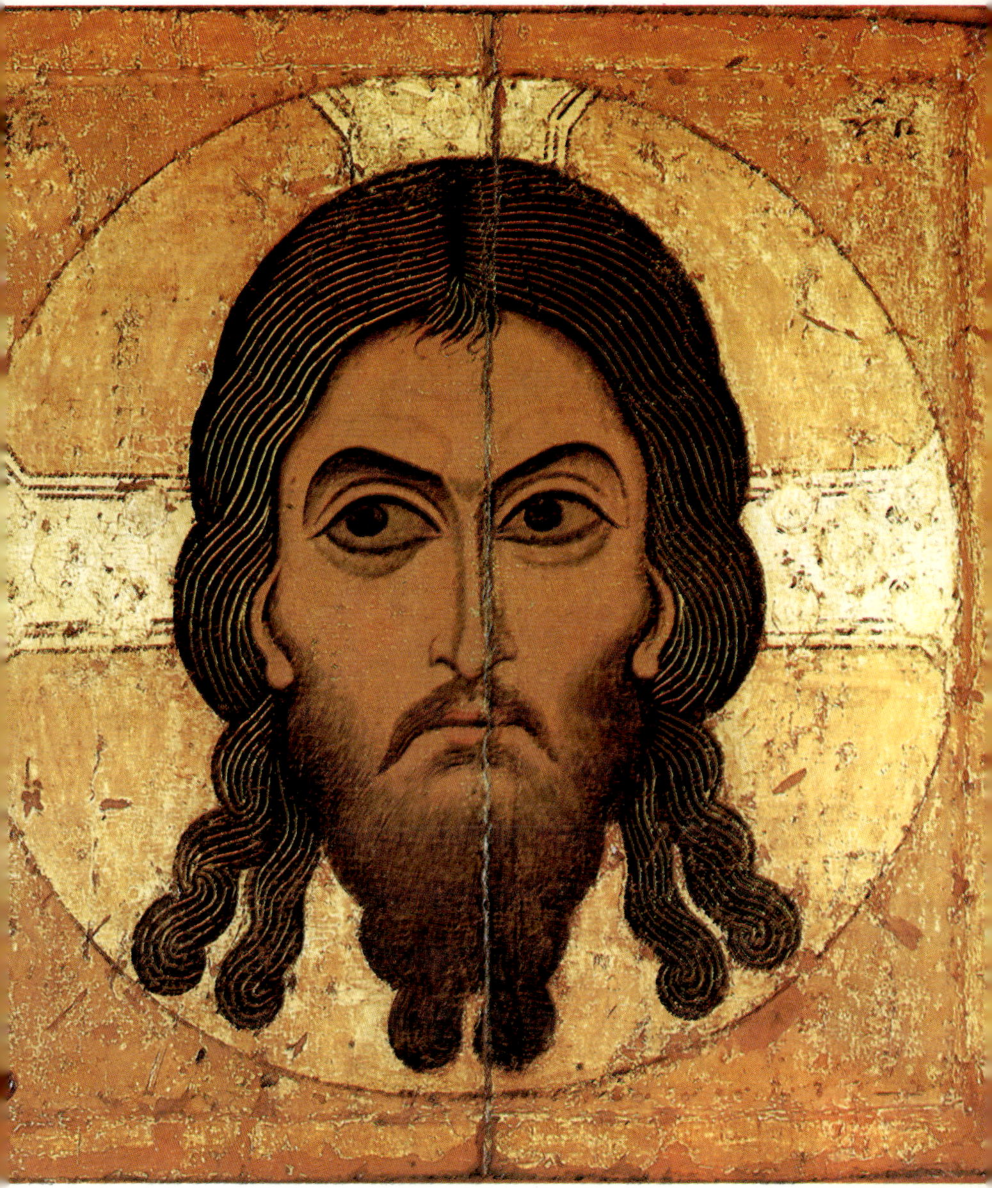

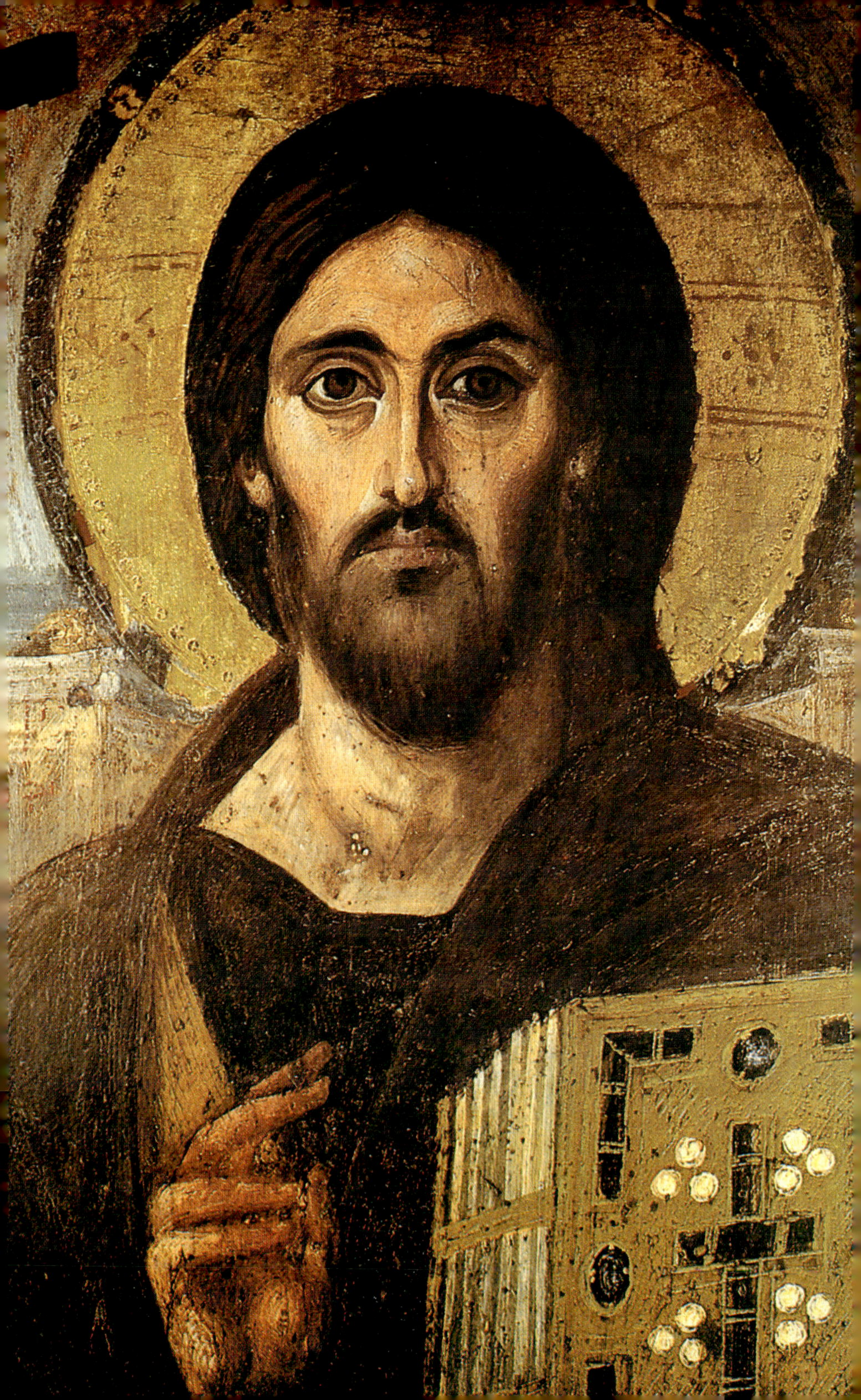

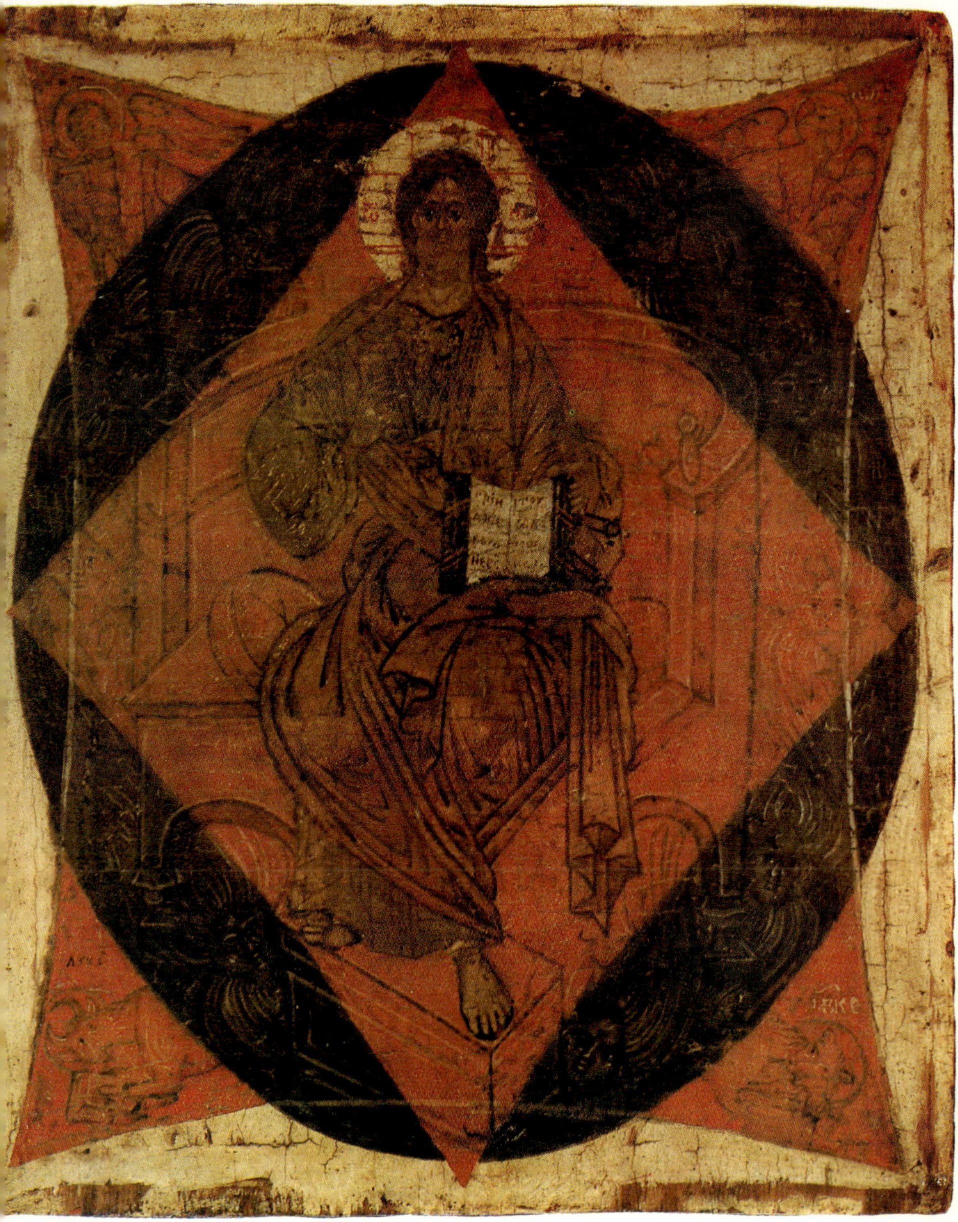

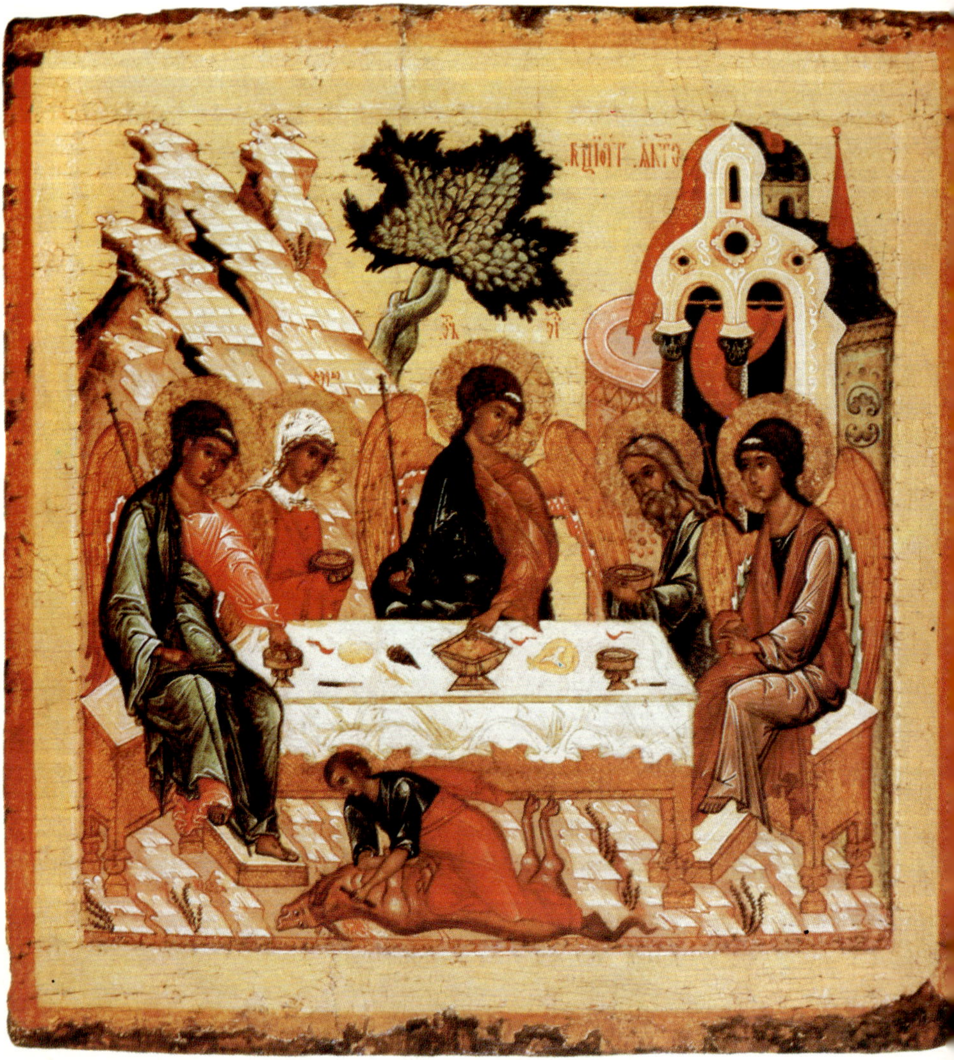

then, so lehrte der Neuplatonismus, werden die ewigen Ideen nur auf unterschiedliche Weise sinnlich veranschaulicht. Diese Theorie leistete dreierlei: Die alten Volksreligionen wurden durch die ihnen innewohnende Wahrheit, die sie in geschichtlich gebundener und anschaulicher Form enthielten, bestätigt. Alle Religionen wurden in die neuplatonische Ideenlehre integriert. Über die Vorstellung von den „ewigen Ideen", die in allen Kulten enthalten sind, konnten jetzt alle Religionen und Kulte ineinander übergehen, miteinander verbunden, ja sogar gegeneinander ausgetauscht werden. Praktisch konnte jedes Volk bei der Überzeugung bleiben, daß es nur die eigenen Götter gibt und daß man diese, eben nur unter anderen Namen und mit anderen Mythen, auch bei den anderen Völkern finden kann. Ganz selbstverständlich wurde z.B. der phrygische Attis mit dem syrischen Adonis, dem ägyptischen Osiris und anderen griechischen, thrakischen und phrygischen Gottheiten identifiziert. Dieser Vorgang war von jeder Religion zu jeder Religion hin möglich. Da freilich durch das Gewicht der hellenistischen Kultur auch deren Göttergestalten dominierten, wurden die Götter der kleinen Völker durchweg in die hellenistischen Gottheiten eingeholt. Zeus konnte eben viele Namen haben (interpretatio graeca). Solche Identifikationen wurden zu politischen Zwecken sogar künstlich herbeigeführt. Ptolemaios I. wollte die griechischen und ägyptischen Bewohner des Nildeltas näher zusammenbinden. Dazu ließ er von Theologen aus ägyptischen und griechischen Götterelementen eine neue Zeus-Sarapis-Gottheit erschaffen. Die Religionsmischung der hellenistischen Zeit bezeichnet man mit dem Sammelbegriff *Synkretismus*, einem Wort, dessen Herkunft ungeklärt ist.

Die christliche Botschaft kam in eine Welt, die von Götterbildern aller Art voll war. Hinzu kam noch das Kaiserbild, dem seit Caligula (37–41 n. Chr.) überall göttliche Ehren zu erweisen waren. Für das Volk war im Kaiserbild der Kaiser selbst präsent. In den Götterbildern stellte sich der Mythos des jeweiligen Gottes anschaubar dar. Für den Glauben der Urgemeinde war das weder eine Anfechtung noch eine Bedrohung; denn der Gott, auf den die Jünger und die ersten Christen ihr Vertrauen setzten, war ihnen nicht in einem Bild begegnet, das einen Göttermythos veranschaulicht, sondern er war ihnen begegnet als lebendiges Wort Gottes in der Gestalt des lebendigen Menschen Jesus. In ihm war Gottes Wort Fleisch, d.h. Mensch geworden und in unsere menschliche Lebenswirklichkeit eingetreten. Hier ging es nicht um Schauen; auf dieses Wort galt es zu *hören*. Die ersten Christen hatten deshalb nicht das mindeste Bedürfnis, Jesus oder seine Jünger im Bild festzuhalten und zu schauen. Erst recht außerhalb jeder Erwägung lag der Gedanke, Gottes lebendiges Wort in einem Kultbild festzuschreiben. Wir finden daher in den neutestamentlichen Schriften für den Bereich des Glaubens weder ein Interesse am Bild oder Kultbild, noch finden wir Polemik dagegen oder auch nur Ansätze zu einem Bilderverbot. In der von Lukas stilisierten Areopagpredigt des Apostels Paulus in Athen taucht lediglich der aufklärende Gedanke wieder auf, den wir schon bei Deuterojesaja (Jes 44,9–20) kennengelernt haben: „Wir sollen nicht meinen, die Gottheit sei, gleich den goldenen, silbernen oder steinernen Bildern, durch menschliche Kunst und Gedanken gemacht" (Apg 17,29). Götterbilder täuschen ihren Verehrern nur etwas vor. Für den Christen sind sie belanglos.

Im 2. Jahrhundert wurde eine Weiche gestellt, die für die geistige Ausformung der christlichen Theologie, für Frömmigkeit und Kirche bleibende Wirkung haben sollte. Die ersten christlichen Gemeinden hatten sich aus Frauen und Männern der unteren sozialen Schichten gebildet. Langsam aber stießen auch hellenistisch Gebildete dazu. Ihnen mußte der Inhalt des christlichen Glaubens im Horizont ihrer geistigen Bildung intellektuell einsichtig und überzeugend vermittelt werden. Mit zunehmender Öffentlichkeit hatten sich die christlichen Gemeinden außerdem mit dem allenthalben erhobenen Vorwurf auseinanderzusetzen, sie seien Atheisten. Dieser Vorwurf wurde erhoben, weil man bei den Christen weder Götter noch Götterbilder antraf. Schließlich mußten auch die Angriffe philosophisch gebildeter Heiden abgewehrt und deren Fragen aufgenommen werden. Dieser geistigen Herausforderung stellte sich eine Reihe von Männern, die als hellenistisch Gebildete sich der christlichen Gemeinde angeschlossen hatten. Sie versuchten nun, die Inhalte des christlichen Glaubens mit den Denkmitteln der griechischen Philosophie zu erfassen, sie in ein System zu bringen und sie vor der menschlichen Vernunft und den Gegnern des christlichen Glaubens als vernünftig darzustellen und zu rechtfertigen. Dieses Bemühen der Rechtfertigung brachte ihnen den Namen *Apologeten* ein (von gr. apología = Verteidigung, Rechtfertigung). Der bekannteste war Justin. Er stammte aus griechischer Familie, war in Palästina geboren, trat um 135 in Ephesus der christlichen Gemeinde bei und ist um 165 in Rom als Märtyrer umgekommen.

Die Apologeten waren geistig im antiken Rationalismus, vor allem der Stoa, zu Hause. Sie verstanden sich auch selbst als christliche Philosophen und das Christentum als eine Philosophie, und zwar als die allein wahre. Das entsprach nicht nur ihrem Selbstverständnis, sondern war zugleich ein politisch geschickter Kunstgriff. Denn der christliche Glaube war als fremder und noch dazu des Atheismus verdächtigter Kult staatlich nicht anerkannt; die Philosophie hingegen erfreute sich staatlicher Duldung. Die Apologeten verstanden die griechische Geisteskultur ganz unbefangen als Vorgeschichte für das Christentum. Sie interpretierten den in Christus fleischgewordenen „Logos", der in der lateinischen Bibelübersetzung mit „verbum" und von Luther mit „Wort" wiedergegeben wird, als die Weltvernunft, die in vielen keimhaften Formen über die ganze Welt verstreut und als Abglanz in jedes Menschen Vernunft enthalten ist. Insofern konnten sie griechische Philosophen wie Heraklit, Sokrates, Platon, ja alle, die mit dem Logos verbunden gelebt haben, als Christen ansehen. Denn alles Wahre, das je gesagt wurde, war nach ihrem Verständnis auch christlich. Als Schüler der antiken Aufklärung übernahmen sie auch deren Argumente gegen den Polytheismus und gegen die Götterbilder: Gott ist keinem Wesen ähnlich, daher auch nicht darstellbar. Die Götterbilder sind gemacht, und zwar von Menschenhand, die doch nichts Göttliches zustande bringen kann; sie sind nichts als Gold, Silber oder Stein; sie sehen und hören nicht; Vögel, Mäuse und Spinnen nisten in ihnen, Würmer zerfressen sie; sie müssen bewacht werden, damit sie nicht gestohlen werden. Das alles zeigt ihre Ohnmacht und Nichtigkeit.

Die Apologeten haben für die damaligen Gemeinden gewiß Wichtiges geleistet: Sie haben den christlichen Glauben in eine intellektuell nachvollziehbare Form zu bringen versucht, ihn gegen den Polytheismus und gegen andere Philosophien abgegrenzt und ihn philosophisch hoffähig gemacht. Auf der anderen Seite aber haben sie den christlichen Glauben, der aus der Begegnung mit dem auferstandenen Herrn lebt, in die Begriffswelt und in die Seinskategorien griechischen Denkens umgeschmolzen und ihn damit den Begrenzungen, Verengungen und sprachlogischen Zwangsläufigkeiten dieses sprachlich-geistigen Konzepts ausgesetzt. Jesus wurde vom Erlöser zum großen Aufklärer. Christlicher Glaube wurde zu der offenbarten Lehre über den Logos und zur Bestätigung der göttlichen Vernunft im Menschen. Das war ein schwerer Eingriff in die Substanz christlichen Glaubens.

Die Apologeten wollten zu den griechisch Gebildeten eine Brükke schlagen. Das taten sie; aber über die gleiche Brücke sind auch in umgekehrter Richtung die Denkmuster, die Begriffe und die Systeme der griechischen Philosophie in die christliche Glaubenswelt eingewandert und haben sie in ihrem Gehalt nachhaltig verändert, nämlich hellenisiert. Diese Tendenz sollte sich in den nächsten Jahrhunderten besonders im Osten voll durchsetzen. Für unsere Betrachtung bleibt festzuhalten: Das neutestamentliche Desinteresse am Bild und die aufklärerische Abwertung des Bildes durch die Apologeten machen verständlich, daß in den beiden ersten Jahrhunderten weder christliche Bilder noch christliche Kunst entstanden sind. Wie konnten sie später dennoch entstehen?

## 4. ANFÄNGE CHRISTLICHER KUNST

Die Kultbilder und die künstlerischen Werke der heidnischen Religionen und Kulte finden wir in erster Linie in deren Tempeln und Kultstätten. Es läge deshalb nahe, nach den ersten Spuren christlicher Bilder auch in den ältesten christlichen Kirchen zu suchen. Diese Suche freilich bliebe aus zwei Gründen vergeblich. Zum einen hatten die jungen Gemeinden im Ohr, was der Apostel Paulus an die Gemeinde in Korinth geschrieben hatte: „Wie verträgt sich der Tempel Gottes mit Götzenbildern? Wir aber sind der Tempel des lebendigen Gottes!" (2 Kor 6, 16). Das ist die klare Absage an die Idee des antiken Tempels mit seinem Kultbild als Zentrum. Die ersten Gemeinden, die sich ganz bewußt vom Bild- und Opferkult der heidnischen Umgebung absetzten, hatten von ihrem Selbstverständnis her keine Neigung zu Kultbauten. Sie hätten zum anderen dazu auch kaum die Möglichkeit gehabt, denn im 1. Jahrhundert waren die Gemeinden klein und arm. Seit etwa 100 galt das Christentum im Römischen Reich als verboten. Die Gemeinden konnten eine demonstrative Öffentlichkeit kaum riskieren. Der lateinisch schreibende Apologet Minucius Felix konnte noch Anfang des 3. Jahrhunderts sagen: „Wir haben keine Tempel und haben keine Altäre." Die Stimmung des Staates gegen die Christen führte von 250–260 unter den Kaisern Decius und Valerianus zu einer blutigen Christenverfolgung. Den Christen wurde durch staatliche Gesetze bei Todesstrafe verboten, den Gottesdienst zu besuchen. Unter solchen Bedingungen entstehen keine öffentlichen Bauten. Die Situation wurde für die Christen erst günstiger, als mit Kaiser Gallienus ab 260 eine etwa vierzig Jahre währende Zeit der Duldung und des Friedens begann.

Christliches Leben spielt sich aber nicht nur im Gottesdienst oder in einem innerkirchlichen Bereich ab. Tertullian (ab etwa 190 Christ, gest. nach 222/23) setzte sich zwar vehement dafür ein, daß sich Christen aus der Welt heraushalten müßten, sie sollten auch keinen Beruf ausüben, der mit dem Staat oder mit der heidnischen Kultur irgend etwas zu tun hatte. Der erste große lateinische Theologe hat sich mit dieser Tendenz allerdings nicht durchgesetzt. Christsein mußte und muß zu allen Zeiten in der Welt gelebt werden, und christlicher Glaube mußte sich damals im Zusammenleben mit Nichtchristen und mit heidnischen Institutionen in allen Bereichen privaten, beruflichen und gesellschaftlichen Lebens bewähren. Es galt also, das Christsein in den Bereichen des Alltags aus dem Geist christlichen Glaubens zu verantworten und zu gestalten.

Ein theologischer Lehrer, der besonders über die praktischen und ethischen Entscheidungen, vor denen ein Christ steht, nachgedacht hat, war Clemens von Alexandrien. Aus einer bald nach 200 entstandenen Schrift dieses Kirchenlehrers kennen wir dessen Überlegungen zum Siegelring, den auch ein Christ im Alltag braucht, um persönliches Eigentum zu kennzeichnen und zu schützen. Selbstverständlich kommen für Clemens heidnische Göttergestalten als Siegelbilder nicht in Frage, ebensowenig auch Symbole der Gewalt wie etwa Bogen oder Schwert. Clemens empfiehlt als Siegelbilder die Taube, den Fisch, das Schiff, den Schiffsanker, Fischer und die Leier. Er wählt also aus der Vielfalt antiken Bildmaterials jene Motive aus, die ganz unmittelbar auch im christlichen Sinne gedeutet werden konnten. Das ist deshalb möglich, weil ein Motiv, Bild oder Gegenstand durch die Deutung, die ihm gegeben wird, überhaupt erst zum Symbol wird und Sinn erhält, der über das gegenständlich Dargestellte hinausführt. In der Taube z. B. konnte jeder Christ sofort den Hinweis auf den Heiligen Geist, auf Frieden, auf die Taufe Jesu, auf die eigene Taufe und auf vieles andere erkennen.

Wenn gelegentlich zu lesen ist, daß mit den Bildvorschlägen für den Siegelring durch Clemens die christliche Kunst beginnt, so darf das nicht in dem Sinne verstanden werden, als wäre damit der Beginn christlicher Kunst nach Zeit und Ort festgemacht. Für eine solche Faktenaussage reichen die Zeugnisse nicht aus. Die Siegelbildvorschläge des Clemens führen aber in der Tat an die Ursprünge christlicher Kunst, denn sie zeigen uns, in welcher Art und Weise sich die frühe Kirche mit der Welt der Bilder auseinanderzusetzen beginnt und die vorgefundenen Bildmotive von den Inhalten ihres Glaubens her neu füllt und sich damit zu eigen macht. Ob man diesen Vorgang schon Kunst nennen will oder nicht, mag hier offenbleiben.

Eine Realität, mit der sich Christen wie alle anderen Menschen auseinandersetzen müssen, ist das Sterben und der Umgang mit den Verstorbenen. Im Judentum galt die Erdbestattung immer als selbstverständlich. Die hellenistische Welt ging im Laufe des 2. Jahrhunderts von der Leichenverbrennung zur Körperbestattung über. Die Gründe für diesen Wechsel kennen wir nicht. Polemiken gegen die Feuerbestattung sind uns von christlicher Seite nicht bekannt. Wir können annehmen, daß die frühen christlichen Gemeinden die Bestattungsart ihrer Umgebung übernommen haben. Vom Bestattungswesen der römischen Gemeinden ab der Zeit von 200 haben wir durch liturgische und archäologische Zeugnisse ein genaues Bild.

Nach römischem Recht mußten die Verstorbenen außerhalb der Stadtmauern eingeäschert oder bestattet werden. Die Friedhöfe Roms wurden daher gleich hinter der Stadtmauer zu beiden Seiten der großen Verkehrswege angelegt, und zwar unter freiem Himmel, zunehmend aber auch unter der Erde. Die dortigen geologischen Gegebenheiten, die man vom Bau der Anlagen zur Wasserversorgung der Stadt hinreichend kannte, boten für unterirdische Grabanlagen die günstigsten Voraussetzungen. Rom und das Umland liegt nämlich auf einer bis zu 25 m mächtigen Schicht aus Tuff, einer porösen und leicht zu bearbeitenden Steinschicht, die dort aus submariner Vulkantätigkeit entstanden war. Die unterirdischen Begräbnisstätten (seit dem 16. Jahrhundert „Katakomben" genannt) bildeten sich besonders ab der zweiten Hälfte des 3. Jahrhunderts und Anfang des 4. Jahrhunderts zu einem weitverzweigten und komplizierten System von Stollen und Grabkammern aus. Juden und andere religiöse Gemeinschaften bestatteten ihre Toten in umschriebenen Grabarealen. Manche Katakomben wurden allerdings auch von Heiden und Christen gemeinsam benutzt.

Die Christengemeinde von Rom besaß um 200 einen eigenen unterirdischen Friedhof, der legal erworben sein mußte und vom Staat offenbar toleriert wurde. Aus einer Schrift des Presbyters Hippolytus von Rom (gest. vor 238) wissen wir, daß dieser Friedhof dem Bischof von Rom unterstand und von dem Diakon und späteren Bischof Callistus verwaltet wurde. In den Stollenwänden der Katakomben wurden die Leichname in übereinanderliegenden Wandfachgräbern bestattet, in den größeren Grabkammern wurden sie entlang den Seitenwänden in gemauerten Behältnissen beigesetzt. Bogennischen, die in die Seitenwände geschlagen wurden, konnten auch Sarkophage aufnehmen.

Die heidnische Antike hatte einen umfänglichen Totenkult ausgebildet, den die Christen weithin übernahmen und im Sinne ihres Totenverständnisses entsprechend umbildeten. Besonders hervorzuheben ist das Totenmahl. In der heidnischen Antike war das Totenmahl zunächst ein Mahl zur Beschwichtigung des Toten. Es wurde am Tag der Bestattung gefeiert. Der Tote wurde als anwesend gedacht, und ihm wurde wie einem anwesenden Lebenden aufgetragen und vorgelegt. Das Mahl wurde an den Totengedenktagen, nämlich dem 3., 7., 30. Tag und am Jahrestag des Todes, wiederholt. Die Totenmähler an den Gedenktagen waren oft größer angelegt als das Mahl am Bestattungstag selbst. Die Wiederholungen ergaben sich aus der Vorstellung, daß die Toten in ihrem freudlosen Schattendasein das Gedenken und die Erquickung durch mitgebrachte Speisen brauchen. Man nannte das Mahl deshalb Refrigerium (= Erquickung).

Der antike Totenkult ist an den Ort der Bestattung gebunden. Totengedächtnis ist nur möglich am Grab. Auch die Christen besuchten an den überkommenen Totengedenktagen die Gräber ihrer Verstorbenen, hielten das Totenmahl, erneuerten die Totenspende (Öl) und beteten, um so die in ihrem Zwischenzustand gefährdete Seele zu erquicken und zu trösten. Der Sterbetag, als Übergang zum ewigen Leben verstanden, gewann jetzt sogar mehr Bedeutung als der Geburtstag des Toten. Das Grab wurde für die Christen noch wichtiger als für die Heiden, denn hier ruhte der entseelte Leib und wartete darauf, am Tag der Auferstehung mit seiner Seele wieder vereinigt zu werden. Das Grab war demnach der Ort der erwarteten Auferstehung. Für dieses große Ereignis der Zukunft mußte es nicht nur würdig gestaltet, sondern auch sorgsam gepflegt werden. Welche Möglichkeiten boten sich an?

Die Palme als Zeichen des Sieges über den Tod auf einem frühen christlichen Grabstein. Diese Bedeutung wird durch das Kreuz und durch das Wort für „Sieg" gesichert. Die Palme, die ihr Laub nie abwirft, ihr Grün stets behält und immer aufrecht wächst, steht auch in anderen Religionen für Leben, Sieg und Jubel.

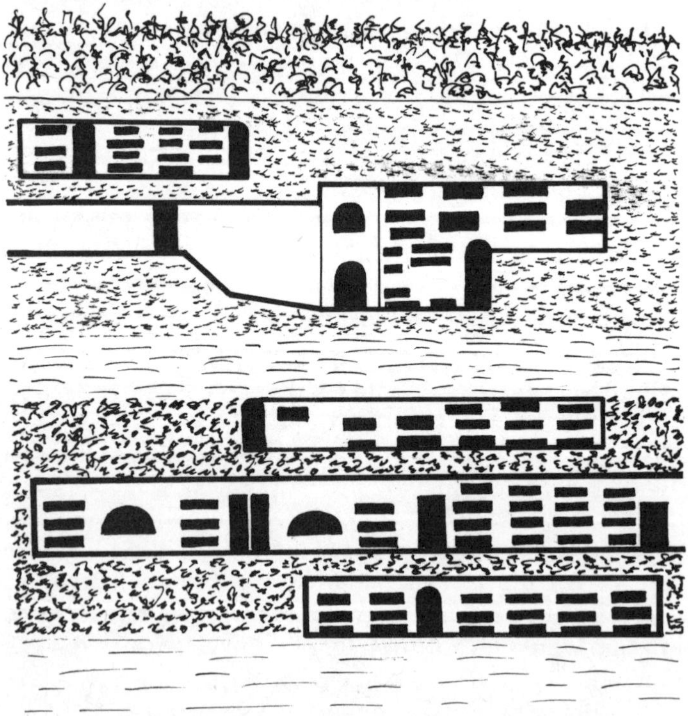


Schematischer Schnitt durch eine Katakombe an der Via Appia in Rom

Segelschiff mit Christusmonogramm und Taube. Katakombe S. Lorenzo, Rom, 2. Jh. Das Schiff ist altes Sinnbild für Reise und Übergang. Im Grabbereich steht das Schiff für das einzelne Leben, das hier unter dem Friedenssymbol der Taube seinem Ziel, nämlich der Gemeinschaft mit Christus, zusteuert.

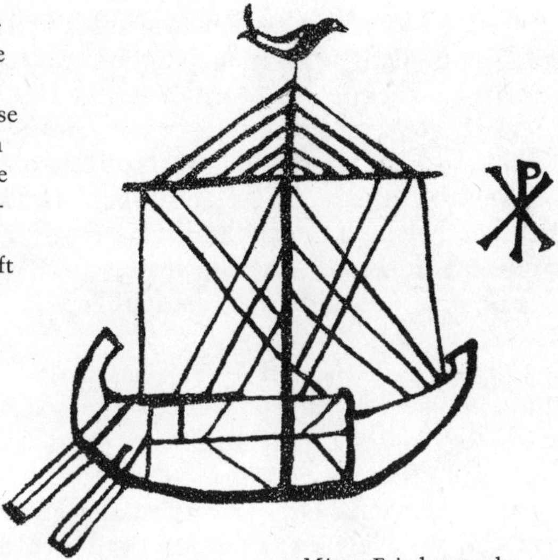

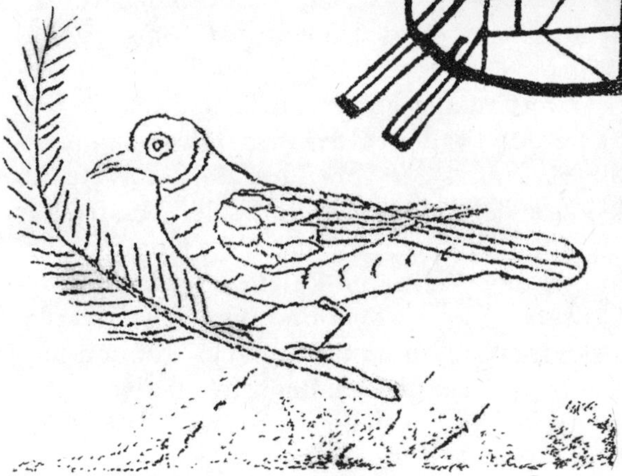

*Mitte:* Friedenstaube mit Palmzweig, dem Symbol für Sieg und Auferstehung. Katakombe SS. Gordiano ed Epimaco, Rom.

*Unten:* Grabverschlußplatte mit den Symbolen Anker und Fisch. S. Sebastiano, Rom, 2. Jh.

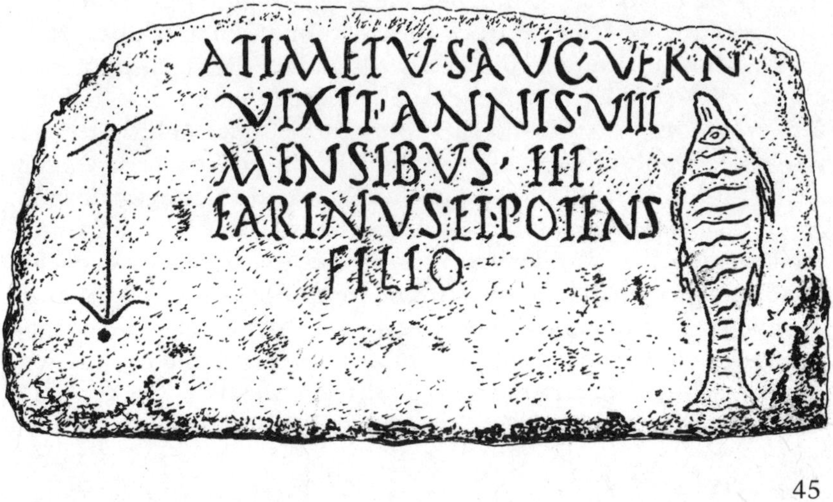

Bei den Wandfachgräbern war nur die Stirnseite sichtbar. Einziger Schmuck konnte hier lediglich die Grabverschlußplatte sein, die Wohlhabende aus Marmor fertigen ließen und in die man fürsorglich gemeinte Wunschformeln und Symbole einmeißeln ließ. Grabkammern wurden wie antike Mausoleen gestaltet, indem man aus dem Tuff Säulen, Bogennischen, Deckengewölbe und Podeste herausarbeitete und mit Malerei versah. Diese bergbautechnische und künstlerische Arbeit leisteten die Fossoren (= Gräber), deren Beruf sich aus dem der ehemaligen Zisternenbauer entwickelt hatte.

Die archäologischen Funde lassen darauf schließen, daß es vor 200 eine christliche Kunst nicht gegeben hat. Ihre Anfänge werden vom Beginn des 3. Jahrhunderts an in der Grabkunst Roms erkennbar, und zwar als gleitender Übergang von heidnischer zu christlicher Thematik. Die Fossorenmaler griffen auf jene alten Motive antiken Volksglaubens zurück, in denen der überirdische Charakter des Grabes und die Hoffnung der Lebenden für die Welt der Toten zum Ausdruck kam: dekorative geometrische Muster aus Ranken, Bändern, Blüten und Ornamenten. Dazu die Natursymbole der Fülle und der Erquickung: Wein und Früchte, Körbe und Gefäße mit Früchten und Broten, Weingefäße und Weinmischgefäße, dazu Vögel, die sich an den Früchten erquicken oder fröhlich umherflattern. Vor allem aber der Pfau, dessen Radschweif als Symbol der Sonne verstanden wurde und der daher seit alters als Symbol der Unsterblichkeit galt.

Die zeitgleiche heidnische Grabkunst zeigte Heroen, Götter und mythische Gestalten, mit denen die Überwindung des Todes, die Verwandlung und die Entrückung versinnbildlicht wurden (z. B. die Auffahrt des Sonnengottes), oder Themen, die sich symbolisch auf den Verstorbenen beziehen ließen: Jagdszenen, in denen die Tapferkeit des Verstorbenen gerühmt wurde, oder Achill, der sein kurzes und mühseliges Leben einem langen und leichten vorzog, als Hinweis auf den Charakter und das Leben des Heimgegangenen. Neutrale Gestalten konnten aus der hellenistischen Welt übernommen werden, so z. B. der Schafträger, der im hellenistischen Bereich für ein unbeschwertes Hirtendasein, für Frieden, Sehnsucht und persönliches Glück stand. Er konnte in gleicher Bedeutung oder auch in der Bedeutung des guten Hirten verstanden werden. Auch das Motiv der weiblichen Orans (die Betende), in der heidnisch-römischen Kunst ein Symbol der Frömmigkeit, konnte im

Sinne christlicher Frömmigkeit unmittelbar rezipiert werden. Die inhaltlich geprägten heidnischen Heroen- und Göttergestalten und die Erlösungsmythen der hellenistischen Zeit wurden allerdings konsequent ausgeschieden. Dafür tauchten biblische Szenen auf: Daniel zwischen den Löwen als Beispiel für Todesangst, für unerschütterlichen Glauben und für Errettung; Jona als Hoffnung auf Befreiung von der Sünde; das Mahl der Seligen, Fischer und Taufe.

Die verwendeten Symbole liegen in unterschiedlichen Ebenen: Natursymbole; alte heidnische, aber allgemein verständliche Symbole; heidnische, aber christlich deutbare Symbole und Szenen des Alten und des Neuen Testaments. In diesen Symbolen und ihrer jeweiligen Zusammenstellung drücken sich die Vorstellungen und Hoffnungen der Fossorenmaler oder ihrer Auftraggeber aus. Eine spezifisch christliche oder gar theologisch reflektierte Bildsymbolik ist in der Grabkunst der ersten Hälfte des 3. Jahrhunderts noch nicht zu erkennen. Heidnische Motive oder Motive des Volksglaubens, die dem christlichen Glauben nicht widersprechen, und biblische Motive werden unbefangen gemalt. Das Bild ist als Bild unproblematisch.

## 5. DAS ENTSTEHEN UNTERSCHIEDLICHER BILDTYPEN IM 3. BIS 5. JAHRHUNDERT

Die Anfänge christlicher Bildkunst sind in den Malereien der römischen Katakomben seit Beginn des 3. Jahrhunderts greifbar. Von dieser Grabkunst bis zur Ikone sind die Wege freilich lang, voller Überraschungen und verschlungen. Einige von ihnen werden wir jetzt nachzeichnen. Dabei geben uns die unterschiedlichen Bildtypen gute Orientierungshilfe.

### *a) Biblische Themen*

Für die Malerei biblischer Szenen war in den Katakomben der Raum sehr begrenzt. Inhaltlich waren diese Malereien auf die Hoffnung angesichts des Todes konzentriert, und zwar auf die Themen Frieden, Erlösung, Errettung. Deshalb begegnen uns hier Noah in der Arche, Abraham beim Opfer Isaaks, die Feuersäule, die den ausziehenden Israeliten vorangeht, der Jona-Zyklus, die drei Jünglinge im Feuerofen, Daniel in der Löwengrube, die Auferweckung des Lazarus, die Heilung der blutflüssigen Frau und die Taufe.

Breiter konnten sich die biblischen Themen erst in den Kirchen entfalten, die für Malereien größere Flächen boten. Christliche Kirchen konnten aber erst seit der Konstitution von Mailand 313 gebaut werden, in der Konstantin der Große die uneingeschränkte Religionsfreiheit ausgerufen hatte. Es muß daher als ein großer Glücksfall gelten, daß uns aus der Zeit davor in Dura-Europos am Euphrat eine in einem Privathaus gleichsam versteckte Kirche teilweise erhalten geblieben ist, da sie bei der eiligen Verstärkung eines Stadtwalls einfach zugeschüttet und in den Schutzwall einbezogen worden war. Die seit 1930 freigelegten Wandmalereien des Taufraumes lassen sich aus einer Inschrift und aus Münzfunden recht genau auf das Jahr 232 datieren. Aus den Malereien in Dura-Europos ist zu erkennen, daß der Kanon biblischer Themen gegenüber der Katakombenmalerei umfangreicher ist. Erhalten sind uns: Adam und Eva im Paradies mit Baum und Schlange, der gute Hirte, Davids Sieg über Goliat, die Heilung des Gichtbrüchigen, Jesus und die Jünger im Schiff auf dem See, der sinkende Petrus auf dem Wasser, der Jesus die Hände entgegenstreckt, die drei Frauen auf ihrem Gang zu Jesu Grab, Jesus und die Samariterin am Brunnen.

Im Westen tauchen diese Themen, die im Osten möglicherweise schon eine Art Kanon bildeten, erst Jahrzehnte oder gar Jahrhunderte später auf. Man darf annehmen, daß die christliche Malerei des Ostens auf den Westen maßgeblich eingewirkt hat. Es scheint kein Zufall zu sein, daß wir in dem ältesten uns erhaltenen Kuppelmosaik eines Taufhauses, nämlich des um 400 entstandenen Baptisteriums in Neapel, dieselben neutestamentlichen Szenen finden, die bereits 150 Jahre früher im Taufraum von Dura-Europos anzutreffen waren. Bemerkenswert ist, daß die zentralen Christusereignisse wie Tod und Auferstehung in dieser Zeit noch nicht auftauchen. Sie sind entweder typologisch durch die Opferung Isaaks und die Jonageschichte oder symbolisch durch die Erweckung des Lazarus zum Ausdruck gebracht. Ob hier fromme Scheu, die Angst vor den Christenverfolgern oder andere Faktoren eine Rolle gespielt haben, ist schwer zu klären. Passionsdarstellungen tauchen erstmals auf Sarkophagen um die Mitte des 4. Jahrhunderts auf. Darstellungen der Frauen am Grab und der Himmelfahrt sind aus der Zeit um 400 erhalten. Ein Auferstehungsbild, das die Auferstehung als Geschehen schildert, hat die Ostkirche nicht entwickelt.

An seine Stelle tritt ein Bild vom Abstieg Christi in die Hölle, aus der er die alttestamentlichen Frommen errettet. Dieses Motiv wird im 7. und 8. Jahrhundert ausgebildet.

In der konstantinischen Ära entstehen die Grundtypen einer sich schnell entfaltenden christlichen Monumentalarchitektur: Längsbau und Zentralbau. Für Apsiden, Kuppeln, Wände und Kirchentüren entwickeln sich im 5. und 6. Jahrhundert ganze Bildprogramme, in denen sich die biblischen Themen jetzt reich entfalten. Bildzyklen von Mose, von Jona, von Saul-Samuel, von Wundern, von Passion und später von Höllenfahrt/Auferstehung bilden sich heraus. Ereignisse des Alten und des Neuen Testaments werden miteinander verbunden und in heilsgeschichtlicher Schau aufeinander bezogen. Diese Malereien und Reliefs, die man später historiai (= erzählende Bilder) nannte, illustrieren biblische Texte und bringen durch ihre Zusammenordnung theologische Gedanken zum Ausdruck. In Rom hat sich um 400 für die Basilika bereits ein Dekorationsschema durchgesetzt. In der Apsis wird die Herrschaft Christi dargestellt, im Langhaus erzählen die Malereien biblische Geschichte. Das Bildprogramm zeigt, daß der Kirchenraum als Thronsaal Christi verstanden wurde. Eine Verehrung von Bildern, die biblische Szenen darstellten, war freilich nirgendwo in Sicht.

### *b) Das Heiligenbildnis*

Die Wurzeln der Märtyrer- und Heiligenbildnisse lassen sich ebenfalls bis in die römischen Katakomben zurückverfolgen. Die Christen hatten Bestattungsbräuche und Totenkult von der heidnischen Umwelt übernommen. Das Grab galt ihnen aber nicht nur als die Wohnung der Toten; es hatte darüber hinaus als der Ort der erwarteten Auferstehung sogar eine noch größere Bedeutung gewonnen. Hier versammelte man sich an den dafür vorgesehenen Tagen, besonders aber am Jahrestag des Todes, zur Feier des Totengedächtnisses, zu der auch die Eucharistie gehörte. Das Bedürfnis, die Gräber würdig zu schmücken, war von Anfang an lebendig.

Auf vielen der ältesten christlichen Gräber finden wir eine weibliche Gestalt in antiker Gebetshaltung mit erhobenen Armen und nach oben gewendeten Handflächen dargestellt: die Orans (die Betende). Das Motiv ist aus der heidnisch-römischen Grabkunst übernommen. Die Orans meint dort nicht eine bestimmte Person, sondern sie personifiziert ganz neutral „die Frömmigkeit“ (pietas). So

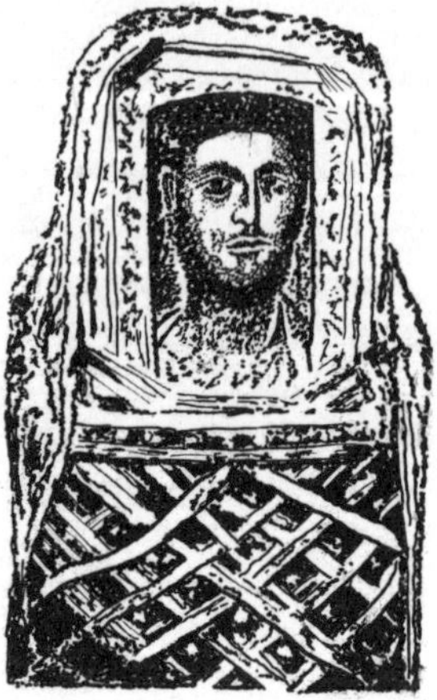

*Links:* Mumienporträt aus dem 2./3. Jh.

*Mitte:* Eine Verstorbene als Orans mit Kind. Coemeterium Maius, Rom, 1. Hälfte 4. Jh. Die ersten Christen haben die Orantenhaltung als Gebetsgestus aus der Antike übernommen. Zunächst wurden – wie auch hier – Verstorbene in dieser Haltung dargestellt. Später wurde die Orantenhaltung der Gottesmutter vorbehalten. Der Gottesmuttertypus der „Betenden" ist ohne die Mandorla mit dem Emmanuel als „Unerschütterliche Mauer" und mit Mandorla als „Gottesmutter des Zeichens" bekannt und besonders in Rußland sehr beliebt.

*Unten:* Heilung des Gichtbrüchigen. Wandmalerei in der Hauskirche von Dura-Europos, um 241–256

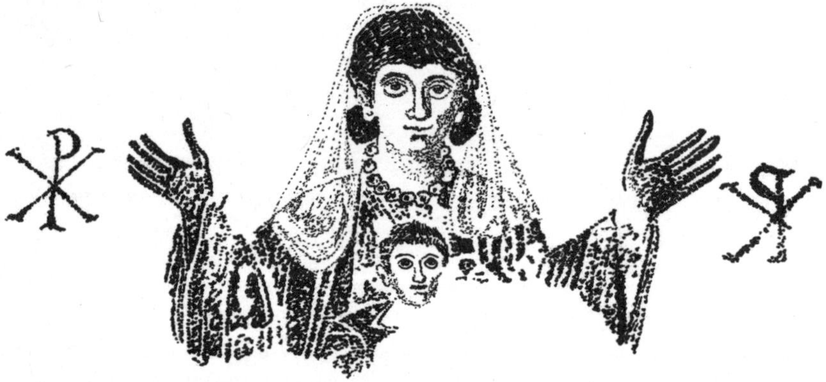

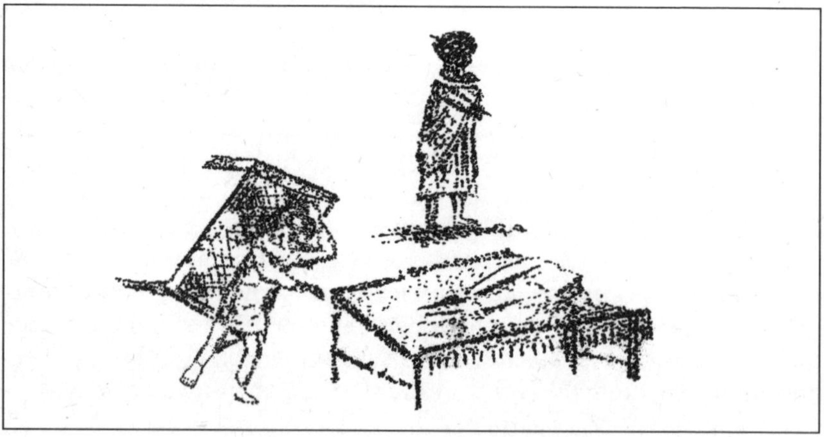

ist sie auch auf den christlichen Gräbern aus der Zeit um 200 gemeint. Aber schon in der Mitte des 3. Jahrhunderts ändert sich der Charakter dieses Motivs. Die Orans erhält männliche oder weibliche Individualportraits und stellt den Verstorbenen oder die Verstorbene dar. In der Priscillakatakombe in Rom ist die Grabkammer einer christlichen Familie aus der Zeit um 280 – 290 erhalten. Im Hauptbild erscheint dort die Verstorbene, und zwar an den Seiten als Braut und als Mutter und im Mittelteil übergroß als Orans mit individuellen Gesichtszügen.

In der Portraitkunst konnten die Christen auf eine hochstehende heidnische Tradition zurückgreifen. Die mehr als 700 Mumienportraits, die man in Faijum, Oberägypten, gefunden hat, belegen das hohe Niveau, das die spätantike Portraitkunst im 1. – 4. Jahrhundert hatte. Die Mumienportraits, die auf Holztäfelchen gemalt sind, zeigen fast lebensgroß in naturalistischer Treue und farblich sehr frisch die Physiognomien der Verstorbenen mit allen ihren Charakteristika und individuellen Eigenheiten. Wohlhabende Christen haben sich schon im 3. Jahrhundert die Kunst der Totenportraitmalerei zunutze gemacht und auch ihre Verstorbenen im Bittgestus von Oranten mit individuellen Gesichtszügen in deren Grabkammern malen lassen und sie auf diese Weise geehrt. Die Sitte muß bereits in der ersten Hälfte des 3. Jahrhunderts verbreitet gewesen sein, denn die Kirchenväter Tertullian (gest. nach 223) und Cyprian (gest. 258) warnen in ihren Schriften die Gläubigen davor, von ihren Verstorbenen Totenportraits anfertigen zu lassen. Offenbar hatten sie damit wenig Erfolg, denn im 4. Jahrhundert waren die Totenportraits im Totenkult der Christen allgemein üblich.

In den Christenverfolgungen sind viele Christen ihres Glaubens wegen umgekommen. Für diese Blutzeugen setzte sich schon um 150 die Bezeichnung Märtyrer durch. Das Wort mártys stammt ursprünglich aus dem Rechtsleben und meint dort den Zeugen, der vor Gericht „Tatsachen" bezeugt. Die christlichen Gemeinden nahmen dieses Wort auf, meinten damit aber einen, der die „Wahrheit" des Evangeliums bezeugt. Erst in den Verfolgungen wurde mártys auf die Bedeutung von „Blutzeuge" begrenzt. Die Gräber der so verstandenen Märtyrer gewannen im Totenkult der Gemeinden bald eine besondere Bedeutung. Man war davon überzeugt, daß die Märtyrer mit ihrem Sterben in die Welt Gottes eingetreten sind. Den Tag des Martyriums verstand man deshalb als ihren „Geburtstag" (dies natalis) im ewigen Leben. Das Grab des Märtyrers betrachtete man als den Ort, an dem man ihm nahe sein und wo man ihn auch anrufen konnte. Am Grab des Märtyrers oder in dessen Nähe versammelte sich die Gemeinde an den Jahrestagen seines Todes. Man feierte die Eucharistie, verlas den Martyriumsbericht und mit der Erinnerung an das Martyrium bereitete sich die Gemeinde selbst auf ihre bevorstehenden Martyrien vor.

Im Osten setzte die Märtyrerverehrung bereits um die Mitte des 2. Jahrhunderts ein. Das älteste Dokument ist ein um 160 verfaßter Bericht über das Martyrium des Bischofs Polykarp von Smyrna. Im Westen kam der Märtyrerkult erst ein Jahrhundert später in Gang. Das beim Totengedächtnis geübte Gebet „für" den Märtyrer wandelte sich seit Ende des 3. Jahrhunderts in ein Gebet „zu" ihm. Der Märtyrer ist damit zum Fürsprecher und Anwalt der Irdischen bei Gott und seit Ende des 4. Jahrhunderts sogar zum Schutzpatron einzelner oder einer ganzen Stadt geworden. Der Märtyrerkult hatte aus dem heidnischen Heroenkult nicht nur eine Reihe von Elementen übernommen, er wurde diesem auch immer ähnlicher. Die Märtyrer wuchsen in die Rolle christlicher Heroen hinein, die sich gegen die heidnischen durchgesetzt und diese überboten hatten.

Die zunächst private und vorwiegend lokale Märtyrerverehrung wandelte sich unmerklich zu einer kirchlichen Märtyrerverehrung. Den Märtyrern zur Ehre begann man noch im 4. Jahrhundert Altäre und Basiliken zu errichten, die zu Wallfahrtszentren ausgebaut wurden. Es entwickelte sich das Reliquienwesen, das besonders die Kirche des Westens stark prägen sollte. War eine Körperreliquie des Märtyrers nicht zu bekommen, so konnte jeder Gegenstand zur wirkmächtigen Reliquie werden, der Berührungskontakt mit dem Grab oder mit den Gebeinen des Märtyrers hatte (Berührungsreliquie) oder selbst wenigstens aus der Nähe des Grabes stammte. Vom Besuch des Märtyrergrabes und dessen Berührung versprach man sich Heilung und glaubte auch in der Reliquie des Märtyrers dessen Hilfe und Segenskraft greifbar nahe. Im Osten begannen die Bilder der Märtyrer eine der Reliquie entsprechende Rolle zu spielen. Als schließlich Märtyrerlisten aufgestellt wurden, ein kirchlicher Festkalender entstand und der Märtyrerkult sich damit von der Bindung an das Grab lockerte, gewannen die Bilder der Märtyrer in deren Kult zunehmend Bedeutung.

In der römischen Gemeinde war man vielleicht schon um 100 der Überzeugung, daß die Apostel Petrus und Paulus in Rom das Martyrium erlitten hatten. Die Verehrung, die man ab dem 3. Jahrhundert Märtyrern entgegenbrachte, ließ man nun auch ihnen zuteil werden. Da insbesondere die Tradition des Petrusmartyriums in Rom die Autorität des römischen Bischofs stärkte, war dort die Pflege des Gedächtnisses von Märtyrern, Bischöfen und der Apostel schon recht früh eine Angelegenheit der gesamten Gemeinde. Ein liturgisches Petrusfest ist vielleicht schon in der ersten Hälfte des 3. Jahrhunderts gefeiert worden. Die Bemerkung des Geschichtsschreibers Eusebius (gest. 339/40), der sich erinnerte, bei einer Frau gemalte Portraits von Petrus und Paulus gesehen zu haben, kann durchaus als glaubwürdig gelten. Petrus und Paulus hat man in Rom offenbar bereits im 4. Jahrhundert mit unverwechselbaren Portraitzügen gemalt. Das älteste Petrusbild ist uns aus der ersten Hälfte des 7. Jahrhunderts auf dem Sinai erhalten geblieben.

Religiöse Entwicklungen vollziehen sich auch im kultischen Bereich in engster Verbindung zur Sprache. Das Verständnis von Gott und seinem Verhältnis zum Menschen wird über Sprache gewonnen und drängt danach, sich sprachlich zu artikulieren. In der Tradition des Alten Testaments verstand auch die Urchristenheit Gott als den, der allein „heilig" ist. Dieser heilige Gott ist in Jesus von Nazaret für unsere Sinne manifest geworden. Wer nun durch Jesus in den Machtbereich Gottes tritt, bekommt Anteil an der Heiligkeit Gottes. Insofern konnte Paulus in seinen Briefen die Gläubigen als „die Heiligen" anreden. Aus dem Umfeld des Totenkultes wissen wir, daß die als Christen Verstorbenen ebenfalls „Heilige" genannt wurden, vielleicht auch im Blick auf das Leben in der Welt Gottes, dem sie entgegenharrten. Im 4. Jahrhundert hatte sich die Gewohnheit gebildet, dem Eigennamen des Märtyrers in Aufschriften und wohl auch in der Anrede das Wort „heilig" voranzustellen. Man drückte damit aus, daß im Blutzeugnis dieses Menschen Gottes Heiligkeit in besonderer Weise sichtbar geworden ist.

Als mit Kaiser Konstantin die Christenverfolgung aufhörte und Märtyrer im bisherigen Sinn nicht mehr zu erwarten waren, konnte sich über die Brücke des Prädikats „heilig" (hágios – sanctus) das Verständnis von „Martyrium" ausweiten. In der nun anbrechenden Friedenszeit gewannen unter veränderten Lebensbedingungen andere Formen des Zeugnisses den Rang von Heiligkeit und göttlicher Vollkommenheit. Askese, Jungfräulichkeit und mönchisches Leben wurden jetzt als tägliches, unblutiges und daher spirituelles Martyrium interpretiert. Das aber ist eine Qualität, die nicht erst

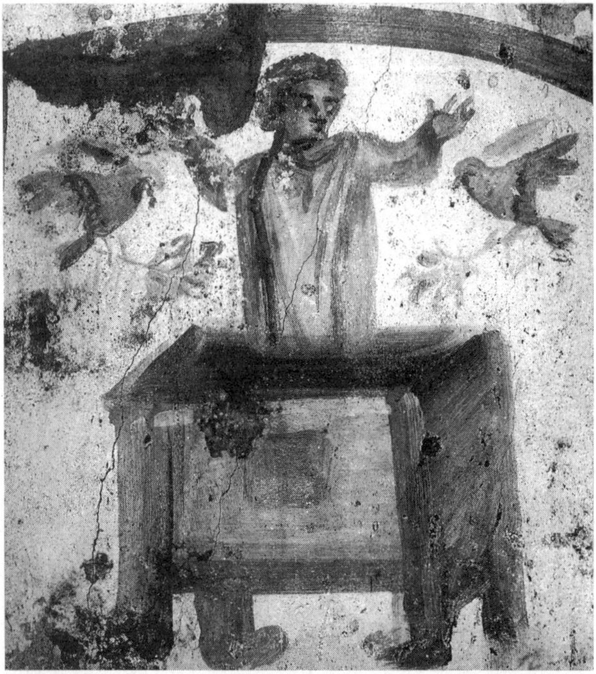

Noahs Errettung. Rom, Petrus- und Marcellinuskatakombe. – In der Sintflutgeschichte kündigt die Taube mit dem Ölblatt im Schnabel (Gen 8, 11) Noahs Errettung aus dem Verderben an. Dieses Bild stand in der frühen Christenheit für die Hoffnung, von Gott aus dem ewigen Tod errettet zu werden.

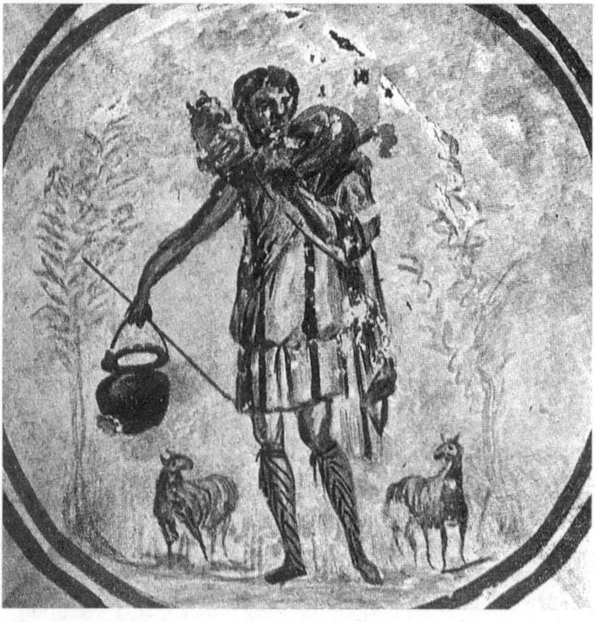

Der gute Hirte. Rom, Lucinakatakombe, Deckenmalerei, erste Hälfte des 3. Jahrhunderts. – Der Schafträger gilt in vielen Religionen als Seelengeleiter (Psychopompos). So personifiziert z. B. auch Orpheus als Schafträger die Macht der den Tod überwindenden Liebe. Hier ist mit dem guten Hirten (nahegelegt durch Lk 15, 5 und Joh 10) Christus gemeint. Eine Porträtähnlichkeit, die für die Ikone so wesentlich ist, spielt hier noch keine Rolle.

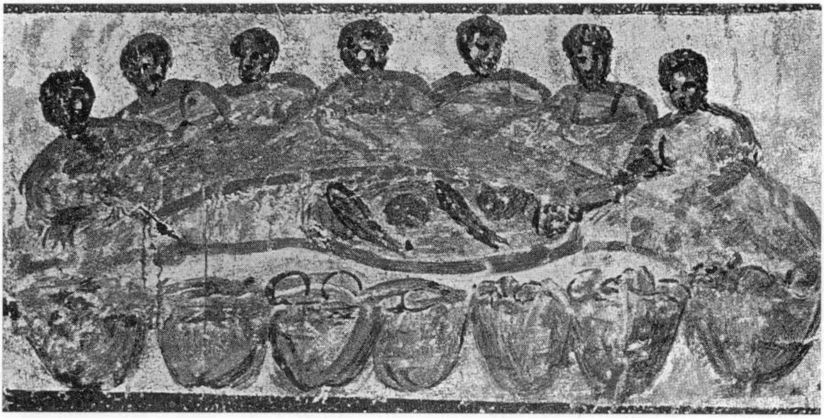

*Oben:* Das eucharistische Mahl. Rom, Callistuskatakombe, Anfang 3. Jh. – Den sieben Mahlteilnehmern entsprechen die sieben gefüllten Körbe, vgl. Mt 15, 37. Gegenwärtiges und endzeitliches Heilsgeschehen sind beziehungsreich zusammengebunden.

*Unten:* Christus als Thronender und als Lamm. Rom, Petrus- und Marcellinuskatakombe, Ende 4. Jh. – Im oberen Teil thront Christus zwischen Petrus und Paulus. Im unteren Teil erscheint er in der Symbolgestalt des Lammes (nach Joh 1, 29) auf einem Hügel, aus dem die vier Paradiesflüsse entspringen. Zu beiden Seiten Märtyrer.

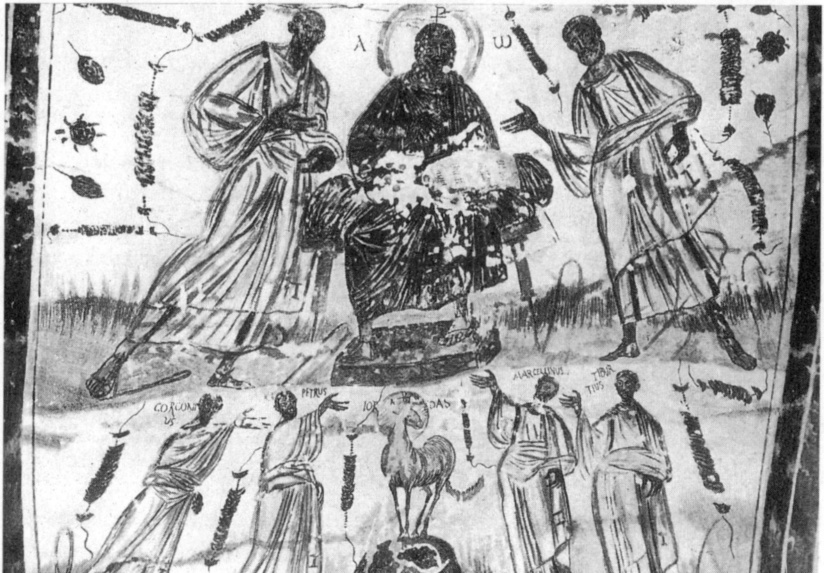

mit dem Tod entsteht. Ein neuer Typus von Heiligen bildete sich heraus. Einzelne Mönche oder Bischöfe galten schon zu Lebzeiten als verehrungswürdige geistliche Väter. Die im Märtyrerkult ausgebildeten Formen der Verehrung wurden nun auch auf sie angewendet. So zog beispielsweise der auf einer Säule lebende Mönch Symeon Stylites (der Säulenheilige; gest. 459) ganze Pilgerscharen an, die ihn berühren oder die doch wenigstens eine Berührungsreliquie von ihm haben wollten. Viele dieser Reliquien trugen bereits sein Bild.

Portrait-Ikonen lebender oder verstorbener Heiliger führten im privaten Bereich zu einer ausufernden und ins Abergläubische abgleitenden Verehrungspraxis. Wenn seit Ende des 4. Jahrhunderts vielerorts Memorialkirchen errichtet wurden, in deren Apsis der Ortsheilige als Orant mit individuellem Portrait monumental dargestellt war, so wird man darin auch den Versuch der Kirche sehen können, die wildwuchernde private Praxis, Heiligenbilder zu verehren, kirchlich zu kanalisieren und in das liturgische Geschehen einzubinden. Heiligenbildnisse in den Apsiden waren der Verfügung der einzelnen entzogen und wurden zum Gegenüber und zum Ansprechpartner der feiernden Gemeinde.

Heiligenbildnisse sind keine originalen Schöpfungen des Christentums. Beide Formen dieser Kultbilder, nämlich sowohl die kleinen Bildtafeln zur privaten Verehrung wie auch die monumentalen Bilder, gehörten bereits zur Kultpraxis der Mysterienreligionen, besonders im Mithras- und im Isiskult. Auch in der Gestaltung bleiben die Heiligenbildnisse von hellenistischen Vorbildern abhängig. Kleidete man die Heiligen zunächst mit dem neutralen Gewand des Philosophen, so stellte man sie seit der Zeit Justinians I. (oströmischer Kaiser 527–565) in den modischen Kostümen byzantinischer Hofbeamter dar.

Kunstgeschichte und politische Geschichte können gelegentlich eng miteinander verquickt sein. Das zeigt die religionspolitische Entscheidung, die Kaiser Theodosius I. 392 traf, als er alle heidnischen Kulte verbot und damit das Christentum zur alleinigen Staatsreligion erhob. Da auch der Ahnenkult ein heidnischer Kult war, durften im privaten Bereich fortan keine Totenportraits mehr erstellt werden. Die Totenverehrung war von da an nur noch für die anerkannten Märtyrer und Heiligen erlaubt. Der Typus des antiken Totenportraits konnte jetzt nur noch in der Gestalt der Heiligenbildnisse weiterbestehen. Dieser Bildtypus, der sich aus Grabkult und Totenverehrung entwickelt und mit der Kultbildtradition der Mysterienreligionen verbunden hatte, war im Heiligenbild zum Objekt der Verehrung geworden.

### *c) Das Marienbildnis*

Die Bildnisse von Maria, der Mutter Jesu, lassen sich aus mehreren Gründen nicht der Linie der Heiligenbildnisse zuordnen, obwohl Maria später als hyperhagia (Überheilige) bezeichnet wurde. Eine Marienverehrung entstand im Osten aber erst verhältnismäßig spät. Das hat viele Gründe. Von Maria war weder ein Sterbeort noch ein Sterbetag, noch ein Grab bekannt. Lediglich eine Legende lief um, nach der Maria in Ephesus gestorben und beerdigt sein sollte. Eine den Märtyrern entsprechende Verehrung war aber ohne Sterbetag, ohne Körperreliquie und ohne Grab nicht möglich. Im Zusammenhang mit den Auseinandersetzungen über die Gottessohnschaft Jesu mußte auch die Rolle der Maria geklärt werden. Die Klärung war auch deshalb nötig, weil einige Gruppen, darunter eine rein weibliche, versuchten, Maria als Göttin neben oder an die Stelle von Gott zu setzen. In einem kirchlichen Schreiben von 325 ist erstmals der Titel theotókos (Gottesgebärerin) für Maria bezeugt. Dieser Titel setzte sich auf der 3. ökumenischen Synode von Ephesus 431 auch offiziell durch. Vielleicht war es nicht nur Zufall, daß nicht nur die Marienlegende nach Ephesus wies, sondern auch das Konzil, das der Mutter Jesu den Titel der Gottesgebärerin zusprach, nach Ephesus einberufen worden war. Ephesus war seit Jahrhunderten Wallfahrtszentrum der Gottesmutter Artemis, einer der bekanntesten Ausprägungen der heidnischen Magna Mater (große Mutter), die auch in Apg 19 als die Göttin Diana von Ephesus erwähnt wird. Jedenfalls entstanden nach 431 im Osten viele Marienheiligtümer und Marienfeste mit entsprechendem Marienkult, zu dem auch die nun entstehenden Marienbildnisse in den Apsiden der Marienkirchen und die Tafelbilder gehörten, die von Anfang an verehrt wurden. Die Marienbildnisse konnten sich nicht aus den Totenportraits entwickeln, weil ja von Maria keine Personenbeschreibung überliefert war. Die Marienbildnisse wurden ihrer Form nach aus der Tradition kaiserlicher Kultbilder gestaltet.

Marienverehrung und Marienbildnisse gelangten, von örtlichen Vorläufern abgesehen, erst im Laufe des 6. und 7. Jahrhunderts ins Abendland. Der lateinische Kirchenvater Augustin (gest. 430)

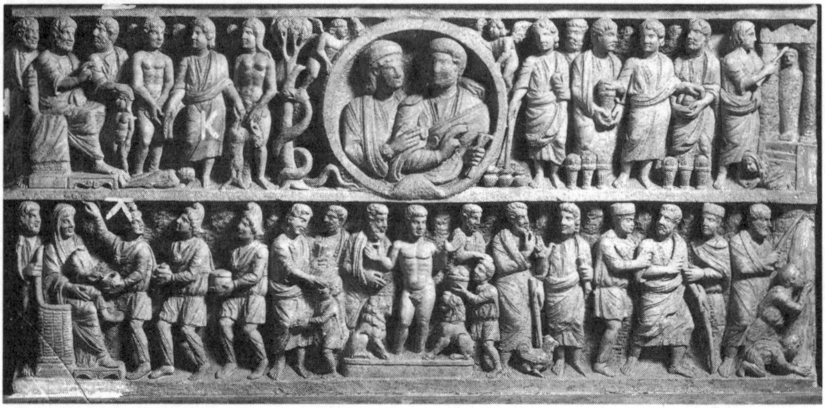

*Oben:* Der „dogmatische“ Sarkophag. Rom, Vatikan, Museo Pio Cristiano, um 330. – Der Doppelfries zeigt in seiner gedrängten Szenenfülle die Unbefangenheit und den Drang zur bildhaften Darstellung insbesondere der biblischen Sinnbilder für Errettung, Bewahrung, Heil und neues Leben.

*Rechts:* Der thronende Christus. Rom, Vatikan, Grotten der Peterskirche, Sarkophag des Junius Bassus (gest. 359). – In der Tradition antiker Philosophendarstellungen wird Jesus als Weisheitslehrer im Gespräch mit Gelehrten präsentiert.

*Unten:* Sarkophag mit Jonazyklus. Rom, Vatikan, Museo Pio Cristiano. – Jona gilt bereits bei den Theologen des 3. Jahrhunderts als Sinnbild für die Sündenvergebung. Im Grabbereich sind der Jonazyklus oder auch Einzelszenen daraus stets als Paradigma für Rettung gemeint. Damit verbindet sich immer die Hoffnung auf Erlösung und Frieden.

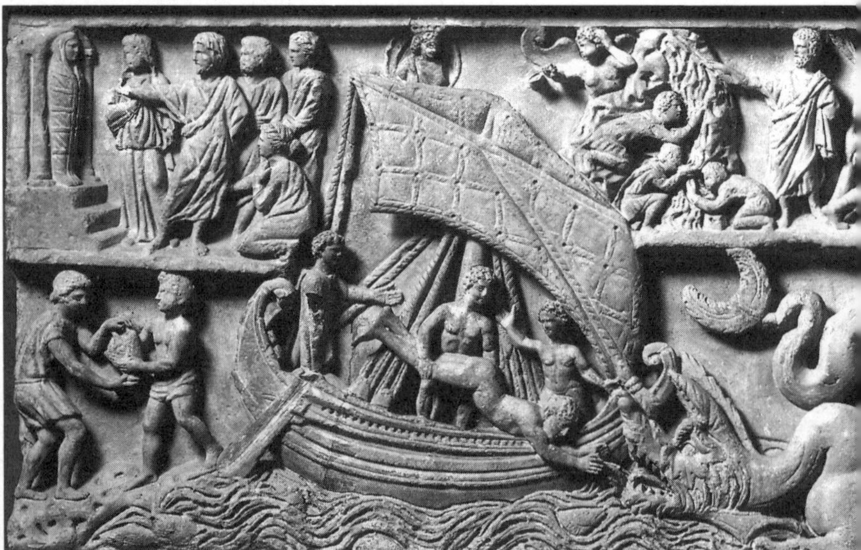

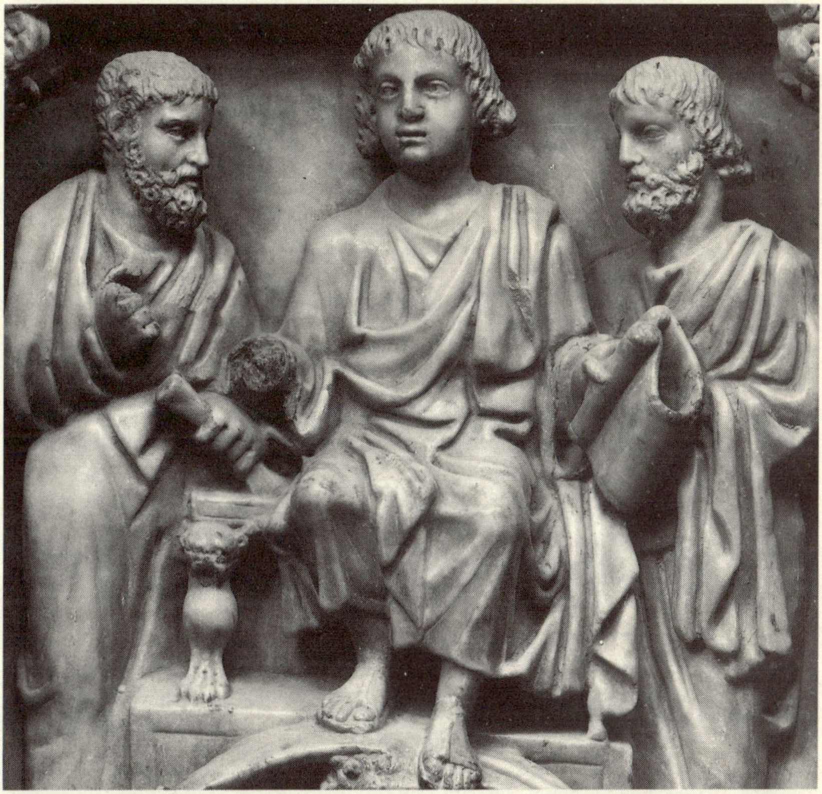

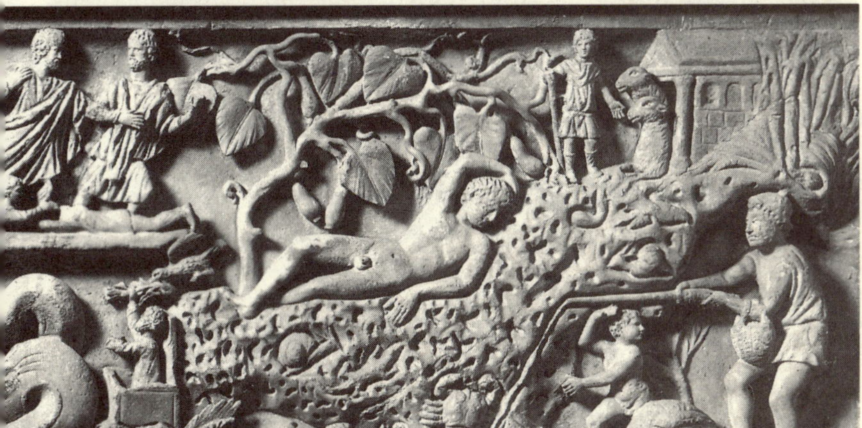

kennt weder Gebete oder Hymnen an Maria noch Marienfeste, noch gar Marienbildnisse. Damals konnte niemand ahnen, daß die Mariendogmen der lateinischen Kirche die Beschlüsse des Konzils von Ephesus, bei denen die orthodoxe Kirche bis heute geblieben ist, einmal weit überholen sollten.

### *d) Das Christusbildnis*

*Jesus* taucht im 3. Jahrhundert in den *Malereien neutestamentlicher Szenen* auf: Auferweckung des Lazarus; Jesus und der sinkende Petrus; Jesus heilt einen Gichtbrüchigen; Jesus und die Samariterin am Brunnen. Für Jesus, den Heiler, konnten die Christen auf Darstellungen des Heilgottes Asklepios zurückgreifen.

Der antike *Schafträger* war ohne Umgestaltung als Jesus „der gute Hirte" interpretierbar. Das Bild des *Hirten* erweist sich als die charakteristische Christusdarstellung des 3. Jahrhunderts. Mit dem Hirtenbild verband man später gern die Vorstellung von Jesus dem *Lehrer.* Als Kennzeichen des Lehrers gelten die Schriftrolle und das Pallium, ein im antiken Rom getragener mantelartiger Überwurf. Malereien, die den Hirten mit Pallium und Rolle zeigen, sind uns erhalten. Das Bild des *Fischers* als Urbild der Errettung tritt neben Hirte und Lehrer und wird gelegentlich mit Taufszenen verbunden. An den Darstellungen biblischer Szenen ist zweierlei bemerkenswert. Zum einen: Sie lenken den Blick nicht auf die Person Jesu, sondern ganz auf das Erlösungsgeschehen, das durch ihn in Gang kommt. Zum anderen: Jesus trägt weder als Heiler noch als Hirte, Lehrer oder Fischer individuelle Züge. Tendenzen zu einer Portraitähnlichkeit sind hier nicht erkennbar.

Die ins Bild gesetzte theologische Aussage in den szenischen Darstellungen des 3. Jahrhunderts tritt schon Anfang des 4. Jahrhunderts zurück, und zwar zugunsten eines persönlich vorgestellten Jesus, der als Typus jugendlich und meist bartlos erscheint, sei es als Wundertäter, Lehrer, Hirte oder Orpheus zwischen wilden Tieren. Neu und für die ersten Jahrzehnte des 4. Jahrhunderts charakteristisch wird das Bild von Jesus als dem *Lehrer der Apostel.* Jesus sitzt, hervorgehoben und übergroß, inmitten seiner meist zwölf Apostel, die Rechte zum Sprechgestus ausgestreckt und in der Linken die Rolle, das Kennzeichen des Lehrers. Auch hier ist er jugendlich und bartlos dargestellt, mit kurzem und meist gelocktem Haar. Wie eine Vorwegnahme von Kommendem begegnet uns auf einem Sarkophag dieser Zeit bereits die erste Darstellung einer Huldigung in der christlichen Kunst. Dem sitzenden, von zwei Aposteln flankierten Jesus nähern sich von beiden Seiten je zwei Gestalten mit gebeugten Knien und mit verhüllten Händen. Dieser Gestus der Unterwerfung und Verehrung, der Proskynese genannt wird (von proskynéō = niederkniend huldigen, fußfällig verehren), stammt ebenfalls aus dem Hellenismus und war bei den Griechen nur gegenüber den Göttern, bei den Römern auch gegenüber dem als göttlich angesehenen Herrscher erlaubt.

In der Spätzeit von Kaiser Konstantin I. kam es zu einem tiefgreifenden Wandel des Jesus- bzw. Christusbildes. Im Jahr 325 mußten sich die Bischöfe auf der 1. ökumenischen Synode in Nicäa mit der Frage auseinandersetzen, wie das Verhältnis des Sohnes Jesus zu Gott, dem Vater, zu verstehen sei. Die Synode erklärte Jesus als „wesenseins" (homoū́sios) mit dem Vater. Demnach war Jesus die gleiche Ehre wie dem Vater entgegenzubringen. Die vom Konzil beschriebene Stellung Jesu mußte sich im Bild ihren Ausdruck freilich erst schaffen. Die christlichen Maler und Bildhauer griffen dabei selbstverständlich auf die geläufigen Symbole ihrer Zeit zurück. Für die Christengeneration der konstantinischen Ära gehörte es wohl zu den tiefsten Eindrücken, daß sie nach langer Verfolgungszeit nun einen „christlichen" Kaiser hatten. So lag es nahe, die Würde Jesu auch in der Kunst mit Hilfe jener Symbole darzustellen, die auf Erden als Ausdruck höchster Würde galten; und das waren die Prädikate und Insignien des Kaisers. Wie der Kaiser, so wurde jetzt auch Jesus als der Christus im Purpurgewand, auf einem Thron sitzend, mit Nimbus und erhobener Rechten dargestellt. Diese allesamt aus dem heidnischen Herrscherkult stammenden Insignien kennzeichnen jetzt die Macht und die Würde des *himmlischen Kaisers* oder Königs.

Neu und ohne Vorlage wurde in jener Zeit das Motiv der *Übergabe des Gesetzes* durch Christus an Petrus und Paulus (traditio legis) geschaffen. Christus hat die Rechte in herrscherlichem Gestus erhoben und übergibt mit der Linken die Gesetzesrolle an Petrus. Der Nimbus unterstreicht seine Vollmacht. Dieses auch kirchenpolitisch hochinteressante Motiv ist Legitimation und Ausdruck einer Kirche, die zur Großinstitution heranwächst.

In der Zeit des Kaisers Theodosius I. (Alleinherrscher 394 – 395) und danach, also im 5. Jahrhundert, wird der *Zug zur Repräsentation* im Christusbild spürbar stärker. Als Lehrer der Apostel z. B.

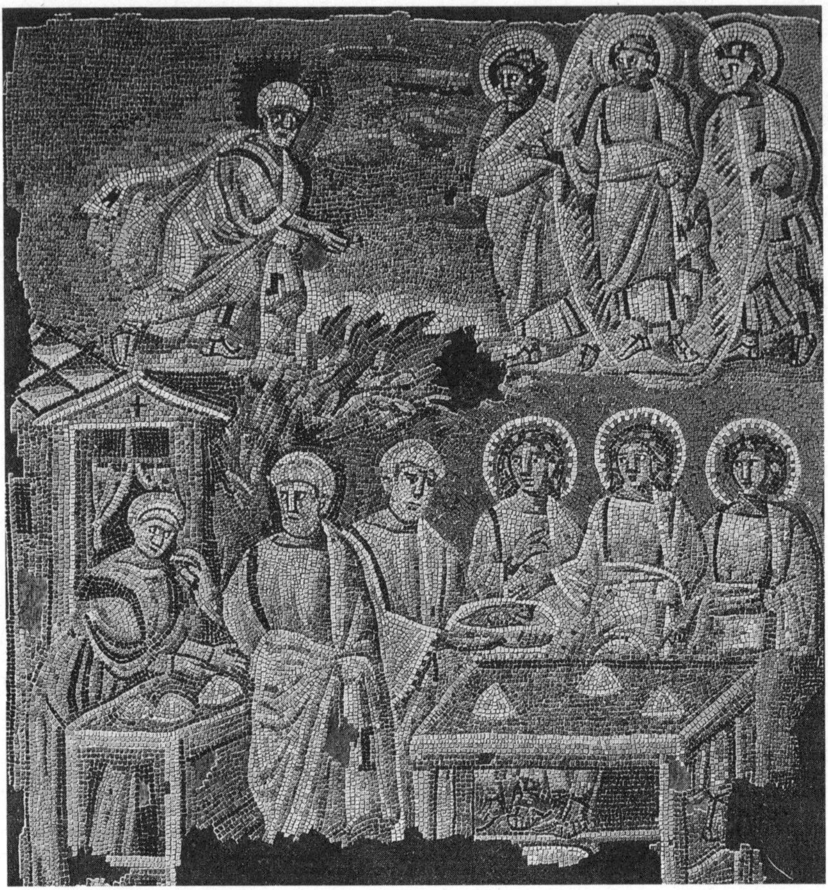

*Oben:* Der Besuch der drei Männer bei Abraham und Sara. Rom, S. Maria Maggiore, Mosaik, um 440. – Ältestes Zeugnis für die Deutung von Gen 18 (Gastfreundschaft Abrahams – Philoxenia) auf die Trinität. Seit dem 11. Jahrhundert werden die Männer an verschiedenen Tischseiten dargestellt. Später wird das Szenische zugunsten einer konzentrierten dogmatischen Aussage zurückgenommen (Rublev). (Vgl. angelomorpher Typ der Trinität).

*Rechts oben:* Lehrender Christus inmitten des Apostelkollegiums. Mailand, S. Aquilino, Mosaik, zweite Hälfte des 4. Jahrhunderts. – Die Tradition des antiken Philosophenbildes wird hier in verkirchlichter Form fortgeführt.

*Rechts unten:* Hetoimasia / Etimasie. Ravenna, Baptisterium der Arianer, Mosaik, Anfang des 6. Jahrhunderts. – Zurüstung des Thrones Christi nach Offb 22, 1–4. Ein Edelsteinthron, geschmückt mit kostbaren Tüchern und einem goldgestreiften Purpurkissen, steht hier für den zum Gericht wiederkommenden Christus. Die unsichtbare Anwesenheit Christi wird als Kreuz dargestellt, über dessen Querbalken das Purpurgewand gelegt ist. Links Paulus, rechts Petrus, die sich dem Thron in ehrfürchtiger Haltung nähern.

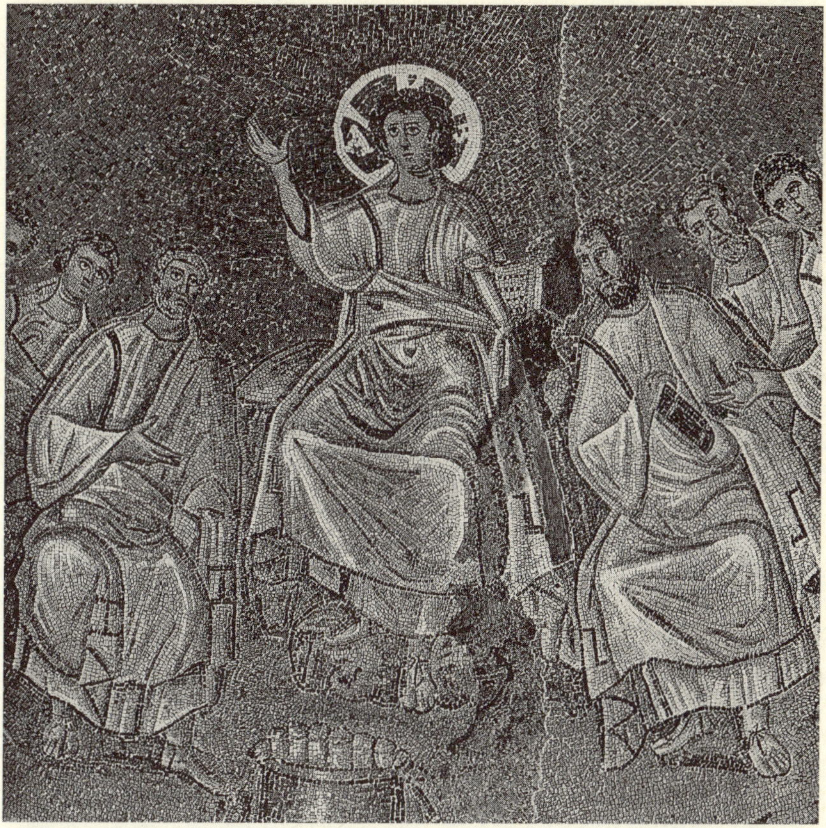

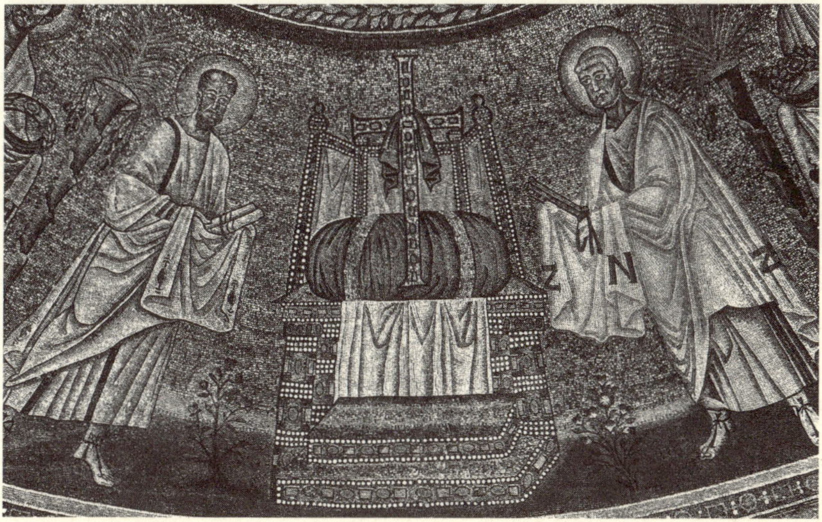

steht Christus jetzt, ohne zu sprechen, inmitten seiner Apostel. Die Parallele zum Herrscherkult ist auch hier augenfällig, denn die Schweigezone um den Kaiser galt als Ausdruck seiner Distanz und Würde. Auch andere Zeichen herrscherlicher Macht werden in Christusdarstellungen verstärkt. Der Thron wird mit Perlen und Edelsteinen geschmückt und erhält ein Purpurkissen. Der Nimbus wird zum Kreuznimbus ausgestaltet. Das Lehren ist als Motiv zwar noch vorhanden, wird aber von der monumentalen Repräsentation und der Demonstration göttlicher Macht allmählich überlagert. Die gleiche Tendenz zeigt sich auch beim Motiv der Gesetzesübergabe. Sie ist thematisch zwar erhalten, tritt als solche aber zurück, denn das Geschehen wird zu einer Huldigungsszene umgestaltet. Das ist typisch, denn das *repräsentative Huldigungsbild* wird in dieser Epoche zum bevorzugten Thema. Höfische und christliche Repräsentationsbilder sind jetzt kaum mehr zu unterscheiden.

Blicken wir nun auf die bisher genannten Bildmotive, in denen Christus vorkommt, zurück, so zeigt sich, daß Christus je nach Bildtyp unterschiedlich dargestellt wird. Die Repräsentationsbilder gleichen Christus dem Typus der damaligen Herrscherbildnisse an, die in ihrer Monumentalität distanzierte Würde und Macht ausdrücken sollten. Dieses herrscherliche Bild vermochte aber die Darstellung des Hirten und des Wundertäters nicht mehr umzuprägen. Als Hirte oder Orpheus erscheint die Jesusgestalt auch später noch jugendlich und bartlos, obwohl der Hirte schon früh auch bärtig dargestellt werden konnte. In den Wundertäterzyklen begegnet uns auch im 5. Jahrhundert durchweg ein bartloser Jüngling, dessen Haupthaar kurz ist und nur im Nacken länger herabfällt. Christus als reifer Mann mit langem Haupthaar und Bart ist eine spätere Entwicklung, die sich erst im 6. Jahrhundert durchsetzen kann. Wie wenig festgelegt das Christusbild in den ersten Jahrhunderten war, illustrieren jene Kirchen, in denen Bildnisse unterschiedlicher Art aus der gleichen Zeit nebeneinander stehen. Im Mausoleum der Constantina in Rom sind uns zwei Christusdarstellungen aus der Mitte des 4. Jahrhunderts erhalten. In der südlichen Apsis ist Christus, der das Gesetz übergibt, bartlos dargestellt; in der nördlichen Apsis tritt er uns bei der Schlüsselübergabe an Petrus mit vollem Bart entgegen. In den aus dem 6. Jahrhundert stammenden Mosaiken des Hochschiffes von S. Apollinare Nuovo in Ravenna wird Christus in den Szenen seines irdischen Handelns bartlos, in den Szenen der Passion und Verherrlichung aber mit Bart dargestellt.

Von der Katakombenmalerei bis zu den repräsentativen Bildnissen des 5. Jahrhunderts streben die Christusdarstellungen noch keine Portraitähnlichkeit an. Sie zeigen Christus in unterschiedlichen Gestalten und Funktionen des Heilsbringers. Die Maler greifen dabei auf die in der Umwelt gegenwärtigen antiken Vorbilder typisierter Darstellungen von Richtern, Philosophen und Herrschern zurück. Die Christusbildnisse sind Idealbilder, die an der hellenistischen Tradition orientiert bleiben.

Die ältesten Nachrichten über Christusbilder, die als Portrait gemeint sind, weisen bezeichnenderweise nicht in die Kirche, sondern in außerchristliche Kreise. Aus Schriften der Kirchenväter wissen wir, daß die gnostische Sekte der Karpokratianer in Alexandrien (so genannt nach ihrem Leiter Karpokrates) schon Ende des 2. Jahrhunderts neben den Bildern von Homer, Pythagoras, Platon und Aristoteles auch Christus- und Paulusbilder hatte, diese, wie alle übrigen, mit Kränzen schmückte und sie vielleicht sogar verehrte. Ähnliches wird uns vom römischen Kaiser Severus Alexander (222–235) berichtet, der aus der afrikanisch-syrischen Dynastie der Severer stammte. Er hatte neben Bildern von Abraham, Orpheus, Apollonius von Tyana und seinen Ahnen auch ein Christusbild, das er verehrte.

In der Mutterkirche regte sich der Wunsch nach portraitähnlichen Christusbildern erst sehr viel später, und zwar besonders in einfachen Kreisen und bei Frauen. Ältester Zeuge dafür ist wieder Eusebius, der bei einer einfachen Frau ein Christusbild gesehen haben will. Außerdem erzählt er, daß Constantia, die Tochter Kaiser Konstantins, sich mit der Bitte an ihn gewandt habe, ihr ein Bildnis Christi zu beschaffen. Im 4. Jahrhundert scheint demnach in den Gemeinden ein Interesse am Aussehen Jesu und der Apostel zu erwachen.

Jesu Aussehen ist uns freilich nirgendwo überliefert. Dazu bestand bei den ersten Christen auch kein Anlaß, denn sie waren wie Jesus davon überzeugt, daß das Ende dieser Welt nahe sei und der neue Äon bald anbrechen werde. War aber die Frage nach dem Aussehen Jesu und das Bedürfnis nach authentischen Christusbildern einmal erwacht, so stellten sich auch Antworten ein, und zwar in der Gestalt von Legenden. Die früheste dieser Legenden weist in die Mitte des 6. Jahrhunderts. Sie berichtet nämlich von einer Heldin aus Kamuliana in Kappadokien, die im Bassin ihres Gartens ein auf Leinen gemaltes Christusbild findet, welches auf ihrem Gewand sofort einen Abdruck hinterläßt und sich auch späterhin auf geheimnisvolle Weise mehrmals selbst kopiert. Das Bild wird 574 nach Konstantinopel gebracht und soll in einer Reihe von Kriegen als Reichspalladium eine Rolle gespielt haben, bis es um 800 spurlos verschwindet.

Ein anderer Legendentyp bringt das Christusbild direkt mit Jesus in Verbindung. Nach einer solchen Legende hatte der unheilbar kranke Fürst Abgar von Edessa (9–46) einen Gesandten zu Jesus geschickt. Die älteste Fassung der Legende spricht von einem schutzgewährenden Brief, den Jesus dem Abgesandten für Abgar übergab. Um 400 erzählt die Legende bereits, daß dieser Gesandte während seines Gesprächs mit Jesus ein farbenfrisches Portrait Jesu gemalt habe. Die weiterwachsende Legende weiß schließlich zu berichten, daß Jesus selbst sein Antlitz in ein Tuch (Mandýlion) gedrückt und so ein selbstgefertigtes Portrait hergestellt und dieses, zusammen mit einem Brief, dem Fürsten Abgar gesandt habe. Als 544 Edessa von den Persern bestürmt wurde, holte man in der Not der Belagerung das Mandylion Christi herbei, und die Stadt wurde gerettet. In diesem Zusammenhang finden wir das Mandylion, von dem für die Folgezeit immer wieder neue Wunder berichtet werden, zum ersten Mal erwähnt. Das Tuch mit dem Antlitz Christi ist schließlich in einem goldenen Schrein aufbewahrt worden. Der Abdruck, den es trug, wurde oft kopiert. Das Gesicht ist frontal, ohne Hals oder Halsansatz, abgebildet. Es erscheint asymmetrisch. Das volle Haupthaar ist in der Mitte gescheitelt und fällt in leichtgeschwungenen Strähnen bis auf die Schulter. Die Augen sind groß und weit geöffnet, die Nase ist lang und schmal. Oberlippen, seitliche Wangen und Kinn zeigen einen schütteren Bart. Dieser auf dem Abgarbild und dessen Kopien dargestellte Typus hat sich schließlich im Osten für die Christusdarstellungen als normativ durchgesetzt. Eine religiöse Verehrung von Christusbildern ist in der Kirche bis ins 5. Jahrhundert nicht zu erkennen.

Der Glaube an eine außergewöhnliche Herkunft von Götterbildern ist in allen bilderfreundlichen Religionen zu finden. Die jeweiligen Antworten sind freilich unterschiedlich. Die Griechen waren davon überzeugt, daß das alte Holzbild der Athene auf der Akropolis, ebenso wie das der Artemis von Ephesus, vom Himmel gefallen sei. Die Legende vom direkten Abdruck des Portraits ist hingegen genuin christlich. Im Westen bildet sich um 1400 in der Veronikalegende eine Parallele zur Abgarlegende. Die einst durch Jesus geheilte Veronika habe, so wird erzählt, mit vielen anderen am Kreuzweg Jesu gestanden. Als Jesus mit dem Kreuz vorbeikam, habe sie dem Erschöpften ein Tuch gereicht, damit er sich den Schweiß auf seinem Gesicht trockne. Das Schweißtuch, das die Veronika zurückerhielt, zeigte daraufhin den originalen Portraitabdruck von Jesu Gesicht. Historisch betrachtet haben wir kein authentisches Christusbild. Die Kirche tradiert ein *Kultportrait* von Christus.

Christliche Bilder, von denen gesagt wird, sie seien „nicht von Menschenhand gemacht", werden *Acheiropóiētoi* genannt (gr. a = Verneinung; chéir = Hand; poiéō = machen). Die Legenden von der Acheiropóiētos des Abgar weisen in das 6. Jahrhundert zurück. Im 7. Jahrhundert gilt die Acheiropoietos Christi bereits als dessen zweite Inkarnation. Ebenfalls seit dem 7. Jahrhundert bilden sich auch Legenden von Heiligen-Acheiropoietoi. Legenden über Marien-Acheiropoietoi begegnen uns erst seit dem 8. Jahrhundert.

In der Zeit des Bilderstreits tauchen im Osten Legenden auf, welche die Portraits der Mutter Jesu auf den Evangelisten Lukas zurückführen (Lukasbilder). Nach ostkirchlicher Tradition soll Lukas drei Bilder der Mutter Jesu noch zu ihren Lebzeiten und weitere 70 nach ihrem Tod gemalt haben. Insgesamt werden Lukas etwa 600 Ikonen und Bildwerke zugeschrieben. Die Lukaslegende ist im 5. Jahrhundert entstanden. Als Lukasbilder gelten z. B. die Hodigitria von Byzanz (9. Jahrhundert), Salus populi Romani in S. Maria Maggiore zu Rom (9. Jahrhundert), die Vladimirskaja in Rußland (12. Jahrhundert), die Gottesmutter „Hoffnung der Verzweifelten" im Dom zu Freising (13. Jahrhundert), die „Schwarze Madonna" von Tschenstochau in Polen (14. Jahrhundert), die Lukas auf der Tischplatte von Jesu Elternhaus in Nazaret gemalt haben soll, die Portatissa (14. Jahrhundert), die zur Zeit des Bilderstreits von Byzanz zum Berg Athos in Griechenland geschwommen sein soll. Seit dem 14. Jahrhundert verbreitet sich auch im Westen die Legende vom Evangelisten Lukas als dem Marien- und Christusmaler. Lukas wurde so zum Schutzpatron der Maler und der Malergilden.

### *e) Die Darstellungen Gottes und göttlicher Wesen*

Die frühe Kirche war zu keiner Zeit versucht, Gott direkt darzustellen. Ein erster Versuch indirekter Gottesdarstellung ist uns auf dem um 350 in Rom entstandenen „dogmatischen Sarkophag" erhalten. In der Szene von der Erschaffung der Eva ist Gott in der Form von drei annähernd gleich gestalteten männlichen Figuren dargestellt. Dieser Versuch menschenartiger Dreifaltigkeitsbilder hat sich jedoch nicht durchgesetzt, denn wir finden in der gleichzeitigen und folgenden frühchristlichen Kunst sonst nur symbolische Formen der Gottesdarstellung: die Taube, das Christuslamm, die Hand Gottes und die drei Engel bei Abraham.

Die *Taube*, die schon in der vorchristlichen Antike und im Alten Testament ein Symboltier war, wird im Christentum in erster Linie zum Symbol des Heiligen Geistes. Das geht wohl auf die Evangelienberichte von der Taufe Jesu zurück, wo über Jesus Gottes Geist in der Gestalt der Taube erscheint (Mk 1, 10 parr).

Das *Christuslamm* oder das *Lamm Gottes* ist seit dem 4. Jahrhundert auf Sarkophagen und auf Mosaiken nachweisbar. Dargestellt ist ein Lamm, das sein rechtes Vorderbein um den Kreuzesstamm legt und seinen Kopf schräg nach hinten wendet. Angeregt ist dieses Symbol durch das Deutewort Johannes' des Täufers: „Siehe, das ist das Lamm Gottes, welches der Welt Sünde trägt" (Joh 1, 29) und durch einen Text wie Jes 53, 7, wo der mißhandelte Gottesknecht mit einem Schaf verglichen wird, das zur Schlachtbank geführt wird. Der ikonographische Ansatz, Gott durch ein Symbol von Christus darzustellen, wird aber 691 durch Synodalbeschlüsse (Trullanum) ausdrücklich verboten. Das Christusbild ist damals offenbar bereits als unvertretbare Präsentation der Christuswirklichkeit und damit der Gotteswirklichkeit verstanden worden. Symbolische Christusdarstellungen waren in der orthodoxen Kunst fortan ausgeschlossen. Im Gegensatz dazu wurde im Westen gerade das Lamm-Gottes-Thema variantenreich ausgestaltet.

Die *Hand Gottes*, die pars pro toto (als Teil für das Ganze) Gott selbst und seine Macht verkörpert, mußte von christlichen Malern nicht erst erfunden werden. Sie ist nämlich schon auf einem Relief vom Obelisken des Assyrers Tiglatpileser I. aus der Zeit um 1000 v. Chr. nachgewiesen, stammt also aus dem Alten Orient. Auch im Alten Testament ist von der Hand Gottes oft die Rede, und zwar als Hand, die Leben schafft, die rettet, segnet und straft. Diese jüdischen Vorstellungen begegnen uns schon in den Malereien der Synagoge von Dura-Europos (250) als bildhafte Darstellungen. Es mag erstaunen, daß die Gotteshand im christlichen Bereich zuerst auf Münzen aus der Zeit Konstantins zu sehen ist, die den Kaiser verherrlichen und dessen Legitimation durch Gott ausdrücken. Die ältesten christlichen Zeugnisse stammen von römischen Sarkophagen des 4. und 5. Jahrhunderts und von einem gut erhaltenen Elfenbeinrelief aus der Zeit um 400, das die Frauen bei Jesu Grab und die Himmelfahrt darstellt. Gottes Hand greift stets vom oberen Bildrand oder aus den oberen Bildecken durch einen Wolkenvorhang ins Bild.

Den *Besuch der drei Männer bei Abraham und Sara* (Gen 18) haben bereits einige Kirchenväter als Hinweis auf die Trinität verstanden. Offenbar dachte man zunächst an eine Erscheinung des präexistenten Christus mit zwei Engeln. So jedenfalls zeigen es Mosaiken in Roms S. Maria Maggiore aus der Zeit um 400. Später, nachdem die Trinitätslehre ausgeformt war, nahmen die drei Männer die Gestalt von drei Engeln an.

Gott konnte auch *in der Gestalt nur eines Engels* dargestellt werden, wie aus den um 430 entstandenen Holzreliefs des Hauptportals von S. Sabina in Rom hervorgeht. In den dort dargestellten Szenen aus der Berufungsgeschichte des Mose am Gottesberg (Ex 3) wird Gott durch jeweils nur einen Engel repräsentiert.

Engel sind uns bereits aus der Katakombenmalerei bekannt. Das Wort „Engel" kommt vom griechischen ángelos. Damit ist ganz profan der Bote oder Botschafter gemeint. Da der Botendienst damals die einzige Möglichkeit der Kommunikation über Entfernungen darstellte, galt der Bote schon früh als von den Göttern geschützt. Zur Zeit Homers hatte der Bote bereits eine sakrale Rolle. Vom göttlich geschützten Boten zum Götterboten ist nur ein kleiner Schritt.

In allen Religionen, die eine himmlische und eine irdische Welt unterscheiden, lebt die Vorstellung von Engeln, die als Gottesboten mit vielfältigen Funktionen verstanden werden. Bei Sumerern, Babyloniern, Ägyptern, Griechen und Römern gehören Engelwesen ganz selbstverständlich zum religiösen Kosmos. Im Vorderen Orient und im Westen sind sie durchweg als geflügelte weibliche Wesen vorgestellt.

Auch die Erzengel, Engel, Cherubim und Seraphim des Alten Testaments haben Flügel. In der christlichen Kunst begegnen uns Engeldarstellungen erstmals in der zweiten Hälfte des 3. Jahrhunderts in der Priscilla-Katakombe in Rom. Engel werden hier zunächst als bartlose, schöne junge Männer, mit Pallium bekleidet, dargestellt. Ein Jahrhundert später begegnen sie uns für kurze Zeit auch als bärtige Männer. Zu geflügelten Wesen werden sie ab dem späten 4. Jahrhundert in einem Angleichungsprozeß an die antiken Genien, vor allem aber an die Siegesgöttin Nike/Victoria. Sie nehmen zwar nicht die Frauengestalt der Siegesgöttin an, werden aber doch zu geschlechtslosen Wesen umgestaltet. Die Flügel kennzeichnen die Engel als Boten und als Wesen, die nicht von irdischer Art sind. Kindlich nackte Engel hat es in der frühkirchlichen Kunst nicht gegeben.

Die Funktionen und Aufgaben der Engel, als verbindende Glieder zwischen himmlischer und irdischer Welt, sind vielfältig. Der Weissagungsengel kündigt Gottes Tun an, wie das z. B. bei der Ankündigung an Josef in Mt 1,20ff oder an Maria in Lk 1,26ff geschieht. Ein Deuteengel (angelus interpres) deutet ein dem Menschen unverständliches Geschehen, wofür der Engel im leeren Grab nach Mk 16,5ff oder die zwei Engel am Grab nach Lk 24,4ff Beispiele sind. Wieder andere Engel haben die Aufgabe, zu schützen oder zu strafen oder Gott zu loben und vieles andere mehr.

Diese im Alten und Neuen Testament genannten Funktionen der Engel werden auch von der Malerei aufgenommen. Das Neue Testament hat allerdings keine einheitliche oder gar ausgeprägte Engellehre. Bemerkenswert ist freilich, daß an einigen Stellen die Engel mit Gott und Jesus zu einer Trias zusammengeordnet werden (z. B. in Mk 8,38; 1 Tim 5,21). In dem sich anbahnenden Gedanken der Trinität werden die Engel aber bereits im Neuen Testament vom Heiligen Geist verdrängt (so z. B. 2 Kor 13,13; Mt 28,19).

Eine Engelverehrung ist für alttestamentliches wie für neutestamentliches Denken ausgeschlossen. Mit dem Blick auf gnostische Kreise wendet sich Kol 2,18 sehr scharf dagegen. In einigen christlichen Gemeinden Kleinasiens scheint im 5. Jahrhundert durch gnostischen Einfluß dennoch eine Art Engelkult entstanden zu sein. Das nötigte die Kirchenlehrer dazu, die Engel in das theologische Nachdenken einzubeziehen, und es führte schließlich dazu, daß in der Westkirche über Augustin und in der Ostkirche über Dionysios vom Areopag und Johannes von Damaskus Engellehren (Angelologien) ausgebildet wurden.

## 6. DIE SPANNUNGEN ZWISCHEN VOLKSFRÖMMIGKEIT UND THEOLOGIE

Für das Entstehen von Bildern in der frühen Kirche gibt es keine einlinige Erklärung. Wir können nur rückblickend rekonstruieren, welche Umstände dazu führten, daß bestimmte Bildtypen hervorgebracht wurden. Verwunderlich war das Entstehen von Bildern ja nicht, in einer Welt, in der profane, besonders aber religiöse Bilder allgegenwärtig waren. Schon in den Verfolgungszeiten haben Neubekehrte ihr gewohntes Bildverständnis mitgebracht und im neuen christlichen Kontext ihren bisherigen Umgang mit Bildern weiter praktiziert. Das zeigen die Totenportraits. Als die Kirche unter Konstantin I. Massenzulauf bekam, und erst recht, nachdem sie im Religionsedikt von 380 zur alleinberechtigten Staatskirche geworden war, strömten mit den bislang heidnischen Menschen auch deren heidnische Traditionen, religiöse Vorstellungen und Gebräuche in breitem Strom in die Kirche ein. Aus welcher Welt kamen diese Menschen, und welches Bewußtsein brachten sie mit?

Die griechische Welt war von ihren Anfängen an bilderfreundlich. Griechisches Denken erfaßt die göttlichen Kräfte, die in unserer Welt wirken, in vorstellbaren Gestalten und in mythologischen Vorgängen. Die erfahrbare Welt erleben Menschen dreidimensional. Gottheiten, die hier als real erlebt wurden, mußten folglich auch körperlich real sein. Nach griechischem Verständnis ist der menschliche Körper am besten geeignet, Göttliches oder die Gottheit darzustellen. Die Kultbilder griechischer Gottheiten sind daher immer menschengestaltig und voll rundplastisch. Das gilt für die archaisch statischen Figuren der Frühzeit ebenso wie für die idealtypisch ästhetischen Götterbilder der klassischen Zeit.

Für das Volk der hellenistischen Epoche war das Gottesbild mit der darin verkörperten Gottheit selbstverständlich identisch. Das zeigt sich am besten in der Kultpraxis. Das Gottesbild wurde mit dem Namen des Gottes angerufen. Den Verehrer dieses Gottes drängte es, das Bild zu berühren. Das Götterbild wird sorgfältig gepflegt: es wurde regelmäßig gebadet, mit Öl gesalbt, neu eingekleidet, mit Kränzen geschmückt und mit Speisen versehen. Unter dem Einfluß der östlichen Mysterienreligionen konnte dieser Kult sogar ins massiv Abergläubische abgleiten. Im Privatkult heftete man den Götterstatuen Briefchen mit Wünschen an, legte ihnen

Kapseln um den Hals, rieb sie mit Wachs und Parfum ein, räucherte ihnen mit Weihrauch, stellte Lichter vor ihnen auf und erzählte sich von ihnen allerlei Wunder.

Philosophen und Gebildete übten mit rationalen Argumenten an dieser Art Gottesglauben harte Kritik und polemisierten gegen derlei Kultpraktiken. Führende Geister, wie beispielsweise Seneca, schütteten ihren Spott über die „Bademeister, Salber, Frisöre und Spiegelhalter der Götter" aus. Es gibt vereinzelt auch Bilderfreunde unter den Philosophen. Einer von ihnen ist Platon. Aber seine vergeistigten Bildtheorien lagen auf einer ganz anderen Ebene als die massive Bildergläubigkeit des Volkes und berührte diese wohl kaum. Am Ende der hellenistischen Zeit waren viele Gebildete, die für ihre eigene Person den Bilderkult ablehnten, der Meinung, man müßte den Bilderdienst nachsichtig beurteilen, weil das Volk ohne ein Idol (éidōlon = Bild im Sinne von Schattenbild, Truggestalt, Phantom) offenbar nicht auskomme.

Den Kontrast dieses griechisch-hellenistischen Denkens zum Glaubensverständnis der jungen Gemeinden kann man sich nicht groß genug vorstellen. Denn die ersten christlichen Gemeinden sind ja nicht aus den hellenistischen, sondern aus dem jüdischen Traditionsbereich hervorgegangen. Sie hatten die heiligen Bücher der Juden als ihr Altes Testament übernommen. Gottesbilder und Bilderkult waren nach diesen biblischen Traditionen ausgeschlossen und auch vom Glaubensverständnis her theologisch undenkbar. Angesichts des als nahe erwarteten neuen Äons bestand weder am Bild noch überhaupt an kultischen Einrichtungen ein Interesse. Wer in der Zeit der Verfolgungen, aus hellenistischen Kulten kommend, zur christlichen Gemeinde stieß, der vollzog damit einen bewußten Schritt, der aus den bisherigen kultischen Bindungen und religiösen Denkformen der hellenistischen Religionen herausführte und ein ganz anderes Verständnis von Glaube, Welt, Mensch und Gott eröffnete. Das änderte sich grundlegend, als die christliche Kirche zur Staatskirche wurde.

Die vielen, die jetzt ohne die mindeste Bekenntnisabsicht, sei es aus Opportunismus oder einfach dem politischen Trend gehorchend, zu Gliedern der Kirche wurden, brachten ihr bisheriges Kultverständnis mit und wollten das religiös Gewohnte ohne tiefgreifende Veränderungen oder geistige Auseinandersetzungen auch weiter praktizieren, selbstverständlich auch den kultischen Umgang mit Gottesbildern. Da ab dem 3. Jahrhundert die christlichen

Gemeinden das Heilsgeschehen auch bildhaft recht unbefangen darzustellen begannen und die Erinnerung an ihre Toten und Märtyrer in Totenportraits festhielten, fand hellenistisches Kultverständnis bereits genug Bildmaterial vor, mit dem der gewohnte alte Bilderkult weiter praktiziert werden konnte. Der Wechsel der Inhalte war im Zeitalter des Synkretismus ohnehin ein normaler Vorgang. So zeigten sich schon in der 261 beginnenden 40jährigen Friedenszeit im Zusammenhang mit den aufkommenden Märtyrerbildnissen auch Ansätze zu einer Bilderverehrung, die sich dann im 4. und 5. Jahrhundert durch den Zulauf vieler ehemals heidnischer Menschen zur Kirche verstärkte. Wir können das aus literarischen Zeugnissen erschließen.

Von Eusebius von Cäsarea (260/65 – 339/40) wissen wir, daß er bei einer Frau Bilder von Christus und Paulus gefunden hat. Er berichtet darüber weiter, daß er dieser Frau die Bilder weggenommen habe, weil sie als „heidnische Gewohnheit" zu verwerfen seien. Epiphanius, 367 – 403 Bischof von Salamis und Metropolit von Zypern, erzählt, daß er auf einer Reise durch Palästina den Vorhang einer Kirche eigenhändig zerrissen habe, weil darauf Christus oder ein Heiliger dargestellt war. In welchem Maße es sich in diesen Fällen bereits um eine explizite Verehrung von Bildern gehandelt haben mag, ist nur schwer zu entscheiden. Eine Synode im spanischen Elvira wendet sich jedenfalls bereits um 306 gegen Wandmalereien in Kirchen und verurteilt die Anbetung christlicher Bilder als Überbleibsel heidnischen Götterbildkultes. Nennenswerte Bedeutung dürfte die Bilderverehrung in der christlichen Volksfrömmigkeit freilich erst gegen Ende des 5. Jahrhunderts gewonnen haben.

Das Thema „Bilder" war im 2. Jahrhundert theologisch noch nicht aktuell. Tertullian fordert um 210 die Christen nachdrücklich auf, sich von allen Bildern, oder gar deren Verehrung, fernzuhalten. Die Stimmen, die sich gegen „Götterbilder" erhoben, verstummten nicht. Die Mehrzahl der Kirchenlehrer hatte in den nächsten Jahrhunderten aber nichts gegen jene Bilder einzuwenden, in denen die Heilsgeschichte oder Gottes Wirken im Leben heiliger Menschen erzählt wurde. Denn diese Bilder brachten Gottes Wirken in den Blick und luden dazu ein, seinem Wirken auch im eigenen Leben Raum zu geben. Es gab auch keine Bedenken gegenüber Bildern, die Christus unter den Symbolen des Hirten, des Lehrers oder des Fischers darstellten, weil auch durch sie das Heilshandeln zum Ausdruck gebracht und der Betrachter darüber belehrt wurde.

Die gleichen Kirchenlehrer urteilten aber ganz anders, sobald es um Portraitbilder von Heiligen oder um Christusbilder ging. Solche Portraitbilder und erst recht deren Verehrung wurden in meist scharfer Form zurückgewiesen. Die Argumente bekunden nicht eine grundsätzliche Bilderfeindlichkeit, sondern sie kommen aus einer theologischen Einsicht. Eusebius von Cäsarea sagt im Blick auf Portraitbilder von Christus, daß tote Linien und Farben das geistige Wesen Gottes niemals wiedergeben können; vielmehr wird nur der Gott schauen, der reinen Herzens ist. Es geht also nicht darum, Bilder von Gott zu malen und sie anzuschauen, sondern darum, mit seinem Leben und Tun selber zum Bild Gottes zu werden. Epiphanius betont, daß das, was Gott betrifft, grundsätzlich nicht darstellbar, sondern allen Menschen ins Herz geprägt sei. Das eigentliche Bild Gottes könne nur in der Seele des Gläubigen entstehen. Gleiches gilt auch für die Portraitbilder von Heiligen. Niemand solle auf Farben und auf unbeseelte Bilder vertrauen. Diese Heiligen ehre man nicht durch Tafelbilder, sondern dadurch, daß man ihre Taten höre und darin mit ihnen wetteifere. Das ist die theologische Grundeinstellung zu den Portraitbildern bei den maßgeblichen Kirchenvätern der Ostkirche. Sie alle lehnten die Portraitbilder, und erst recht deren Verehrung, ab, befürworteten aber erzählende Bilder, die das göttliche Wirken in Jesus Christus oder in den Heiligen veranschaulichen.

In der abendländischen Kirche jener Zeit überwiegt ebenfalls die Ablehnung der Kultbilder. Das Konzil von Elvira 306, das die Verehrung und die Anbetung von Bildern verurteilte, wurde schon erwähnt. Auch Augustin, der überragende westliche Theologe (354 bis 430), äußert sich kritisch zu den „Anbetern (adoratores) von Gräbern und Bildern“ und zu Malereien, die Christus mit Petrus und Paulus darstellen.

Zusammenfassend läßt sich sagen: Im 3. bis 5. Jahrhundert haben sich die wesentlichen christlichen Bildtypen auf unterschiedlichen Wegen herausgebildet. Die Verehrung der Märtyrer und ihrer Gräber, später auch der Heiligen, hat in der Volksfrömmigkeit bereits dazu geführt, daß deren Portraitbilder da und dort verehrt wurden. Die Theologen haben das durchweg abgelehnt und mit theologischen Argumenten zu bekämpfen gesucht. Ein bedrängendes Problem für die Kirche war das bis ins 5. Jahrhundert aber noch nicht. Das freilich sollte sich bald in dramatischer Weise ändern.

# II
# VOM CHRISTLICHEN BILD ZUR IKONE
## (6. bis 9. Jahrhundert)

Bisher war nur von christlicher Malerei, von christlichen Bildern oder Bildnissen die Rede. Mit Bedacht; denn Qualität und Art der Malerei, oder der religiöse Inhalt allein, machen ein Bild noch nicht zur Ikone. Malerei wird zur Ikone erst durch den religiösen Umgang, den Menschen mit einem bestimmten Bild pflegen, und durch das theologische Verständnis, das diesem Umgang zugrunde liegt.

### 1. DIE WACHSENDE BILDERVEREHRUNG

Im späten 6. und im frühen 7. Jahrhundert häufen sich die Zeugnisse für die Verehrung von Bildern, insbesondere von Bildern heiliger Personen. Der Bilderkult tritt quantitativ und qualitativ in ein neues Stadium. Bilder von Märtyrern und Heiligen werden jetzt nicht nur an deren Gräbern verehrt, sondern auch in Privathäusern und Mönchszellen, auf Schiffen und in Gefängnissen. Bildern zu Ehren werden Kirchen erbaut, die sich zu Wallfahrtsstätten entwickeln.

Die Formen der Verehrung werden immer vielfältiger: Bilder werden gewaschen, gesalbt, parfümiert und bekränzt. Sie werden in feierlichen Prozessionen eingeholt oder aufwendig zur Schau gestellt. Dabei postiert man sie auf einem Thron und flankiert sie mit Weihrauchfässern, Kerzen und Lampen. Das Volk beugt vor ihm die Knie (Proskynese), küßt sie und bricht in den Ruf kýrie eléison (Herr, erbarme dich!) aus.

Alle diese Formen und Elemente der Verehrung sind aus den heidnischen Kulten wohlbekannt und im Kaiserkult jener Zeit voll erhalten. Der neue Kaiser versandte zum Zeichen seiner Herrschaft sein Bild in alle Teile des Reiches. Dieses Kaiserbild wurde von den

Bürgern der Städte in feierlichem Zeremoniell eingeholt. Dabei wurden dem Kaiserbild alle Ehren entgegengebracht, die dem Kaiser selbst zukamen, wie z. B. Kerzen, Weihrauch, Kränze und Gebete, Wagen und Thron und die Proskynese durch das Volk. Die Prozessionen und Einholakte, die jetzt für die christlichen Bilder veranstaltet wurden, entsprachen also bis ins Detail dem Zeremoniell des Kaiserkultes. Die Parallelen reichten bis in die Sprache. Ankunft und Einholungsakt des Kaiserbildes nannte man parusía / adventus. Über diese sprachliche Brücke wurde der Kult von Christusbildern in einen Zusammenhang zur Parusie, d. h. zu „Ankunft" oder „Wiederkunft" Christi gebracht. Wie der Kaiser, so wurde auch Christus im Bild gegenwärtig und forderte als himmlischer Kaiser und Herr Anerkennung und Unterwerfung.

Von den Bildern selbst werden Wunder über Wunder berichtet. Die Legenden von den Acheiropoietoi entstehen just in jener Zeit. Diese gelten nicht nur als auf wundersame Weise entstanden, sie vervielfältigen sich auch ohne menschliches Zutun von selbst. Bilder, denen Verletzungen beigebracht wurden, bluten wie aus einer Wunde. Marien- und Heiligenbilder weinen, reden und bewegen ihre Arme. Heiligenbilder, die ins Meer geworfen wurden, werden wieder ans Land gespült. Gestohlene Bilder kehren von selbst an ihren angestammten Ort zurück. Brände und Naturkatastrophen können ihnen nichts anhaben.

Die Wunder, die diese Bilder wirken, sind so vielgestaltig wie die Sehnsüchte und Ängste der Menschen. So schützt das Bild, das am Stadttor angebracht wird, die Stadt vor übermächtigen Feinden. Man nimmt das Bild als Palladium in die Schlacht mit. In Notzeiten trägt man es über die Stadtbefestigungen oder führt es in Prozessionen durch die Straßen. Krankheiten werden geheilt, sei es, indem man den Kranken unter das Bild legt, sei es, daß Öl oder Tautropfen heilkräftig aus dem Bild hervorquellen, sei es, daß man die Kraft von Heilkräutern dadurch verstärkt und erneuert, daß man sie mit dem Bild in Berührung bringt. Man kratzt sogar Partikel von Fresken ab, um sie, in Abendmahlswein oder in Wasser gemischt, als Medizin zu sich zu nehmen. Zum Schutz für das Haus bringt man über der Eingangstür ein Bild an, oder man trägt es als Amulett bei sich, um überall und allezeit geschützt und gesichert zu sein. Man erzählt auch von Bildern, durch die Tote wieder zum Leben erweckt wurden.

Der Dank für erfahrene Hilfe wird auf vielfache Weise zum Ausdruck gebracht: Man heftet dem Bild Münzen an, man vergoldet es ganz oder teilweise, man führt es nach einem Sieg oder einer Errettung im kaiserlichen Wagen durch die Stadt, und man huldigt ihm.

Im Bewußtsein seiner Verehrer nimmt das Bild die Stelle der dargestellten Person ein: Man schwört vor dem Bild Eide und wickelt vor ihm Rechtsgeschäfte ab, nimmt es also als himmlischen Zeugen in Anspruch. Ja man erwählt sogar das Bild zum Taufpaten für ein Kind.

Der Wandel in der Einstellung zum Kultbild springt in die Augen. Dabei spielt das Kaiserbild eine wichtige Rolle. In den Zeiten der Verfolgung gingen Christen lieber in den Tod, als dem Bild des Kaisers zu huldigen. Seit der Kaiser selbst Christ war, begannen sich die Christen nach anfänglichem Widerspruch ab dem 4. Jahrhundert daran zu gewöhnen, dem Bild des Kaisers Reverenz zu erweisen. Das Bild des Kaisers war jetzt auch für Christen als Kultbild akzeptiert, und der Kaiserkult wurde zum Muster und zur Legitimation für die Verehrung der Bilder von Christus, von Maria und von Heiligen. Die hellenistischen Strukturen der Bilderverehrung waren also, nun gefüllt mit christlichen Inhalten, neu erstanden. Was die Christen in den ersten Jahrhunderten noch als eindeutig heidnisch erlebt und abgelehnt haben, hatte für die Generationen des späten 6. und 7. Jahrhunderts bereits alles Anstößige verloren. Im 8. Jahrhundert war man unter Bilderfreunden längst der Meinung, daß die Bilderverehrung auf die Apostel zurückginge. Dieser Wandel vollzog sich in der Volksfrömmigkeit des Ostens und war besonders von Mönchen und von Frauen getragen.

Das Bild, das eine heilige Person darstellt, erfährt hier spürbar eine neue Wertung und bekommt eine neue Bedeutung. Die heilige Gestalt wird im Bild als präsent erlebt. Bild und dargestellte Person fließen ineinander. In der Logik alter magischer Denkformen wird die Macht des Heiligen auf das im Bild dargestellte Heilige übertragen. Die wundertätige Kraft und Hilfe der heiligen Person erwartet man nun auch von der im Bild dargestellten Person. Das Bild wird zum Gegenstand der Verehrung und damit zum Kultobjekt. Die neue Wertung, die die Darstellung einer heiligen Gestalt erfährt, wird in gewisser Weise auch auf alle szenischen Darstellungen übertragen. So ist ohne eine explizite Bildtheorie und ohne theologische Überlegungen, allein durch die Frömmigkeitspraxis des Volkes, eine neue Bildgattung entstanden, für die sich der Begriff „Ikone“ durchsetzt.

Zum Bild gab es in der Kirche spätestens seit dem 4. Jahrhundert theologisch gegensätzliche Stimmen. Neben die zunächst schroff ablehnenden Äußerungen traten jetzt auch einzelne vorsichtige Versuche, bestimmten Bildtypen, nämlich den szenischen Darstellungen, positive Seiten abzugewinnen. Als aber in der Volks- und Mönchsfrömmigkeit des 7. Jahrhunderts die Verehrung von Bildern die geschilderten Formen angenommen hatte und das Bild zunehmend zum Kultobjekt wurde, verschärfte sich die Polarisierung zwischen Bilderfreunden und Bildergegnern, und das Bild wurde für Kirche und Staat zum Politikum. Jetzt genügte es nicht mehr, sich auf Äußerungen einzelner Kirchenlehrer zu berufen. Das taten die anderen auch. Eine offizielle Klärung stand dringend an. Niemand konnte ahnen, daß der aufflammende Streit um die Bilder den gesamten Osten für mehr als ein Jahrhundert in eine Krise bringen sollte, die alle Bereiche der Kultur erfaßte.

## 2. DIE PHASEN DES BILDERSTREITS

Der Kampf um die Bilder wurde im 8. und 9. Jahrhundert ausgetragen. Es ging dabei keineswegs um eine rein theologische Frage. Der anstehende Klärungsprozeß war auf vielfältige Weise in das politische Geschehen und in das kirchenpolitische und machtpolitische Kräftespiel verflochten, oft sogar von ihm diktiert. Hier müssen die komplizierten Einzelheiten nicht geschildert werden. Für unseren Zusammenhang genügt ein Blick auf die großen Linien in der Auseinandersetzung zwischen den Bilderstürmern (Ikonoklasten; von lat. icon = Bild und gr. kláō̄ = zerbrechen) und den Bilderverehrern (Ikonodulen; von lat. icon = Bild und gr. duléuō̄ = dienen, verehren).

Es klang schon wie ein drohendes Donnergrollen, als die Araber, die in immer neuen Anläufen gegen Konstantinopel anrannten, durch einen Erlaß des Kalifen Jezid II. von 721 für ihren Herrschaftsbereich verfügten, daß alle Bilder aus christlichen Kirchen und Wohnungen zu entfernen seien. Zur gleichen Zeit gab es auch in der Kirche um den Metropoliten Thomas von Klaudiapolis und den Bischof Konstantin von Nikoleia starke Kräfte, die darauf drängten, daß Gott nicht in Bildern, sondern geistig verehrt werde. Sie beriefen sich dabei auf die Schrift und auf die Beschlüsse der Konzilien über die beiden Naturen Christi.

Der Kampf brach offen aus, als Kaiser Leon III. im Jahre 726 den Bilderkult öffentlich angriff. Leon stammte aus dem Ostteil des Reiches. Er kannte die arabische Geisteswelt und Religiosität, und er handelte in der Bilderfrage aus Überzeugung. Als er merkte, daß seine Belehrungen und seine Korrespondenz mit Kirchenführern keine Wirkung zeigten, erließ er 730 ein Edikt gegen den Bilderkult. Dem verlieh er Nachdruck dadurch, daß er das vom Volk verehrte Christusbild am Chalketor von Konstantinopel entfernen ließ. Die Bilder im Lande wurden beschlagnahmt und zerstört. Leons Sohn und Nachfolger, Konstantin V., berief 754 eine Synode nach Hiereia ein, durch die im Reich jede Verehrung von Bildern verboten wurde. Sakrale Malereien und Tafelbilder wurden daraufhin aufgespürt und vernichtet, wo immer man sie erreichen konnte. Bilderfreunde und Bilderverehrer wurden verfolgt, in Gefängnisse geworfen, gefoltert, verstümmelt und hingerichtet. Die Mönche, die zusammen mit den Frauen der Bilderverehrung am meisten anhingen,setzten dem kaiserlichen Bildersturm den stärksten Widerstand entgegen. Ihr Widerstand wurde aber durch kaiserliche Gewalt rücksichtslos gebrochen.

Mit Kaiserin Irene entstand eine neue Kräftekonstellation. Die Kaiserin war den Bildern zugetan, und sie war fest entschlossen, die Bilder und die Bilderverehrung nicht nur zu dulden, sondern sogar ins Recht zu setzen. Das konnte freilich nur durch ein Konzil geschehen, das für 787 nach Nicäa einberufen wurde. Dieses zweite Konzil von Nicäa, zugleich das siebente und letzte ökumenische Konzil der Christenheit, hob die bilderfeindlichen Verfügungen von 754 wieder auf und stellte fest, daß Bilder Christi und der Heiligen in die Kirchen gehören und daß ihnen andächtige und achtungsvolle Verehrung (proskýnēsis) zukomme. Das Konzil bestätigte auch, daß die Bilder der Heiligen Wunder und Heilung wirken. Damit war der Weg der Ostkirche festgeschrieben.

Unter Irenes Nachfolgern lebte der Ikonoklasmus wieder auf und nahm unter Kaiser Theophilus (829–842) noch einmal grausame Formen an. Das war freilich nur noch ein vorübergehender Rückschlag für die Bilderverehrer, denn Theodora, die Witwe des Theophilus, ließ 843 eine Synode nach Konstantinopel einberufen, die noch einmal den Beschluß von 754 annullierte und die bilderfreundlichen Beschlüsse von 787 bestätigte. Gleichzeitig wurde zur Erinnerung und Bekräftigung des Sieges der Bilderfreunde über die Bilderfeinde der „Sonntag der Orthodoxie" eingerichtet, der in der orthodoxen Kirche bis heute jeweils am ersten Fastensonntag gefeiert wird.

Das Ende des Weges, der vom Verbot bis zur Verehrung von Kultbildern geführt hat, wurde schließlich mit dem 4. Konzil von Konstantinopel 870 erreicht. Die Konzilsväter erklärten: Die Ikone Christi ist in gleicher Weise wie das Buch der Evangelien zu verehren. Wer die Ikone Christi nicht verehrt, der soll auch Christi Gestalt nicht schauen, wenn er in der Herrlichkeit des Vaters wiederkommt. Nach weiteren Aussagen zu andern Ikonen heißt es: „Wer dies nicht annimmt, der sei ausgeschlossen (gr. anáthema)." War am ersten Sonntag der Orthodoxie 843 das Anathema (Kirchenfluch und Kirchenbann) über die erklärten „Feinde" der Bilder ausgerufen worden, so wurde dieser Ausschluß aus der Gemeinschaft der Kirche und der Glaubenden jetzt auch auf alle die ausgeweitet, die für ihren christlichen Glauben Kultbilder weder brauchten noch gar verehren wollten. In der Kirche des Ostens war damit die Bilderverehrung zum Prüfstein für den rechten Glauben geworden. Konnte die Kirche des Westens diesen Weg mitgehen?

## 3. DIE ARGUMENTE GEGEN DIE BILDER (IKONOKLASTEN)

Die Gegner der Bilder darf man sich nicht als eine geschlossene Gruppe oder Partei mit einem einheitlichen Programm vorstellen. Einwände gegen Kultbilder gehören zwar zum Grundbestand christlicher Theologie, aber die Argumente sind unterschiedlich motiviert, sie speisen sich aus unterschiedlichen Quellen, und sie haben unterschiedliches Niveau. Ansatzpunkte und Argumentationsrichtung der Bilderkritik wandeln sich.

Eine *philosophische* Kritik an Götterbildern und am Bilderkult gibt es bereits in der Antike. Sie gründet in der Überzeugung, daß Gott nicht begreifbar und daher auch nicht darstellbar ist. Diese Kritik richtet sich gegen den Anthropomorphismus jeder Darstellung Gottes und des Heiligen. Wie sollte auch leblose Materie göttliches Leben wiedergeben können? Und was sind das für Götter, die von Menschenhand gemacht, dem Fraß der Würmer ausgesetzt und selber hilflos sind? Diese philosophischen Argumente, die nicht gegen Gott, sondern gegen seine Profanierung im Bild gerichtet sind, hatten wir schon im Alten Testament und bei Paulus gefunden, und wir finden sie auch bei den Bildergegnern aller Epochen in der Kirche. Die Einwände sind so elementar, daß man gegenseitige Abhängigkeit gar nicht annehmen muß.

Ein anderer Argumentationsstrang gegen die Bilder stützt sich auf *biblische* Texte. Das Bilderverbot des Alten Testaments bleibt lebendig. Außerdem lebt die jüdische Kritik an der Bilderverehrung der Christen im 7. Jahrhundert wieder auf. Die jüdischen Kritiker werfen den Christen wegen ihrer Bilderverehrung Götzendienst vor. Die Bischöfe, insbesondere aus dem bilderskeptischen kleinasiatischen Raum, werden nicht müde, auf Joh 4, 24 zu verweisen: „Gott ist Geist, und die ihn anbeten, die müssen ihn im Geist und in der Wahrheit anbeten."

In dem Maße, in dem die Kirche eine Theologie, vor allem eine Lehre von Christus (Christologie) ausbildete, begründen die Bildergegner ihr Nein zu den Bildern mit *theologischen* Argumenten. Zielpunkt der Kritik ist vor allem das Christusbild. Die Bildergegner berufen sich auf die gemeinsame Überzeugung, nach der Gott und das Göttliche unfaßbar und unmalbar sind. Sie stützen sich ferner auf das geltende Bekenntnis der Synode von Chalcedon 451, wonach Christus vollkommener Mensch und vollkommener Gott ist. Diese beiden Naturen dürfen weder voneinander getrennt noch miteinander vermischt werden. Von hier aus folgern sie weiter: Wenn nun Christus dennoch gemalt wird, so begeht man in jedem Fall eine Ketzerei; denn entweder werden die göttliche und die menschliche Natur in Christus voneinander getrennt (da ja nur die menschliche Natur gemalt werden kann, die göttliche aber undarstellbar bleibt), oder die beiden Naturen Christi werden miteinander vermischt (dann nämlich, wenn man meint, mit der menschlichen Natur auch die göttliche dargestellt zu haben). Ein Christusbild verstößt nach dieser Logik in jedem Fall gegen die geltende Christologie. Außerdem hielt man es für erforderlich, daß ein echtes Bild dem abgebildeten Urbild „wesensgleich" sei. Das aber ist im Falle eines Christusbildes wegen der zwei Naturen Christi nicht möglich. Das einzig mögliche Bild Christi ist und bleibt die Eucharistie. Der letzte Argumentationsgang zeigt, daß mit der Entfaltung des theologischen Denkens auch die Bilderkritik tiefer, anspruchsvoller und theologisch überzeugender wurde. In gleicher Weise wuchsen freilich auch den Bilderfreunden, gerade durch die Theologie, neue Argumente zu.

# 4. DIE ARGUMENTE FÜR BILDER UND BILDERVEREHRUNG (IKONODULEN)

*a) Der christologische Hintergrund des Bilderstreits*

Uns westlichen Menschen fällt es schwer, die Härte, die Ausdauer und die Verbissenheit zu verstehen, mit denen im Osten der Streit um die Bilder ausgetragen wurde. Es fällt uns aber nicht minder schwer, jene spekulativen Gedankengebäude zu begreifen, mit deren Hilfe die Ostkirche ihre Bilder schließlich legitimierte. Voreilig wäre der Schluß, der ganze Bilderstreit sei ein riesiges Scheingebäude. Die ungeduldige Kritik macht uns aber etwas Wichtiges bewußt. Sie dokumentiert nämlich selbst, daß wir Bilderstreit und Bildertheologie überhaupt nur angemessen verstehen können, wenn wir uns auf die uns fremd erscheinenden Denkformen jener Zeit einlassen und uns wenigstens um die Grundstrukturen jener geistigen Versuche bemühen, in denen die Kirche jener Zeit christlichen Glauben sprachlich zu erfassen begann und theologisches Denken ausformte. Was uns heute aus der Entfernung von Jahrhunderten und nach den gegenwärtigen Denkgewohnheiten als hergeholt und „abgehoben" erscheint, hat im Zusammenhang der geistigen Bemühungen jener Zeit eine klare Logik. Die Anstrengung, die uns dieser Umweg abverlangt, wird uns durch Einsichten gelohnt, die im direkten Zugriff nicht zu gewinnen sind.

Der Streit um das Bild ist in seinem theologischen Kern ein Streit um das Bild Christi. Das Christusbild macht eine Aussage über Jesus als den Christus. Welche Aussage? Die Frage, wer dieser Jesus von Nazaret in Wahrheit ist, hat sieben Jahrhunderte lang die theologischen Auseinandersetzungen in der Kirche bestimmt. In diesen Auseinandersetzungen ist überhaupt erst das entstanden, was wir heute „Theologie" nennen.

Aussagen über Jesus und sein Werk finden wir in großer Zahl bereits in den biblischen Schriften. Dort wird nicht nur von seinem Tun erzählt, er wird auch mit einer Reihe von Würdenamen qualifiziert. Die gebräuchlichsten sind: Sohn Gottes, Davidsohn, Messias, Herr (kýrios), Erlöser, Tröster, Bräutigam, Lamm Gottes. Diesen Titeln liegen nicht nur unterschiedliche religiöse Vorstellungen zugrunde, sie bringen auch Unterschiedliches in den Blick. Eine logisch stimmige und umfassende Lehre über Jesus und sein Werk kennt das Neue Testament aber nicht. Das wird verständlich, sobald man sich den Charakter der biblischen Schriften klarmacht. Wir haben es hier mit Texten unterschiedlicher Verfasser aus einem Zeitraum von etwa 80 Jahren (zwischen 50 bis etwa 130) zu tun, die aus unterschiedlichen Anlässen für unterschiedliche Leser schreiben. Das Gemeinsame liegt darin, daß sie „vor" anderen und „für" andere auf je ihre Art Jesus als den Grund und die Mitte ihres Glaubens und damit Gottes Wirklichkeit bezeugen. Man hat deshalb das Neue Testament treffend den ältesten uns erhaltenen Predigtband der Kirche genannt. Das Neue Testament spricht also in vielfältiger Weise von der Wirklichkeit Gottes, wie sie in Jesus von Nazaret offenbar geworden ist. Diese direkte und bekennende Art des Redens nennen wir im strengen Sinne noch nicht Theologie; denn Theologie im heutigen Verständnis meint den immer neu zu leistenden Versuch, mit den verfügbaren Denkmitteln geistig diszipliniert und nachvollziehbar sich und anderen Rechenschaft zu geben über alle Dimensionen christlichen Glaubens. Eine so verstandene Theologie mußte in der frühen Kirche erst entwickelt werden. Da Jesus von Nazaret das für den christlichen Glauben zentrale Ereignis der Offenbarung Gottes ist, mußte die theologische Arbeit des Nach-denkens bei Jesus einsetzen.

Das Petrusbekenntnis, wie es uns in den Evangelien vorliegt, führt unmittelbar zum theologischen Problem. Mk 8, 27 – 29 lesen wir: „Auf dem Wege fragte Jesus die Jünger: Für wen halten mich die Menschen? Sie sagten zu ihm: Einige für Johannes den Täufer, andere für Elija, wieder andere für sonst einen Propheten. Da fragte er sie: Ihr aber, für wen haltet ihr mich? Simon Petrus antwortete ihm: Du bist der *Messias.*" Diese Szene erweist sich als eine Komposition, mit der die Antwort auf die Frage „Wer ist Jesus" provoziert und wirksam in den Mittelpunkt gerückt wird. Die Antwort lautet: Er ist der Messias (hebr. maschíah = Gesalbter). Messias heißt auf griechisch christós (von gr. chríō = salben).

Der Titel Messias/Christus stammt aus der Vorstellungswelt jüdischer Endzeithoffnung und meint dort den verheißenen und erwarteten endzeitlichen Herrscher. Indem man nun Jesus als Messias/Christus bezeichnet, bekennt man sich zu ihm als zu dem, der das verheißene Heil bringt und bringen wird. Wie sehr die Gemeinde bereits im 1. Jahrhundert darum rang, für ihren Christusglauben die angemessene Sprache zu finden, das zeigt schon ein Blick auf den parallelen Text in Mt 16, 13 – 16. Dort heißt es in der Frage: „Für wen halten die Leute den *Menschensohn*?" Hier ist bereits in

*Farbtafel Seite 85: Die Feste des Kirchenjahres* – Rechter Flügel eines Diptychons in Elfenbein, 24,4 × 13,2 cm. Um 1000, Konstantinopel. Leningrad, Eremitage. – Ikonen gibt es in allen nur denkbaren Materialien, Techniken und Gestaltungsformen. Einzige Ausnahme: Eine Ikone darf niemals rundplastisch / vollplastisch sein, weil die Dreidimensionalität für das Diesseits steht. Die Ikone will aber gerade Jenseitiges ausdrücken. Sonst gibt es für Material und Technik der Ikone keine Beschränkungen. Das rechteckige Tafelbild ist erst ab dem 14. Jahrhundert die Haupterscheinungsform der Ikone.

*Farbtafel Seite 86: Die Geburt Jesu.* Tempera auf Holz, 75 × 53,5 cm. Mitte 16. Jahrhundert, Karpaten. Krakau, Nationalmuseum. Die Komposition ist an die Malerei von Novgorod angelehnt. Besonders Felsen und Gewänder sind hochgradig stilisiert. Die Ikone erzählt in mehreren Szenen die Weihnachtsgeschichte: im Zentrum Maria, die als Mutter Gottes wie auch als Mutter des Lebens verstanden wird. Ochs und Esel neben der Krippe symbolisieren Juden und Heiden. Die drei Magier und die Hirten machen sich zum Stall auf. Darüber die Verkündigungsengel. Darunter Josef, dem Jesaja die Geburt Jesu als Erfüllung alttestamentlicher Verheißung deutet, und Salome und Maja, die das Kind baden.

*Farbtafel Seite 87: Der Einzug Jesu in Jerusalem.* Tempera auf Holz, 65 × 55 cm. Um 1600, Moskau. Prag, Nationalgalerie. – Die Thematik gründet sich auf Mt 21,1 – 11, Mk 11,7 – 10, Lk 19,35 – 40, Joh 12,12 – 18, auf das apokryphe Nikodemus-Evangelium 1 – 3 und auf die Palmsonntagsliturgie der orthodoxen Kirche.

*Farbtafel Seite 88: Christi Auferstehung (Anastasis)* – Dargestellt: Christus in der Vorhölle. Tempera auf Holz, 120 × 67 cm. Zweite Hälfte des 13. Jahrhunderts von einem venezianischen Maler. Sinai, Katharinenkloster. – Die orthodoxe Kirche drückt die Überwindung des Todes durch eine Szene aus dem apokryphen Nikodemus-Evangelium aus. Die Höllenfahrt ist für Christus die äußerste Erniedrigung und zugleich der Anfang seiner Herrlichkeit. Christus erscheint in der Hölle nicht als ihr Gefangener, sondern als der Herr des Lebens (Christus vor der Aureole). Mit seinem Abstieg in die Hölle hat er die Hadespforten zertrümmert und steht nun über den zerbrochenen Toren, den gesprengten Riegeln, Schlössern und Ketten. Er hilft Adam und mit ihm dem ganzen Menschengeschlecht aus dem Reich des Todes zum Leben. Die westliche Christenheit hat das im Resurrexit Dominus (15. Jh.) so ausgedrückt: „Er hat zerstört der Höllen Pfort / und all die Sein herausgeführt / und uns erlöst vom ewgen Tod" (Ev. Kirchengesangbuch 82,3). Die Höllenfahrt Christi ist die Osterikone der orthodoxen Christenheit und das zentrale Bild in der Festtags- und in der Kalenderikone.

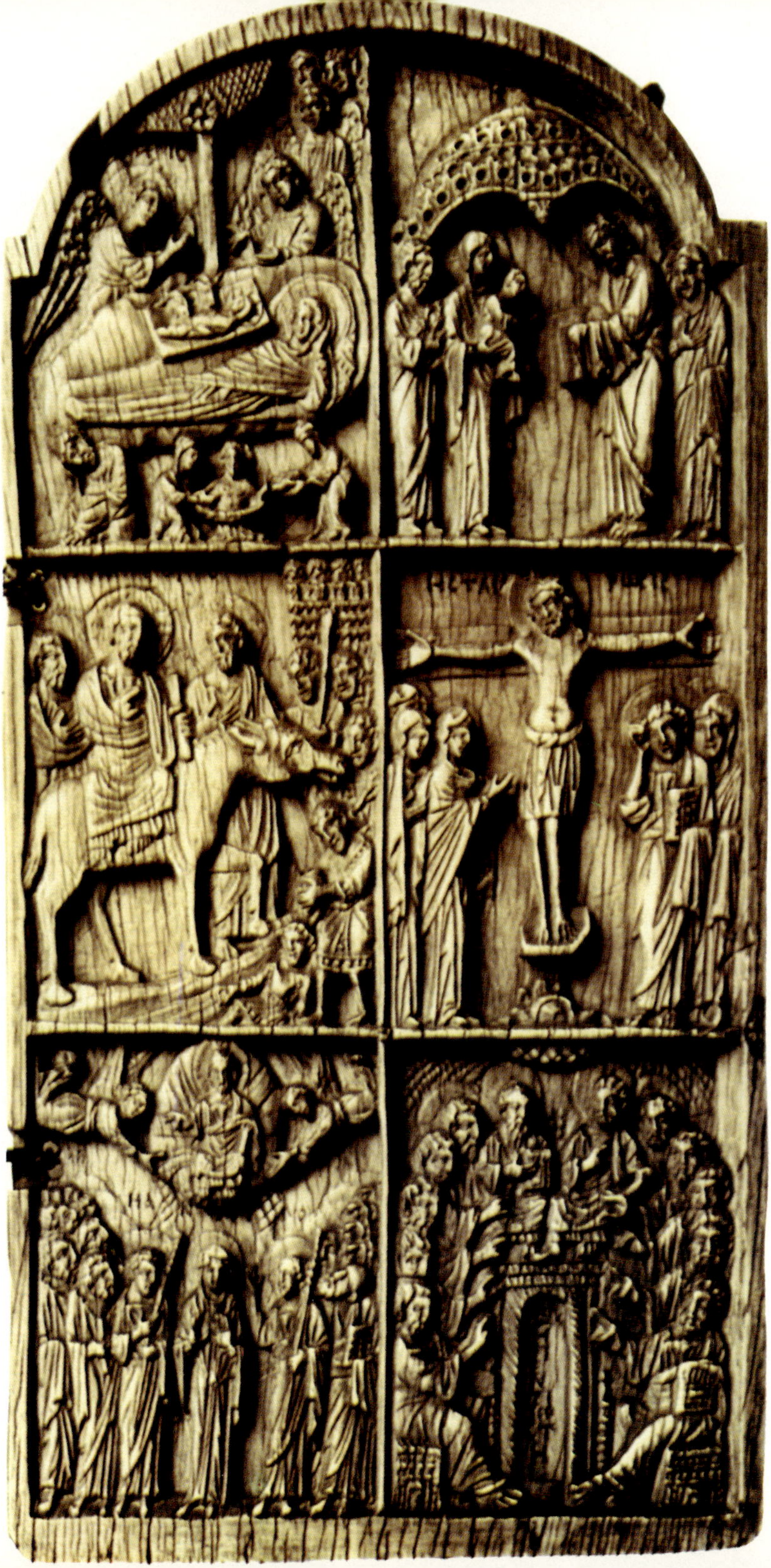

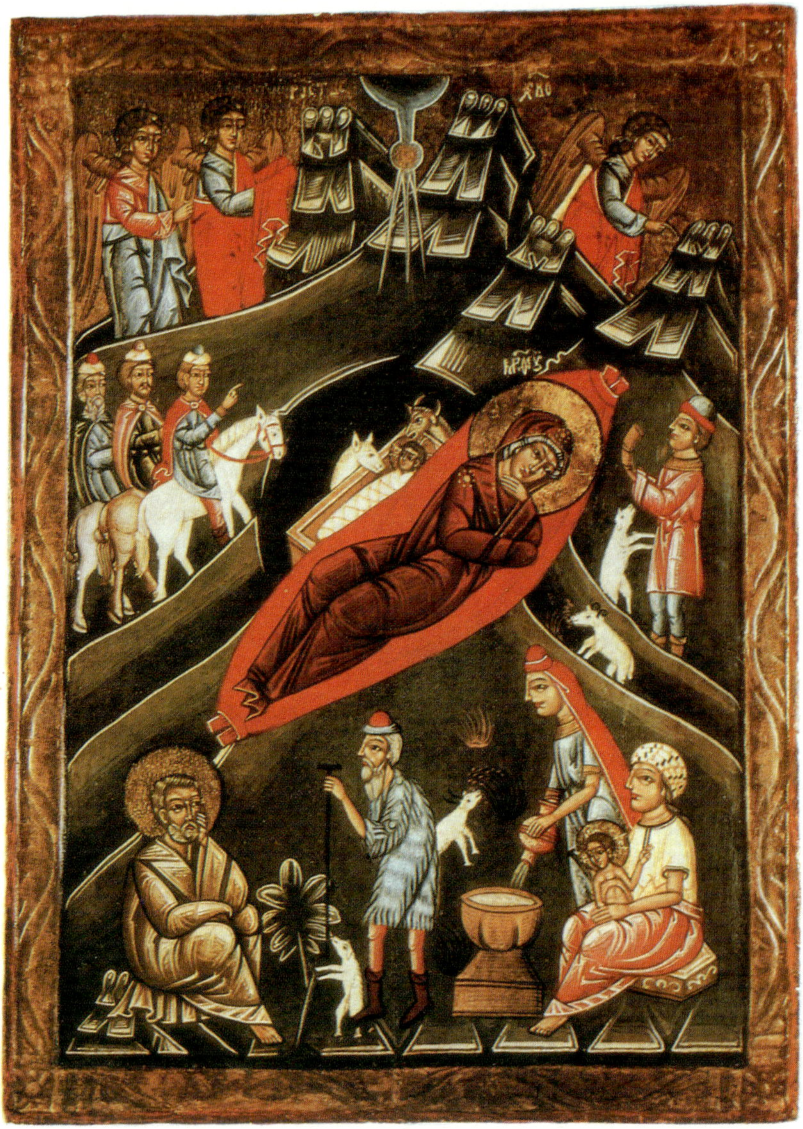

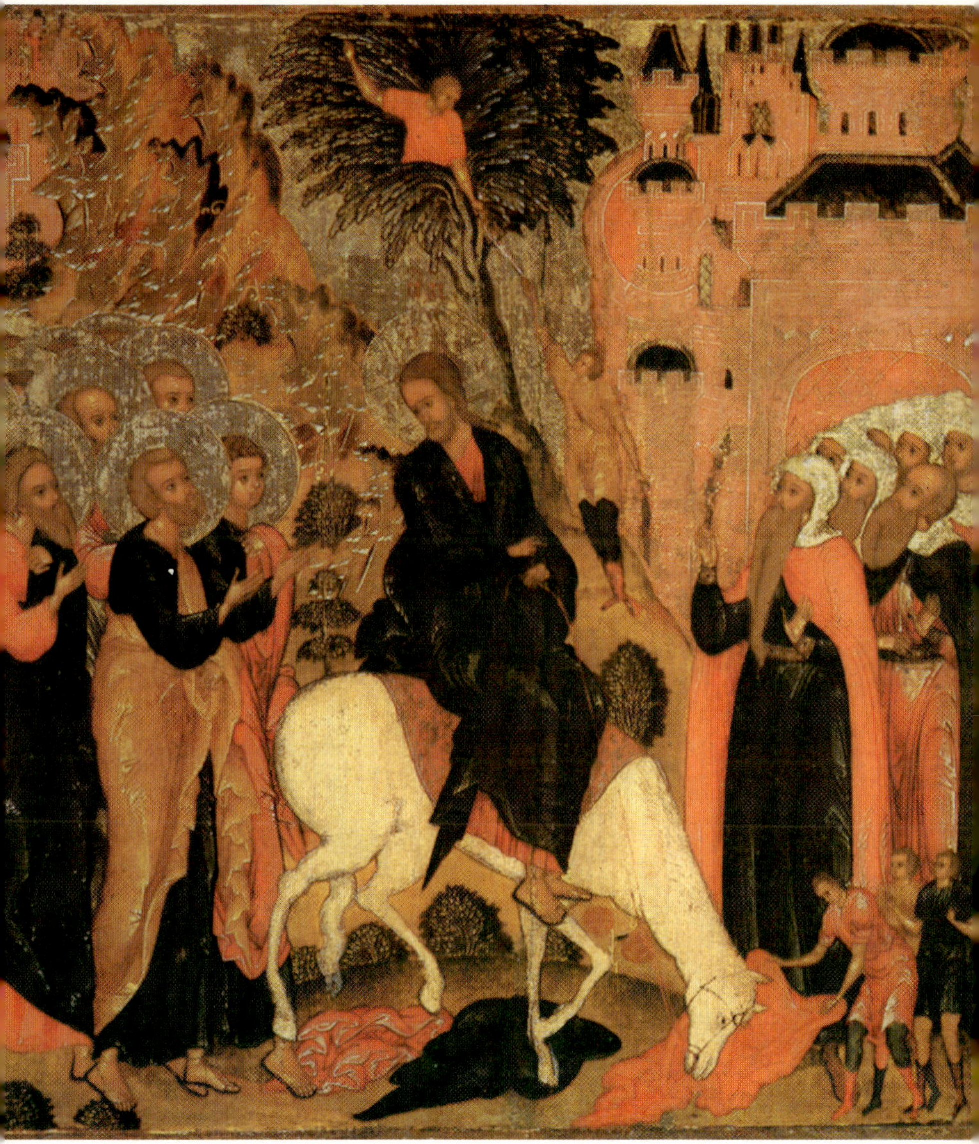

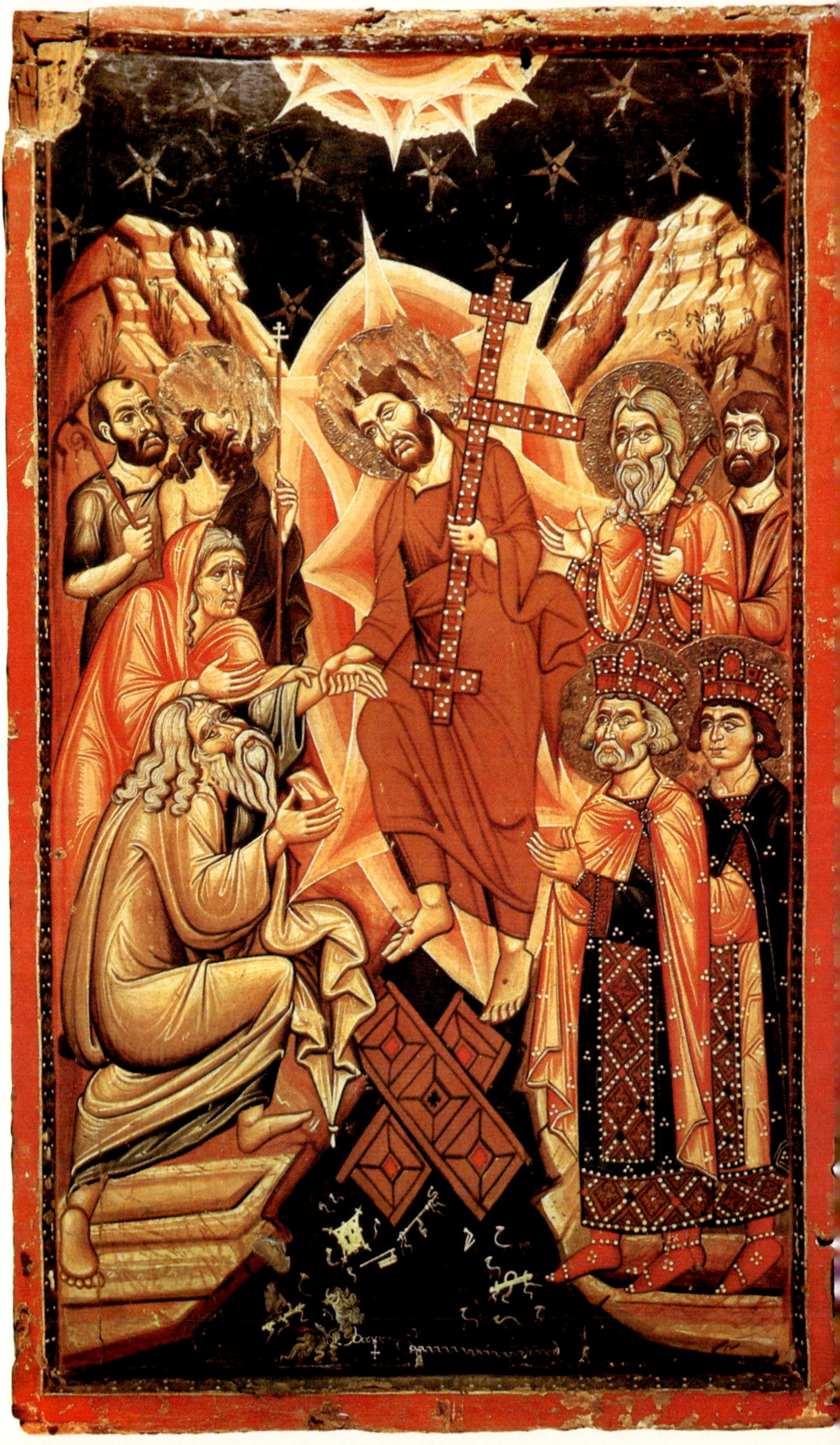

die Frage mit „Menschensohn" ein zusätzlicher qualifizierender Titel aufgenommen. Und der Antwort des Petrus: „Du bist der Messias" wird hinzugefügt: „der *Sohn* des lebendigen Gottes". Damit sind bereits drei Hoheitstitel, die unterschiedliche religiöse Inhalte haben, nebeneinandergestellt. Das zeigt, daß sich bekennendes Reden aller geeignet erscheinenden Ausdrucksmittel und Vergleiche bedienen kann und nicht danach fragen muß, ob sie inhaltlich widerspruchsfrei zueinander passen.

Selbst ein eindeutig scheinender Begriff kann sich bei näherem Zusehen als vieldeutig herausstellen. Nehmen wir nur den Titel *Sohn Gottes.* Dieser Würdename wurde für Jesus nicht neu geschaffen, sondern er existierte bereits. Menschen, die aus dem Judentum kamen, waren gewohnt, daß das Volk Israel oder der König als Sohn Gottes bezeichnet wird; nicht, weil sie biologisch von Gott abstammten – das wäre für Juden ein unvorstellbarer und gotteslästerlicher Gedanke gewesen –, sondern weil Gott sich Israel zu seinem Bundesvolk erwählt und weil er den jeweiligen König frei gewählt hat. Durch diesen Erwählungsakt hat er Israel und den König zu seinem Sohn gemacht. In Ps 2 ist uns die Formel erhalten, die bei der Thronbesteigung über dem neuen König ausgerufen wurde: „Du bist mein Sohn, heute habe ich dich gezeugt." Nach jüdischem Verständnis wird man zum Sohn Gottes durch den Rechtsakt der Adoption. Das scheint auch die Vorstellung zu sein, die hinter der Geschichte von der Taufe Jesu in Mt 3,16f steht. Dort heißt es: „Kaum war Jesus getauft und aus dem Wasser gestiegen, da öffnete sich der Himmel, und er sah den Geist Gottes wie eine Taube auf sich herabkommen. Und eine Stimme aus dem Himmel sprach: ‚Das ist mein geliebter Sohn, an dem ich Wohlgefallen habe.'" In der Parallelstelle bei Lk 3,22 steht bei wichtigen Textzeugen sogar die volle Adoptionsformel aus Ps 2: „Du bist mein Sohn, heute habe ich dich gezeugt." Der aus dem Judentum kommende Hörer verstand also recht eindeutig: Gott hat Jesus in der Taufe zu seinem Sohn erklärt, also adoptiert.

Ganz anders mußten Menschen aus dem griechisch-hellenistischen Bereich die Bezeichnung „Sohn Gottes" verstehen; denn hier gab es Gottessöhne in vielfacher Form. Die Ägypter hielten ihre Könige für direkte Nachkommen ihres Sonnengottes. Seit Alexander dem Großen gehörte die Bezeichnung „Sohn des Gottes X" zu den Herrschaftstitulaturen. Die Wundertäter galten im hellenistisch-orientalischen Bereich ebenfalls als Söhne Gottes, und auch

Heroen wie Herakles oder Philosophen wie Pythagoras und Platon trugen diesen Würdetitel. Mit dem Titel „Sohn Gottes" bringt man das Außerordentliche zum Ausdruck. Bei vielen Gestalten wird die Zeugung durch Gott massiv oder andeutend erzählt, oder mit der Vorstellung von der Zeugung aus der Jungfrau, oder mit wunderbaren Umständen der Geburt verbunden. Wird die Gottessohnschaft biologisch verstanden, so ist von vornherein festgelegt, seit wann einer Gottes Sohn ist, nämlich seit seiner Geburt. Das Interesse richtet sich dann nur noch auf die Umstände von Zeugung und Geburt. Das zeigt auch die Geburtsgeschichte in Mt 1,18–25, die diesem hellenistischen Sohn-Gottes-Verständnis verpflichtet ist: „Als seine Mutter Maria mit Josef verlobt war, fand es sich, ehe sie zusammengekommen waren, daß sie vom Heiligen Geiste schwanger war." Nach Lk 2 kündigt der Engel Gabriel der Maria einen Sohn an, der „Sohn des Höchsten" genannt werden soll. Das wäre durchaus noch im jüdischen Sinne verständlich. Erst die Rückfrage der Maria: „Wie soll das zugehen, da ich von keinem Mann weiß?" führt das hellenistische Motiv der Geburt aus der Jungfrau ein. „Der Heilige Geist wird über dich kommen, und die Kraft des Höchsten wird dich überschatten; daher wird auch das Heilige, das gezeugt wird, Sohn Gottes genannt werden."

Das Beispiel „Sohn Gottes" macht das theologische Problem deutlich. Die Vorstellungen von dem, was unter „Sohn Gottes" jeweils zu verstehen ist, sind im jüdischen und im hellenistischen Raum extrem gegensätzlich. Das ist für unterschiedliche Kulturen nicht verwunderlich. Adoptianische und biologische Vorstellungen schließen einander tatsächlich aus, wenn sie als Faktenaussagen genommen, als solche absolut gesetzt und zu Wesensaussagen gemacht werden. Als Bekenntnisaussagen hingegen sind sie einander sehr ähnlich. Beide wollen nämlich je auf ihre Art zum Ausdruck bringen, daß sich uns im Menschen Jesus von Nazaret Gott zu erkennen gibt. Die theologischen Probleme beginnen freilich erst, wenn nun aufgrund dieser Bekenntnisse gefragt wird, wer dieser Jesus ist, wie Gott mit ihm oder er mit Gott verbunden ist, wie sich göttliche und menschliche Natur in seiner Person zueinander verhalten u. v. a. m. Die Kirche mußte diese Fragen stellen, sie mußte aber vor allem Antworten finden. Denn eine Glaubensgemeinschaft kommt nicht daran vorbei, sich zum einen nach innen hin geistig zu vergewissern, worauf sich ihr Glaube gründet, und sie muß auch deutlich machen können, wo dieser Grund verlassen wird. Zum anderen aber muß sie ihren Glauben so formulieren, daß er auch für Außenstehende gedanklich faßbar wird und gegen Angriffe mit nachvollziehbaren Argumenten verteidigt werden kann. Mit der Klärung der Christusfrage war die Kirche länger als ein halbes Jahrtausend befaßt.

Ansätze zu einer Theologie hatten wir bereits bei den Apologeten des 2. Jahrhunderts festgestellt. Als hellenistisch Gebildete sehen sie in Jesus eine Offenbarergestalt des Logos, jener göttlichen Weltvernunft, die sich nach ihrem Verständnis auch durch Heraklit, Sokrates, Platon und andere Philosophen gemeldet hatte und die nun in Jesus in ihrer ganzen Fülle erschienen war.

Im 3. Jahrhundert brach die Frage nach dem *Verhältnis des Göttlichen zum Menschlichen in Jesus* vehement auf. Eine Gruppe, die sich auf die Taufgeschichte berufen konnte, verstand Jesus seiner Natur nach als einen Menschen, der von einer (unpersönlich gemeinten) göttlichen Kraft erfüllt war und durch sie „vergottet" wurde. Eine andere Gruppe dachte mehr von der göttlichen Seite her. Sie verstand Christus als eine Erscheinungsweise Gottes. Gott, so sagte sie, wirkt in der Welt als Vater, als Sohn und als Heiliger Geist. Beide Gruppen wollten die ausschweifenden philosophischen Logos- und Äonenspekulationen vermeiden. In langwierigen Kämpfen hat sich aber ein Christusverständnis durchgesetzt, das sich bereits bei den Apologeten angedeutet hatte: eine Logos-Christologie. Vertreten wurde sie insbesondere von den hellenistisch gebildeten Theologen der alexandrinischen Katechetenschule, nämlich von Clemens (gest. vor 216) und von Origenes (gest. um 254), von dem das erste theologische System stammt, das für die Zukunft Maßstäbe setzte. Nach Origenes geht der Logos aus dem ewigen Gott hervor, ist mit ihm also wesenseins, ihm aber untergeordnet. Von der Welt aus gesehen ist der Logos ganz Gott, von Gott aus gesehen ist er das erste seiner Geschöpfe. Christus ist demnach als Gottmensch zu verstehen. Weil nun der Logos in Christus Mensch geworden ist und zum Menschen herabsteigt, ist es umgekehrt möglich, daß der Mensch im Glauben an Christus sich aus seinem materiellen Leib befreit und immer höher zur ewigen Gottheit emporsteigt. Der Menschwerdung des göttlichen Logos entspricht die Gottwerdung des Menschen. Das theologische System des Origenes atmet im ganzen den Geist Platons. Durch Origenes werden die hellenistischen Denkformen zum geistigen Instrumentarium der Theologie des Ostens.

Die Auseinandersetzungen über das Wesen (ūsía) Christi wollten insbesondere im Osten nicht zur Ruhe kommen. Im 4. Jahrhundert spitzte sich alles auf die Frage zu, *wie sich das Göttliche in Christus zur Gottheit des Vaters verhält.* Arius, Presbyter und strenger Asket, brachte erneut eine Christologie ins Gespräch, für die das Adoptionsschema wieder leitend war. Seine Sätze lauteten: Christus ist nur der adoptierte Sohn Gottes. Er ist auch als der Logos dem Wesen des Vaters unähnlich und fremd. Er ist nicht gleich ewig mit dem Vater, sondern dessen erstes Geschöpf. Deshalb gebührt ihm auch nicht die gleiche Ehre wie dem Vater. Diese Thesen lösten eine derartige Unruhe in der Kirche aus, daß Kaiser Konstantin zur Klärung der Fragen 325 die erste Synode nach Nicäa einberief. Dort wurde unter kaiserlichem Druck ein Glaubensbekenntnis formuliert, das den Arianismus verwirft und von Christus sagt, er sei „aus dem Wesen des Vaters" und mit ihm „wesenseins". Das wurde, wieder nach langen Auseinandersetzungen, 381 in Konstantinopel in ein *wesensgleich* umgewandelt, und so steht es auch noch heute in dem Nicäno-Constantinopolitanum, dem Glaubensbekenntnis (Symbolum), das in der orthodoxen Kirche das alleinige Bekenntnis bei Taufe und Eucharistie geblieben ist, in der lateinischen Kirche des Westens mit einem kleinen Zusatz (filioque) bei der Messe verwendet wird und in den evangelischen Kirchen für besondere Feiertage vorgesehen ist.

Seit 381 war unstrittig, daß der Sohn mit dem Vater wesensgleich ist. Damit war die trinitarische Seite der Gottessohnschaft geklärt. Jetzt mußte konsequent weitergefragt werden, wie man sich das *Verhältnis der göttlichen zur menschlichen Natur in Christus* vorzustellen habe. Diese christologische Frage, die sich aus der trinitarischen Klärung ergeben hatte, lautete: Inwiefern kann der irdische Jesus zugleich der ewige Logos sein? Im Laufe der Jahrhunderte waren nahezu alle möglichen Konstellationen durchgespielt und durchgekämpft worden. Gnostische Kreise, die von einem persönlichen Erlöser nichts wissen wollten, hatten schon im 2. Jahrhundert die Meinung vertreten, der Logos habe nur einen Scheinleib angenommen. Obwohl diese Spekulation von der Kirche mit Nachdruck abgelehnt wurde, tauchte sie in verschiedenen Gewändern immer wieder auf. Die ernsten Lösungsversuche unterschieden sich darin, daß die einen mehr die göttliche, die anderen mehr die menschliche Natur in Christus betonten.

Von der menschlichen Natur her hatte bereits Arius gedacht. Er behauptete: Jesus ist ein außerordentlicher, ja ein vollkommener Mensch, der wegen seines gottähnlichen Geistes vor Gott Wohlgefallen fand und von ihm als Sohn angenommen, nämlich adoptiert wurde. Eine Variante dieses Konzepts vertraten im 5. Jahrhundert auch antiochenische Theologen. Sie meinten, der göttliche Logos habe sich einem vollkommenen Menschen, nämlich Jesus aus dem Geschlechte Davids, zwar verbunden, aber eben doch nur Wohnung in ihm genommen. Die göttliche und die menschliche Natur sind wohl eine Verbindung eingegangen, bleiben aber getrennt. Die Verbindung ist nicht substantiell, sie liegt vielmehr in der göttlichen Gesinnung, zu der die menschliche Natur Jesu fähig war.

Genau umgekehrt, nämlich von der göttlichen Natur her, argumentierten die alexandrinischen Theologen, allen voran Clemens (3. Jahrhundert). Er möchte die Einheit der Person erhalten wissen und gibt dabei dem Logos das entscheidende Gewicht. Der Logos, so sagt er, zieht die menschliche Natur an wie ein Kleid, und dabei werden beide Naturen zur Einheit. Diese Einheit besteht freilich nicht aus gleichen Anteilen, sondern die menschliche Natur verliert ihre Eigentümlichkeiten und geht in der göttlichen Natur unter. Gedanken dieser Art führten den Archimandriten Eutyches im 5. Jahrhundert zu der längst verworfenen These, daß Christus überhaupt nur eine, nämlich die göttliche, Natur habe und daß sein menschlicher Körper zwar wie ein solcher ausgesehen habe, aber keiner gewesen sei.

Eine dritte Gruppe nahm, was die Frage der Naturen betrifft, eine mittlere Position ein. Zu dieser Mitte gehörten die Abendländer Tertullian, Ambrosius und Augustin. Für sie ist Christus wahrer Gott und wahrer Mensch. In seiner Person sind zwei wahre Naturen vereinigt. Sie wollen aber nicht darüber spekulieren, wie diese Einheit vorzustellen ist.

Als zur Schlichtung des christologischen Streits die größte aller ökumenischen Synoden (etwa 600 Bischöfe nahmen an ihr teil) 451 nach Chalcedon bei Konstantinopel zusammengerufen wurde, bot sich die abendländische Konzeption als Einigungsformel an. Die Synode verwirft die beiden extremen Positionen und versucht eine Art Synthese beider. Sie bekennt: *Christus ist eine Person in* (nicht „aus") *zwei Naturen.* Der vollkommene Gott und der vollkommene Mensch sind in Christus weder miteinander vermischt noch voneinander getrennt. Auf den ersten Blick mag man bedauern, daß dieses Bekenntnis von Chalcedon („Chalcedonense" genannt) jede

Aussage zu verneinen scheint, weil die vier entscheidenden Begriffe negativ sind, nämlich „unvermischt, unwandelbar, ungeteilt, unzertrennbar". Gerade das aber hat sich als sehr positiv herausgestellt. Die vier Negativbegriffe bilden eine Art Schutzwall um einen inneren Bereich, der als die tragende Mitte Geheimnis bleibt und der dem rationalen oder spekulativen Zugriff entzogen bleiben soll. Diese vier Negativbegriffe sind gleichzeitig nach außen hin so klar, daß an ihnen wie an einem Prüfstein alle Extreme sichtbar werden und abgewiesen werden können. Dieser Eigenart ist es zu verdanken, daß das Chalcedonense, das als ein Kommentar zum Nicäno-Constantinopolitanum verstanden wurde, in allen christlichen Kirchen geachtet wird.

Obwohl die christologischen Streitigkeiten mit dem Konzil von Chalcedon nicht beendet waren, sondern in den Bilderstreitigkeiten neu und vehement hervorbrachen, ist durch die Formulierungen des Chalcedonense die Arbeit am altchristlichen Dogma in seinen Grundzügen doch zu einem gewissen Abschluß gekommen. Die beiden noch folgenden ökumenischen Synoden (680 in Konstantinopel und 787 in Nicäa) spielen zwar im Bilderstreit eine Rolle, nicht aber für die trinitarische und für die christologische Frage.

Blickt man aus dem historischen Abstand auf die langwierigen Klärungsprozesse zurück, die in Fragen der Trinität und der Christologie geleistet werden mußten, so können wir ermessen, wie schwer es die Bilderfreunde hatten, überzeugende Argumente für eine gemalte Darstellung von Christus zu finden. Denn ehe das Verhältnis von Vater und Sohn innerhalb der Trinität und das Verhältnis der göttlichen und menschlichen Natur in der Person Jesu nicht geklärt waren, hatten sie für ihre Argumentation keine konsensfähige Basis. Von den extremen Positionen her waren Argumente für die Bilder ohnehin nicht zu gewinnen. Das Chalcedonense schließlich lieferte eher den Bildergegnern als den Bilderfreunden Argumente. Dennoch, eine überzeugende Bildertheorie, die das Christusbild legitimierte, wäre ohne die trinitarischen und ohne die christologischen Klärungen nicht möglich gewesen. Diese Bildertheorie mußte aber erst gefunden werden.

Von den skizzierten Gedankengängen her läßt sich leicht erkennen, daß an der Theorie des Christusbildes auch die Aussage und die Legitimation des Marienbildes hängen. Je nach dem zugrunde gelegten Christusverständnis ist Maria entweder theotókos (Gottesgebärerin; von gr. theós = Gott und gr. teknóō = gebären), oder christotókos (Christusgebärerin), oder anthrōpotókos (die einen Menschen geboren hat; ánthrōpos = Mensch). Jede dieser Bezeichnungen birgt die Gefahr des Mißbrauchs in sich. Ohne die chalcedonensischen Formeln verleitet die Bezeichnung Theotokos dazu, Maria zur Göttin zu erheben, was ja durch einige Gruppen auch geschehen ist. Selbst auf dem Konzil von Ephesus 431, wo Maria der Titel Theotokos zugesprochen wurde, sah sich der Patriarch von Konstantinopel zu der Warnung veranlaßt: „Macht die Jungfrau nicht zur Göttin!" Anthropotokos führt auf die von der Kirche verworfene arianische Spur. Christotokos bleibt unklar. Für das Verständnis der Mutter Jesu als Theotokos konnte sich die Ostkirche nur auf der Basis des Chalcedonense entscheiden. Auf den Ikonen lautet der Würdename der Maria freilich nicht Theotokos/Gottesgebärerin. Dort hat sich die volkstümliche Bezeichnung „Mutter Gottes" durchgesetzt.

### *b) Die philosophische Basis der Bilderlehre*

Die entscheidende Argumentationshilfe für die Bilder bekamen die Bilderfreunde nicht aus biblisch-theologischen Gedankengängen, sondern von der Philosophie, und zwar von der neuplatonischen Philosophie.

Der griechische Philosoph Platon (427 – 348/47 v. Chr.) hatte der Nachwelt viele tiefe Gedanken, aber kein geschlossenes philosophisches Lehrgebäude hinterlassen. Seine Gedanken wurden mit unterschiedlichen Schwerpunkten immer wieder aufgegriffen, neu interpretiert, in neue Zusammenhänge gestellt und zu Systemen geordnet. In hellenistischer Zeit waren die philosophischen Schulen längst zu einer Art Religionsersatz für die Gebildeten geworden.

Das letzte großartige System antiken Philosophierens in der Tradition Platons stammt von Plotin (gest. 270), der in Ägypten geboren war, in Alexandria in der platonischen Tradition ausgebildet wurde und 244 in Rom selber zu lehren begann. Er gilt als der Begründer des Neuplatonismus. Im Neuplatonismus flossen die philosophischen Traditionen und die religiösen Empfindungen der Spätantike zu einem imponierenden System zusammen, das zunächst als Gegenentwurf zur christlichen Theologie und Kirche verstanden und eingesetzt wurde, später aber die theologische Entwicklung in der östlichen und in der westlichen Kirche nachhaltig prägen sollte.

Vor Plotin war das philosophische Bemühen darauf gerichtet, durch immer weiter vorangetriebene Abstraktionen das Eine und Höchste zu finden, das man als das Göttliche verstand. Dieses Göttliche blieb auch für Plotin Drehpunkt des Denkens. Er aber stellte die bisherige Methode auf den Kopf. Nicht mehr induktiv auf das Göttliche hin wollte er spekulieren, sondern er setzte das Göttliche als gegeben voraus und fragte jetzt deduktiv von ihm her, wo und wie es sich in den niedrigeren Seinsformen verwirklicht und manifestiert.

Plotin unterscheidet, wie sein geistiger Vater Platon, zwischen einer übersinnlichen und einer sinnlichen Welt. Für Platon gibt es freilich keine Verbindung zwischen den Ideen, die das eigentlich Seiende sind, und der Materie, die das schlechthin Nichtseiende ist. Die Welt der Ideen und der Materie sind absolute Gegensätze wie Gut und Böse. Materie kann überhaupt erst zum Sinnending werden, wenn sie durch die Idee zum Einzelding geformt wird. Plotin sucht diesen Gegensatz zwischen übersinnlich und sinnlich zu überwinden und das Sinnliche aus dem Übersinnlichen herzuleiten. Das Eine und Höchste, das er mit Platon auch als das Gute bestimmt, ist das Göttliche. Von diesem Göttlichen läßt sich nichts aussagen, weil wir keine Kategorie kennen, die ihm entspricht. Aus der unsagbaren Fülle des Ureinen geht nach Plotin durch Ausstrahlung (Emanation) all das hervor, was ist. Das Ureine steht dem Seienden nicht als dessen Schöpfer gegenüber, ja es wirkt nicht einmal auf das Seiende ein. Wie von der Sonne das Licht und die Wärme ausgehen, so geht von dem Ureinen alles aus. Das Ureine wird dadurch aber weder gemindert, noch verliert es an Substanz. Vielmehr geht aus dem Vollkommenen, das stets bleibt, wie es ist, das Unvollkommene hervor, und zwar nicht willentlich, sondern mit jener Notwendigkeit, die im Wesen dieses Ureinen selbst liegt. Aus dem „überseienden" Ureinen gehen in absteigender Folge Hypostasen hervor, das sind Seinsstufen, in denen das überseiende ureine Göttliche sich in Seiendem manifestiert. Plotin entwickelt eine Stufenleiter solcher Hypostasen, Wesenheiten und Kräfte, die in abnehmender Vollkommenheit von der übersinnlichen bis in die sinnliche Welt absteigen. In ihnen nimmt das reine Licht des Ureinen allmählich ab bis hin zur Dunkelheit der Materie. Steigt aber das Licht zur Finsternis und das Ursächliche zum Verursachten hinab, so ist umgekehrt ebenso deutlich: Auch im Unvollkommenen sind noch Spuren des Vollkommenen; selbst das

Niedrigste enthält noch etwas vom Wesen des Höchsten; auch im letzten Abbild findet sich noch ein Abglanz des Urbildes. Im stufenweisen Abstieg des Göttlichen liegt für den Menschen zugleich die Chance des Aufstiegs. Er kann und soll in den gleichen Etappen die Stufenleiter zu Gott wieder emporsteigen und „Gott ähnlich werden".

Bei Plotin hatte sich bereits eine charakteristische Trias angedeutet: das Eine, der Geist und die Seele. Dieses triadische Denken wird später von den Neuplatonikern Jamblichos (gest. um 330) und Proklos (gest. 485) zu einer extensiven und komplizierten triadischen Systematik erweitert. Das Gesetz der Welt, insbesondere aber das der Geistwesen, ist für sie ein Gesetz der Dreigliedrigkeit. Das Triadische wird grundsätzlich zum Wesensmerkmal jeder Realität.

Diese von hellenistischer Spekulation geprägte philosophische Theologie des Neuplatonismus, von der hier nur die für unseren Zusammenhang wichtigen Aspekte angedeutet werden konnten, wurde um 500 von einem uns unbekannten Theologen, für den sich der Name Dionysios vom Areopag eingebürgert hat, ins Christliche transformiert. Plotin hatte gelehrt, daß alles Seiende in abgestuften Wesenheiten als ein gleichsam innergöttlicher Prozeß aus dem Wesen Gottes entsteht. Diesen Gedanken der Emanation verbindet Dionysios mit dem Gedanken von Schöpfung und Erlösung.

Ganz neuplatonisch versteht Dionysios das Göttliche nicht als persönlichen Gott, sondern als den unaussprechlichen, namenlosen Weltgrund und Urquell alles Seienden. Aber im Gegensatz zu den Neuplatonikern sind für ihn Welt und Kosmos nicht aus dem Wesen Gottes geworden, sondern sie sind Produkte des göttlichen Willens. Nach Dionysios hat Gott den gesamten Kosmos streng hierarchisch geordnet, und zwar in einem System von Triaden unterschiedlicher Rangstufen. Das triadische Schema hat Dionysios aus dem Neuplatonismus übernommen. Er hat das komplizierte neuplatonische System der Hierarchien allerdings konsequent gestrafft. Seine hierarchische Ordnung, die er als die göttliche Ordnung versteht, hat, entsprechend der neuplatonischen Zweiteilung in eine übersinnliche und eine sinnliche Welt, folgende Struktur:

*Himmlische (unsichtbare) Hierarchie*
(Welt der himmlischen Geistwesen)
- 1. Hierarchie oder Triade
    - 1. Seraphim
    - 2. Cherubim
    - 3. Throne
- 2. Hierarchie oder Triade
    - 4. Herrschaften
    - 5. Mächte
    - 6. Gewalten
- 3. Hierarchie oder Triade
    - 7. Fürstentümer
    - 8. Erzengel
    - 9. Engel

*Kirchliche (sichtbare) Hierarchie*
- 1. Hierarchie oder Triade (einweihende Triade)
    - 1. Bischöfe
    - 2. Priester
    - 3. Liturgen
- 2. Hierarchie oder Triade
    (Triade derer, die eingeweiht werden)
    - 4. Mönche
    - 5. Gemeinde
    - 6. Stände der Reinigung (z. B. Katechumenen u. a.)

Jeder dieser 15 „Ränge" hat eine bestimmte nach unten hin abnehmende Fassungskraft für das Göttliche und weiß nur so viel vom Göttlichen, wie seinem Seinsstatus zukommt. Jeder Rang hat direkte Verbindung nur zu seinen jeweils benachbarten Rängen. Unmittelbare Beziehung zu Gott hat allein die erste himmlische Triade. Nur sie steht unmittelbar vor Gottes Thron. Die letzte (die dritte) himmlische Triade stellt die Verbindung zur Welt der Menschen her.

Das irdische Verbindungsglied zwischen dem himmlischen und dem irdischen Kosmos ist der Bischof. Deshalb ist der Bischof als die Spitze der kirchlichen Hierarchie auch die Schlüsselfigur in der Vermittlung der himmlischen Mysterien und der Drehpunkt geistlichen Lebens. Über ihn läuft alles. Er weiß durch Vermittlung der Engel unter allen Irdischen am meisten vom göttlichen Urlicht. Denn die Engel geben das, was sie vom Urlicht und den Mysterien wissen dürfen, in der Gestalt der Sakramente an den Bischof weiter. Aus den Sakramenten ergibt sich eine kirchliche Hierarchie der Einweihenden, durch die Wissen, Einsicht und Symbolverständnis des Bischofs über die Ränge des Klerus bis hinunter zu den Ständen der ungeweihten Laien weiterfließen.

Es gibt also, außer bei der obersten Engeltriade, keine direkte Kenntnis von Gott. Alles, was wir von Gott wissen, muß in absteigender Stufenfolge der Ränge nach unten hin vermittelt werden. Die Gotteserkenntnis nimmt dabei freilich an Klarheit und Intensität immer mehr ab. In umgekehrter Richtung ist jeder Aufstieg zu Gott nur in einer lückenlos aufsteigenden Stufenfolge von Rang zu Rang möglich. Die Ränge haben also die doppelte Funktion, nach unten hin Göttliches zu vermitteln und nach oben hin stufenweise zur Schau des göttlichen Urlichts und zur Vergöttlichung zu führen. Über die hierarchischen Stufen strömen die göttlichen Energien von Gott zum Menschen, und sie sollen den Menschen über die gleiche Stufenleiter wieder zu Gott zurückbringen.

Die hierarchisch geordneten Ränge entsprechen unterschiedlichen Seinsstufen, die in einem analogen Verhältnis der Ähnlichkeit oder Entsprechung zueinander stehen. Der jeweils niedrigere Rang kann das göttliche Licht, das der über ihm liegende noch faßt, nur abgeschwächt und weniger deutlich widerspiegeln, so daß in den untersten Rängen nur noch recht dunkle, undeutliche und kaum mehr leserliche Signale des Urlichts vorhanden sind.

Dionysios spricht, im Anschluß an die griechische Philosophie, von Gott in der Metapher vom Urlicht. Dieses Urlicht/Gott ist auch für ihn von einer Zone des Schweigens umgeben. Optische Symbole sind dem Wesen des Urlichts daher besser angemessen als Worte. Die Schau (visio) Gottes spielt für Dionysios notwendig eine zentrale Rolle. Das Bild erhält für die Gottesschau einen hohen Stellenwert, denn im Bild wird das unsichtbare Eine sichtbar. Durch Bilder wird der Mensch zur Schau des Göttlichen emporgeführt.

Christus wird in das hierarchische System voll eingeordnet. Er, der Gott und Mensch zugleich ist, wird zum Haupt und zum Erleuchter der beiden Hierarchien, der himmlischen und der kirchlichen. Christus ist als Abbild des Vaters in die Strukturen der hierarchischen Vermittlung voll eingebunden. Der Mensch aber braucht Abbilder, Sinnbilder und Symbole des Göttlichen. Da ihm weder Gott selbst noch die Erkenntnis der himmlischen Hierarchien direkt zugänglich sind, bleibt er darauf angewiesen, über geeignete Sinnbilder den Weg zum Urtyp, und über geeignete Abbilder den Weg zum Urbild zu finden. Diese Abbilder und sinnenhaften Zeichen sind freilich nicht bloße Instrumente. In ihnen ist vielmehr Gott, für uns im Sinnfälligen verborgen, bereits manifest.

Das Gedankengebäude des Dionysios vom Areopag bildet die Grundlage für Erkenntnistheorie, Bilderlehre und Theologie der Ostkirche. Auch die westliche Theologie des Mittelalters wurde von Dionysios spürbar beeinflußt. Das hatte zwei Gründe. Zum einen war das System des Dionysios in seiner spekulativen Kraft imponierend und hatte nicht seinesgleichen. Zum anderen galt Dionysios bis in die Renaissancezeit als der von Paulus bekehrte Grieche (nach Apg 17,34), als Paulusschüler und als der erste Bischof von Athen. Das gab seinen Schriften höchste Autorität. Dionysios wurde so zum unbestrittenen Lehrmeister der Kirche. Aus philosophischer Sicht hat er den Neuplatonismus verkirchlicht. Aus theologischer Perspektive hat er damit allerdings die Kirche „neuplatonisiert". Die biblischen Elemente wurden durch Dionysios mit den Strukturen und Inhalten griechisch-hellenistischer Denktradition tiefgreifend und nachhaltig überfremdet. Für Bilderlehre und Bildertheologie der Ostkirche hat Dionysios mit seinem System die theoretische Basis geliefert und die Weichen gestellt.

### *c) Die Bilderlehre des Johannes von Damaskus*

Der Mönch Johannes von Damaskus (gest. vor 750) hat die Gedanken des Dionysios vom Areopag in das theologische Denken der Ostkirche, insbesondere aber in eine Bilderlehre eingeholt. Johannes war kein theologisch schöpferischer Geist; aber er hat alles, was vor ihm philosophisch und theologisch gedacht worden war, fleißig gesammelt, auf seine Brauchbarkeit hin gesichtet, geordnet und systematisch zu einem Kompendium des orthodoxen Glaubens zusammengefügt. Damit hat er einen bis heute gültigen Typus orthodoxer Dogmatik vorgeprägt, den man respektvoll eine „Theologie der Väterzitate" nennen kann. In seiner Bilderlehre unterscheidet Johannes unterschiedliche Arten von Bildern. Das vollkommenste Bild des Vaters ist der Sohn. Er ist dem Vater unter allem, was sichtbar ist, auch am ähnlichsten, denn er ist eines Wesens mit ihm. Die gemalten Christusbilder gehören der untersten Stufe der Bilder an. Sie sind, was Ähnlichkeit und Teilhabe angeht, von Gott am weitesten entfernt. Dennoch sind aber auch sie als Abbilder dem Urbild ähnlich, wenn auch in abgeschwächter und weniger deutlicher Form. Ein Christusbild stellt immerhin das Äußere des göttlichen Urbilds dar, das in Jesus von Nazaret Mensch und damit für uns sichtbar geworden ist.

Im 8. Jahrhundert ging es nicht mehr allein um die Rechtfertigung der Bilder, sondern vor allem um deren Verehrung. Gegen die platonische und neuplatonische Abwertung der sichtbaren Welt stellt Johannes den Gedanken, daß Gott durch den Leib Christi auch die Materie geheiligt hat. Somit bekommt auch das gemalte Bild, sofern es Abdruck des göttlichen Urbildes ist, Anteil am Heiligen. Das Heilige und das Heil werden dem Menschen stets auch durch Materielles vermittelt. Mehr noch: in den Abbildern ist das Urbild gegenwärtig und wirksam. Die Bilder des Heiligen sind überschattet und erfüllt vom Heiligen Geist.

Von diesen Überlegungen herkommend, kann Johannes das Bild mit dem Urbild sogar identifizieren und im Blick auf das Christusbild sagen: Wer die Ikone sieht, der sieht Christus. Im Bild begegnet uns der, den es darstellt. Deshalb ist es nicht nur erlaubt, sondern sogar geboten, das Bild Christi zu verehren. Die Ehre, die dem Abbild erwiesen wird, gilt nicht der Materie, sondern sie ist auf das Urbild gerichtet und geht auch auf das Urbild über.

Selbstverständlich bleibt Gott auch für Johannes undarstellbar. Dennoch hat er sich uns in der Inkarnation anschaubar gemacht. In Christus ist Gott in Menschengestalt sichtbar geworden. Das gemalte Bild stellt diese sichtbare Seite dar. Es gibt also nicht die göttliche, sondern die menschliche Natur Christi wieder. Diese menschliche Natur ist freilich mit der göttlichen Natur untrennbar verbunden. Wer die menschliche Natur sieht, der schaut auch die göttliche. Wer die im Christusbild sichtbare menschliche Natur nicht verehrt, der leugnet, daß Gott in Christus Mensch geworden ist und uns im Menschen Jesus begegnet.

Johannes von Damaskus hatte wirklich alles an Väterzitaten zusammengetragen, was dazu helfen konnte, die Bilder und die Bilderverehrung zu rechtfertigen. Alle Nachfolgenden konnten aus diesem Fundus schöpfen und mit seiner Hilfe argumentieren.

### *d) Das zweite Konzil von Nicäa 787*

Das 2. Konzil von Nicäa 787, das die Bilderverehrung gegen die Synode von 754 erneut ins Recht setzte, nahm allerdings eine geistige und theologische Auseinandersetzung mit den Bildergegnern nicht auf, sondern führte vor allem die Autorität der lebendigen Tradition ins Feld. Darunter versteht man in der Ostkirche nicht die Überlieferung der biblischen Inhalte, sondern jenes Bewußtsein und jene Inhalte, die sich im kirchlichen, insbesondere im liturgischen Leben im Laufe der Zeit bilden. Diese Inhalte werden wie die biblischen Texte als vom Heiligen Geist gewirkt und insofern als legitime Auslegung und Weiterbildung oder Entfaltung der Wahrheit angesehen. Insofern sind die in der Kirche entstandenen Bilder wie die Evangelien zu verstehen. Was die Evangelien sprachlich über das Ohr vermitteln, das vermitteln die Bilder über das Auge. Was das Wort für das Hören, das ist das Bild für das Sehen. Wort und Bild ergänzen und erhellen einander. Das Bild ist deshalb ebenso zu verehren wie die Evangelien, wie das Kreuz oder wie andere heilige Dinge. Die Verehrung gilt aber nicht dem Bild, sondern dem, den es darstellt.

Bemerkenswert ist, daß die radikalen Formeln der Bilderverehrer von diesem letzten ökumenischen Konzil nicht übernommen worden sind. Das Konzil stellte lediglich fest, daß Bilder und Bilderverehrung legitim und nützlich sind und auch guten Sinn haben. Es sagte aber nicht, daß Bilder heilsnotwendig sind. Diesen vermittelnden Formulierungen konnte auch der Westen zustimmen.

Das Konzil griff schließlich eine wichtige Unterscheidung auf, die Johannes von Damaskus in den Blick gebracht hatte. Es stellte nämlich klar, daß heiligen Bildern in gleicher Weise wie dem Kreuz, den Evangelien und den Reliquien „andächtige Verehrung" (proskýnēsis) zukomme, während „wahrhaftige Anbetung" (latréia) allein Gott gebühre. Die beiden Begriffe wurden in den lateinischen Übersetzungen des griechischen Urtextes undifferenziert mit adoratio (Anbetung) wiedergegeben. Das hat in der Bilderdiskussion mit dem Westen zu mancherlei unnötigen Mißverständnissen geführt.

### *e) Die Vollendung der Bildertheologie im 8. und 9. Jahrhundert*

Die Bildergegner sahen sich weder durch Johannes von Damaskus noch durch die Beschlüsse des 2. Konzils von Nicäa widerlegt oder überwunden. Solange Bilderfreunde und Bildergegner gleichermaßen in platonischen Kategorien dachten, blieben den Bildergegnern die besseren Argumente. Das änderte sich erst, als die Bilderfreunde aus dem platonischen Denkgebäude, das bis dahin für Freund und Gegner galt, heraustraten und sich bei ihrer Argumentation der philosophischen Kategorien des Platonschülers Aristoteles (384 bis 322 v. Chr.) bedienten.

Platon hatte gelehrt, daß die Ideen (in ihrer Spitze Gott), als die abstrakten, unkörperlichen, unräumlichen und unwandelbaren Urbilder oder Musterbilder, das Wahre und eigentlich Seiende sind und daß sie die höchste Realität darstellen. Die Materie hingegen ist das Nichtseiende. Die sichtbaren Dinge sind nur Abbilder der Ideen; in den Dingen werden die Ideen aber gegenwärtig und manifest. Die Sinnenwelt existiert nur, sofern sich die Ideen in Materie hineingeben und so die Einzeldinge hervorbringen. Das Sinnending hat Sein und Realität in dem Maße, in dem es am Sein und an der Realität der Ideen teilhat.

Aristoteles meldete gegen die Ideenlehre seines Lehrers Platon Widerspruch an. Für ihn setzt alle Erkenntnis beim Einzelding an. Das Einzelding aber ist stets „geformte Materie". Zwar hat auch für Aristoteles die Materie als solche keine Realität; sie ist reine Möglichkeit. Aber auch das, was die Materie formt (Platons „Idee" und nach Aristoteles „die Form"), besteht nicht für sich oder an sich. Realität und Seiendes entsteht, indem sich die Form einer Materie bemächtigt und sich ihr gleichsam aufprägt. So gibt es für Aristoteles auch nicht „den Menschen" oder „die Idee des Menschen". Es gibt nur einzelne Menschen, aber im Individuellen des einzelnen Menschen tritt das allgemein Menschliche hervor.

Solange die gemeinsame Basis des Erkennens für Bilderfreunde und Bildergegner gleichermaßen das platonische Wirklichkeitsverständnis war, mußte sich die Bilderdiskussion auf die Frage zuspitzen, in welchem Maße und ob überhaupt ein Bild seinem Urbild wesensgleich ist, an dessen Sein teilhat und das Wesen des Urbildes umschreibt. Die Bilderfreunde mußten an der Lösung dieser Frage spätestens beim Christusbild scheitern, jedenfalls seit dem Chalcedonense 451, das Christus als wahren Gott und wahren Menschen in einer Person bekannt hatte. Sah man im Christusbild nur die menschliche Natur dargestellt, so trennte man die beiden Naturen Christi; sah man auch die göttliche Natur dargestellt, so verstieß man gegen den Grundsatz, daß Gott nicht darstellbar ist. Die Bilderverteidiger konnten so immer nur zwischen zwei Ketzereien wählen.

Das Dilemma löste sich mit Hilfe der Kategorien der aristotelischen Erkenntnislehre wie von selbst. Der Patriarch Nikephoros von Konstantinopel (750–828) versteht, entsprechend den aristotelischen Denkkategorien, das gemalte Bild als ein Kunstbild mit eigener Realität, das ein Urbild nachahmt oder abbildet. Eben darin unterscheidet sich das Urbild vom Abbild, daß das Abbild das Urbild nicht selbst ist, sondern dieses nur abbildet. Daran zeigt sich, daß Urbild und Abbild ihrem Wesen nach verschieden sind. Ähnlich sind beide hinsichtlich der äußeren Erscheinungsform dessen, was das Bild abbildet. Durch diesen Wechsel im erkenntnistheoretischen Ansatz wurde die Basis unterlaufen, von der her die Bildergegner argumentierten.

Von der aristotelischen Erkenntnislehre her hat auch der gelehrte Abt Theodor von Studion (759–826) das Wesen des Bildes am Beispiel des Portraitbildes bestimmt und mit der geltenden Christologie verbunden. Er hat damit als erster eine „Bildertheologie" im strengen Wortsinn geschaffen.

Mit Aristoteles geht Theodor davon aus, daß das Allgemeine nur im Individuellen manifest wird und auch nur dort erkannt werden kann. Das Wesen einer Person kann demnach ebenfalls nur über ihre individuellen Eigenschaften erkannt werden. Nur das sichtbar Konkrete erschließt uns indirekt das unsichtbare Wesen einer Person. Dieses sichtbar Individuelle einer Person wird vom Bild festgehalten. Die Ähnlichkeit des Sichtbaren ist es, die das Bild mit dem Urbild, nämlich der Person, gemeinsam hat. Wenn sich aber im Sichtbaren der Eigenschaften das Unsichtbare der Person zu erkennen gibt, so ist im Bild die Person gegenwärtig. Diese Gegenwart der Person im Bild darf man sich aber nicht massiv-faktisch vorstellen, so als wäre das Wesen der Person im Bild gegenwärtig. Gegenwärtig ist nur die Ähnlichkeit der Person, also jene Beziehung, die zwischen Urbild und Bild besteht.

Was bedeutet das im Rahmen der christologischen Dogmen für das Christusbild? Das Bild Christi kann selbstverständlich nur die sichtbaren individuellen Eigenschaften festhalten, in denen die menschliche Natur Jesu zum Ausdruck kommt und gegenwärtig ist. Aber diese menschliche Natur Christi ist mit ihrer göttlichen Natur untrennbar zu einer Person geworden, die wir in Jesus von Nazaret sehen und die wir von anderen Personen unterscheiden können. Über die sichtbare Seite der menschlichen Natur Christi ist gleichsam eine Sichtverbindung zur einen und unteilbaren Person Christi hergestellt, in der auch die göttliche Natur enthalten ist. Die göttliche Natur Christi geht weder ihrem Wesen nach in das Abbild ein, noch wird sie darin direkt sichtbar. Aber als zur Person Christi gehörig, ist sie auch dem eingeprägt, was wir als Person Jesu sehen. Theodor vergleicht das mit einem Siegel, das in verschiedene Materialien eingedrückt werden kann, ohne mit diesen Materialien eine Verbindung einzugehen. Oder er kann sagen, daß die göttliche Natur im Bild etwa so gegenwärtig ist, wie sie im Schatten gegenwärtig ist, den der Leib Christi wirft. In diesem Sinne also „sehen" wir im Christusbild die Person Christi, Christus selbst. Theodor hat damit in seinem System jeden Gedanken an eine substantielle Heiligkeit des Bildes abgewehrt. In der Praxis freilich hat sich wohl der platonische Denkansatz stärker durchgesetzt, der das Bild mit dem Urbild identifiziert und ihm auch substantiell Heiligkeit zuspricht. Es ist jenes Verständnis, das sich in dem Wort des Johannes von Damaskus artikuliert: „Ich bete das Bild Christi an wie das des fleischgewordenen Gottes." Mit der Bildertheologie des Theodor von Studion war die altkirchliche Christologie vollendet. Mit der Einbindung der Bilderlehre in die Christologie war das christliche Bild zur Ikone geworden.

Theodor hat Bilderlehre und Christologie nicht nur abstrakt zu einer theologischen Einheit verbunden. Mit seinem System kann er zugleich theologisch und praxisbezogen begründen, daß Bilder und Bilderverehrung nicht in das Belieben des einzelnen gestellt sind, sondern daß sie notwendig, nämlich zur Erlösung und zum Heil des Menschen notwendig, sind. Gott begegnet uns als der im Fleisch erschienene Christus. Darin erweist er sich als wirklich. Seine Inkarnation wird dokumentiert durch das, was wir an Christus sehen können. Das Christusbild hält das an der Gottesinkarnation Sichtbare fest. Es vergegenwärtigt damit das mit Christus einsetzende Erlösungsgeschehen, und es bezeugt, daß dieses Geschehen real, in der Geschichte verankert und nicht bloß symbolisch gedacht oder mythisch zu verstehen ist. Insofern begegnet uns im Christusbild Christus selbst, und zwar in seiner gottmenschlichen Ganzheit. Johannes von Damaskus konnte das emphatisch sagen: „Ich sah die menschliche Gestalt Gottes, und meine Seele ward gerettet."

Theodor von Studion hat mit seiner Bildertheologie den Schlußstein in einem geistigen Gebäudekomplex gesetzt, an dem viele Generationen über Jahrhunderte hinweg gebaut haben, freilich nicht immer nach dem gleichen Bauplan und auch mit recht unterschiedlichen Mitteln. Die Ostkirche hat das bis dahin Gewachsene als ihre Identität bis in die Gegenwart gepflegt und bewahrt. Aus diesem Fundus lebt und argumentiert sie auch heute.

Blickt man auf die Entwicklung der Bilder, der Bilderverehrung und der Bilderlehre zurück, so zeichnet sich folgendes ab: Bilder und Bilderkult sind nicht aufgrund theologischer Überlegungen entstanden; sie sind vielmehr auf dem Boden einer aus dem Heidentum hervorgegangenen Volksfrömmigkeit gewachsen und besonders von Mönchen und von Frauen gepflegt worden. Die Theologie hat Bilder und Bilderkult zunächst abgelehnt, dann vorsichtig, später auch offensiv verteidigt und schließlich als für den Glauben notwendig begründet. Das Bedürfnis der Volksfrömmigkeit nach Bildern und nach Bilderkult wird freilich aus ganz anderen Quellen gespeist als die nachfolgenden subtilen theologischen Begründungen. Die Bilderlehre eines Johannes von Damaskus oder eines Theodor von Studion war für den normalen Gläubigen allein vom geistigen Anspruch her gar nicht nachvollziehbar. Die Praxis des Bilderkults vollzog sich auf einem anderen Bewußtseinsniveau als die theologischen Reflexionen über das Bild. Die Bilderlehren haben eine Kultpraxis, die sich in Jahrhunderten neben aller Theologie herausgebildet hatte, erst nachträglich legitimiert und begründet. Den Bilderkult selbst und das Bewußtsein der praktizierenden Bilderverehrer haben sie wohl kaum verändert. Mit Hilfe der Bilderlehren hat die Kirche allerdings ihr Verhältnis zu den heiligen Bildern geklärt. Sie hat so den ausufernden Bilderkult integrieren und in kirchlichen Bahnen kanalisieren können.

Dem westlichen Menschen des 20. Jahrhunderts springt in die Augen, daß die Bilderlehren mit der jeweils zugrunde gelegten erkenntnistheoretischen Basis stehen und fallen. Die Argumente eines Dionysios vom Areopag, eines Johannes von Damaskus oder eines Theodor von Studion überzeugen nur, und ihre Überlegungen sind nur einsichtig, solange und sofern man die Vorgaben eines griechisch-hellenistischen Wirklichkeits- und Wahrheitsverständnisses übernimmt, aus dem heraus sie entwickelt sind. Kann der Leser oder der Gesprächspartner den philosophischen Vorgaben nicht zustimmen, so läßt sich die Bilderlehre der Ostkirche kaum vermitteln, noch weniger überzeugend darstellen und schon gar nicht aneignen. Die Geistesgeschichte und damit die Instrumentarien des Denkens haben sich im Westen anders entwickelt als im Osten. Die Trennung in eine Ost- und Westkirche hat an diesen unterschiedlichen Entwicklungen maßgeblichen Anteil. Unsere Möglichkeiten, die Bilder und die Bilderverehrung der Ostkirche innerhalb deren Lebenswirklichkeit zu verstehen, geraten emotional und kognitiv an Grenzen, die niemand leichtfüßig zu überspringen vermag.

Den westlichen Betrachter verwundert immer wieder, mit welcher Hartnäckigkeit die Ostkirche darauf besteht, daß die Gesichter und die sonstigen sichtbaren Eigenschaften Christi, der Gottesmutter, der Apostel und der Heiligen bis ins Detail genau wiedergegeben werden. Es wäre falsch, dieses uns sklavisch erscheinende Festhalten an den Gesichtszügen als unschöpferische Starrheit zu interpretieren. Wir müssen im Bewußtsein behalten, daß die Bilderfreunde ihre Bilderlehren jeweils auf der Basis einer bestimmten philosophischen Erkenntnistheorie entwickeln. Johannes von Damaskus argumentiert auf der Grundlage neuplatonischen Denkens. Theodor von Studion stützt sich auf die Denkkategorie des Aristoteles. In beiden Systemen fällt der sichtbaren Ähnlichkeit des Bildes mit dem Urbild bei der Argumentation eine Schlüsselrolle zu. Begründung, Legitimation und Notwendigkeit des Bildes hängen nach der erkenntnistheoretischen Logik, denen die orthodoxen Bilderlehren folgen, ganz und gar daran, daß die Darstellung (das Bild) der dargestellten Person tatsächlich detailgenau entspricht.

Das erklärt dreierlei: Zum einen wird das angestrengte Bemühen verständlich, mit dem die orthodoxe Kirche die Acheiropoietoi von Christus (Abgarbild oder Edessenum) als echt auszuweisen sucht und das dort erkennbare Gesicht als den authentischen Abdruck des Gesichts Jesu sicherstellen möchte. Aus dem gleichen Grunde ist auch die historisch verstandene Legende so wichtig, wonach das Bild der Gottesmutter auf den Evangelisten Lukas, also auf einen zuverlässigen Augenzeugen, zurückgeht. Zum anderen folgt nach der Logik der orthodoxen Bildertheorie, daß das Originalbild in seinen wesentlichen Zügen und Eigenheiten von den Malern nicht mehr abgewandelt werden darf, sondern „originalgetreu" wiedergegeben werden muß. Schließlich ist auch verständlich, daß die orthodoxe Kirche z. B. das Lamm als Symbol für Christus und generell Symbole dieser Art ablehnt. Nach der Logik der in der Bilderlehre angewandten Erkenntnistheorie kann als Bild grundsätzlich nur das Portrait einer konkreten Person gelten. Lebendiger Siegelabdruck der gottmenschlichen Person Christi kann also nur das Antlitz Jesu sein. Das Symbol des Lammes mag zwar als sprachliche Metapher seine Bedeutung haben; mit der sichtbaren Gestalt Jesu hat es nichts zu tun. Deshalb ist Christus im Bild des Lammes nach orthodoxer Überzeugung nicht darstellbar.

### *f) Der endgültige Sieg der Bilderverehrer – Die Synode von Konstantinopel 870*

Auf einer nicht mehr ökumenischen Synode wurde 870 in Konstantinopel nur noch in den Rang des Dogmas erhoben, was in der Bilderfrage ohnehin bereits theologische Meinung geworden war. Die Bilder wurden als notwendig erklärt, und den Gläubigen wurde die Pflicht auferlegt, die Bilder zu verehren. Im Synodenbeschluß heißt es: „Das heilige Bild unseres Herrn Jesus Christus ist in gleicher Weise wie das Buch der heiligen Evangelien zu verehren ... Denn was die Rede in Silben verkündet, das verkündet und empfiehlt auch die ‚Schrift', die aus Farben besteht ... und wir verehren sie (die Bilder) und beugen vor ihnen unsere Knie. Wer das nicht annimmt, der sei verflucht/ausgeschlossen (anáthema)!"

Mit diesen Synodenbeschlüssen, die in der orthodoxen Kirche bis heute gelten, wurden die Christen des Westens, die Bilder von ihren Denkvoraussetzungen her anders verstanden, faktisch aus der Kirchengemeinschaft ausgestoßen. Den Westen hat das aber nicht mehr besonders berührt; denn er hatte die letzte Phase der Ikonentheologie inhaltlich ohnehin nicht mehr mitvollzogen. Schon 867 war es wegen der Zugehörigkeit der Slawen zur Ost- oder zur Westkirche zu einem Schisma gekommen, das, nur vorübergehend wieder aufgehoben, 1054 definitiv wurde. Die Beschlüsse der ostkirchlichen Synode von 870 zu den Bildern haben den Graben zwischen griechischer und lateinischer Kirche allerdings weiter vertieft. In der Bilderfrage hatten sich die Wege zwischen der Ost- und der Westkirche jetzt endgültig getrennt.

## 5. DAS BILD IN DER ABENDLÄNDISCHEN KIRCHE

Der lateinische Westen hat ein anderes Verhältnis zum Bild entwickelt als der griechische Osten. Das ist weder mit kirchenpolitischen noch mit machtpolitischen Erwägungen zu erklären, sondern hat tieferliegende Ursachen. Die griechische Kultur hat andere Menschen hervorgebracht als die lateinische. Das hängt wesentlich damit zusammen, daß die beiden Sprachen und die alten Religionen dieser Sprachräume sich in zentralen Fragen stark voneinander unterscheiden.

### a) *Kulturelle und sprachliche Unterschiede zwischen griechischem Osten und lateinischem Westen*

In der griechischen Religion nehmen alle göttlichen Mächte Menschengestalt an. Das führt geradlinig zu Götterbildern. Bei den Römern beginnt und läuft die Entwicklung anders. Die göttliche Macht wird hier weder menschengestaltig erlebt noch in Menschengestalt personifiziert. Oft hat sie nicht einmal einen Namen. Die alte römische Religion ist ursprünglich bildlos. Erst unter griechischem Einfluß sind die Götterbilder und die Bilderwelt der Römer entstanden. In Anlehnung an die griechischen Göttergestalten begann man auch die eigenen Götter darzustellen, beschränkte sich dabei allerdings auf wenige Typen. Einige Kulte (z. B. der Kult der Vesta) sind aber auch nach der Begegnung mit der griechischen Götterwelt bildlos geblieben. Einer der obersten Priester (pontifex maximus) der Vesta beurteilt die religiöse Lage um 100 v. Chr. so: Es gibt drei Arten von Religion: eine mythische Religion, die von den Dichtern erfunden wurde, eine natürliche Religion, die von den Philosophen vertreten wird, und eine bürgerliche Religion, die sich im Staatskult zeigt. Wahr und begründet ist nur die philosophische Religion. Aber gerade diese kann der Staat wegen ihres Wahrheitsanspruchs nicht gebrauchen, denn die Masse will betrogen werden. Sie muß ihre Gottesbilder haben, und sie versteht nicht, was der Philosoph über den wahren Gott sagt.

Wo die Götterbilder nach griechischen Vorbildern in die Kulte der Römer Eingang fanden, da hat das Volk in diesen Götterbildern seine Götter natürlich auch leibhaftig erlebt. Das zeigte sich am deutlichsten im Kaiserkult, wo das Bild des Kaisers den Kaiser selbst leibhaftig vertrat. Während aber nach griechischem Verständnis das Bild mit dem Dargestellten identisch war, sahen die Römer die dargestellte Person oder Gottheit durch das Bild lediglich vertreten. Im Bewußtsein des Volkes wird das freilich kein großer Unterschied gewesen sein.

Die alte römische Religion kennt keinen Bilderkult, weil sie auch keine Götterbilder kannte. Der Kult der Kaiserbilder hat bei den Römern keine religiösen Wurzeln, denn er wurde in seiner äußeren Gestalt aus dem griechischen Herrscherkult übernommen. Die Kaiser Augustus (13 v. Chr. bis 14. n. Chr.) und Tiberius (14 – 37) hatten die Anbetung ihrer Bilder noch strikt verboten. Erst Caligula (37 – 41) ordnete an, seinem Bild wie einem Götterbild kultische Ehren zu erweisen. Die Römer übernahmen zwar Bild und Kultbild von den Griechen, aber sie verstanden das Bild anders, und sie gingen damit auch in einem anderen Sinne um. Während für die Griechen das Bild den Mythos oder die Idee repräsentiert und im Bild eine philosophisch oder religiös begründete mystische Identität mit dem Dargestellten erlebt wird, verstehen die Römer das Bild funktional. Das Kaiserbild wurde rational und pragmatisch für die Zwecke des Staates eingesetzt. Für die privaten Bedürfnisse der Dekoration entstand ein kommerziell organisierter Kunstbetrieb und ein lukrativer Kunstmarkt, der auf griechischem Boden in dieser Weise undenkbar gewesen wäre. Das darf nicht wertend verstanden werden. Gesagt ist damit nur, daß das griechische Bild von den Römern gemäß ihren sprachlich-kulturellen Vorgaben rezipiert und integriert wurde. Diese Übernahme weist darauf hin, wie unterschiedlich Mentalität und Weltverstehen im griechischen und im lateinischen Sprachraum waren. Will man die innere Logik der geschichtlichen Entwicklung verstehen, so gilt es, auf diese Tatbestände zu achten.

Im griechischen Osten hat sich eine philosophisch-theologische Spekulation entwickelt, die an Tiefe und Weite, an systematischer Kraft und ästhetischer Vollkommenheit nichts Vergleichbares neben sich hat. Die Art griechischen Weltverstehens hängt zu einem wesentlichen Teil an der Struktur der griechischen Sprache. Im Griechischen sind die Begriffe flexibel, vielschichtig und beziehungsreich. Die Beziehungen zwischen den Erscheinungen oder Begriffen lassen sich in dieser Sprache vielschichtig, differenziert und nuanciert ausdrücken. Demgegenüber sind die lateinischen Begriffe fest umrissen und in ihren Konturen klarer; Beziehungen werden als überschaubarer Zusammenhang beschreibbar.

Das Griechische hat den bestimmten Artikel ausgebildet. Mit Hilfe des bestimmten Artikels kann aus dem, „was ist", „das Seiende" oder gar „das Sein" werden. Das, was geschichtlich in Vorgängen erlebt wird, kann so als Prozeß gleichsam angehalten und zum Gegenstand gemacht werden und läßt sich dann als Gegenstand grundsätzlich und allem zeitlichen Geschehen entnommen für sich betrachten. Der lateinischen Sprache fehlt der bestimmte Artikel, der solche Sprachtransformationen erlaubt und Räume für abstrakte Seinsspekulationen eröffnet. Den Römern blieben die hochkomplizierten philosophischen Systeme der Griechen, die in deren Sprache schon angelegt sind, weithin fremd.

Auch im Verständnis der menschlichen Person treten die Unterschiede deutlich zutage. Für griechisches Verstehen zeigt sich das Wesen der Person in dem, was man von ihr sieht. Auch die göttliche Person wird in dem, was von ihr sichtbare Gestalt geworden ist, „erschaut". Im Lateinischen wird die Person über die Stimme des Sprechenden erfaßt, also durch Hören. „Persona" bedeutet Maske, und zwar die Maske, durch die der Schauspieler hindurchspricht. Die Person hinter der Maske gibt sich durch die Stimme kund. Nach römischer Vorstellung lebt in jedem Mann dessen Genius. Dieser Genius, der mit dem einzelnen entstanden ist und mit ihm auch stirbt, macht ihn zur selbständigen Person. Das vom Menschen Sichtbare ist also nur die „persona", jene maskenhafte Vergegenwärtigung, durch die hindurch die Stimme des Genius ertönt und in der die Person für andere sinnlich faßbar, nämlich hörbar, wird. Das Wesen einer Persönlichkeit erschließt sich also nicht dem Auge beim Betrachten der Maske, sondern dem Ohr beim Hören auf die Stimme dessen, der durch die Maske spricht.

Zur Welt hin nimmt der östliche Mensch eine meditativ-spekulative Haltung ein. Der westliche Mensch verhält sich der Welt gegenüber mehr pragmatisch und aktiv. Wo der Grieche vorrangig denkt und sich versenkt, da handelt der Römer. Die griechischen Philosophen haben sich über den Staat und sein Wesen im Gesamtgefüge des Kosmos tiefsinnige Gedanken gemacht, die Römer haben ein Weltreich aufgebaut und dieses Weltreich so perfekt organisiert, daß es viele Jahrhunderte Bestand hatte.

### *b) Bilder, Reliquien und deren Verehrung im mittelalterlichen Westen*

Die sprachlich und kulturell verankerten Mentalitätsunterschiede schlagen selbstverständlich auch im kirchlichen Bereich durch. Während der Osten den abstrakten Logos-Begriff ausformte und darin auch die Gotteswirklichkeit zu fassen suchte, befaßte sich der Westen mit den konkreten Problemen kirchlicher Praxis, nämlich mit dem Bischofsamt, mit der Bußpraxis und mit dem Verhältnis von Glaube und Werken. Die griechische Kirche hat das christologische und das trinitarische Dogma ausgebildet, die lateinische Kirche hat eine kirchliche Großorganisation und ein eindrucksvolles Kirchenrecht hervorgebracht. Der Osten denkt in Seinsbegriffen wie Vergänglichkeit und Unvergänglichkeit, der Westen denkt in Verhältnisbegriffen wie Schuld und Vergebung. Die östliche Frömmigkeit ist primär auf die jenseitige göttliche Welt bezogen, und sie bleibt in dieser Welt passiv, die westliche Frömmigkeit fragt nach der Relevanz des Jenseits für das Diesseits, und sie greift aktiv gestaltend in die diesseitige Welt ein. Der Osten neigt dazu, den Kosmos philosophisch-meditativ zu betrachten, der Westen ist mehr darauf aus, diese Welt pragmatisch-handelnd zu formen. Gewiß läßt sich die Weise östlichen und westlichen Denkens, Weltverstehens und Verhaltens in einfachen Gegensatzpaaren nicht zureichend beschreiben, sie läßt sich damit aber in der jeweiligen Tendenz wenigstens charakterisieren. Für unseren Zusammenhang reicht das aus.

Schon die wenigen kulturgeschichtlichen Überlegungen machen verständlich, daß sich das Verständnis des religiösen Bildes und der Umgang mit ihm im griechischen Sprach- und Kulturraum anders entwickeln mußte als im lateinischen. Im Westen ist das Bild in keiner Zeit so zum zentralen Vermittler des Göttlichen oder des Heiligen geworden wie im Osten. In der Ostkirche wird selbst das christologische und das trinitarische Dogma erst durch die Integration der Bilderlehre vollendet. Die Westkirche hat das Bilderproblem mit dem christologischen Dogma nie verbunden. Genau an dieser Stelle werden dann auch die in den unterschiedlichen geistig-kulturellen Vorgaben begründeten Differenzen im östlichen und im westlichen Bildverständnis offenbar.

Im Westen stabilisierte sich schon früh ein Bildverständnis, das Papst Gregor der Große (590 – 604) auf die knappe Formel brachte: „... denn die Malerei wird in der Kirche angewendet, damit diejenigen, die des Lesens unkundig sind, an den Wänden schauend ablesen, was sie nicht in Büchern zu lesen vermögen." Das Verständnis der Bilder als einer biblia pauperum (Bibel der Armen) sollte für den Westen charakteristisch bleiben.

Die zurückhaltenden Beschlüsse des letzten ökumenischen Konzils (Nicäa II von 787) konnte der Westen noch mitvollziehen, sofern sie das Faktische betrafen, nämlich die Feststellung, daß Bilder legitim und nützlich sind. Die Logik der neuplatonischen Seinsspekulation, von der her die griechische Kirche die Bilder legitimierte, war und blieb dem Westen aber fremd. Karl der Große ließ unter persönlicher Anteilnahme 791 von seinen Hoftheologen ein Gutachten zu den nicänischen Beschlüssen erstellen, die später sogenannten Libri Carolini. Das fränkische Gutachten widerspricht mit biblischen Argumenten jeder Verehrung von Bildern und auch der Vorstellung, den Bildern käme irgendeine Heiligkeit zu. Ausdrücklich abgelehnt wird auch der westlichem Denken unverständliche, aber für östliche Bilderlehre und -theologie so zentrale Satz, daß die Ehre, die dem Bild (= Abbild) erwiesen wird, auf das Urbild (den Prototyp) übergeht. Karl suchte den königlichen Mittelweg zwischen Bilderfeinden und Bilderverehrern. Nach seiner Meinung gibt es keinen Grund, Bilder zu zerstören. Auf der anderen Seite dürfen Bilder aber auch nicht angebetet werden. Bilder haben die Aufgabe, die Kirchen zu schmücken und das Volk an die Jesusgeschichten zu erinnern.

Dieses funktional-pragmatische Verständnis der Bilder, das wir bereits in der römischen Religion antreffen, ist auch im christlichen Westen die Grundeinstellung geblieben. Das Bild wird in einer dreifachen Funktion bejaht: Es soll dekorieren, es soll heilige Geschichte illustrieren, und es soll dadurch pädagogisch auf das Volk einwirken, und zwar als Anstoß zur Andacht und als Belehrung. Die harte fränkische Ablehnung jeder Bilderverehrung wurde später allerdings zurückgenommen. Die Lateransynode von 863 stellte fest, daß sich der unsichtbare Gott in den Bildern auf kreatürliche Weise offenbart. Deshalb sind Bilder wie Kreuze und Altäre als heilig zu verstehen und entsprechend zu verehren (venerare und colere). Mit solchen Aussagen hat die lateinische Kirche des Mittelalters aber keineswegs die Bilderlehre der griechischen Theologen übernommen, sondern lediglich der Volksfrömmigkeit Rechnung getragen. Hinter diesen Aussagen steht auch keine dem Osten vergleichbare eigenständige westliche Bildertheologie. Zu beachten ist ferner, daß die Griechen auf der einen und die Lateiner und Franken auf der anderen Seite von ganz unterschiedlichen Bildern redeten, nämlich von denen, die sie jeweils vor Augen hatten. In der Ostkirche entsprachen die Bilder bereits auch künstlerisch der vergeistigten Bilderlehre. Der Westen, insbesondere aber der Norden, hatte antike und keltische Bildelemente vor Augen. Das Verhältnis von Bildverständnis und künstlerischen Mitteln war hier als Problem noch gar nicht im Blick.

Die westliche Theologie begann als Reaktion auf die Frömmigkeitspraxis des Volkes nun auch zwischen Anbetung und Verehrung genauer zu unterscheiden. Die orthodoxe Theologie hatte sich bereits auf folgende Unterscheidung geeinigt: Die Anbetung (gr. latreutikḗ proskýnēsis) kommt allein Gott zu.

Die Verehrung (gr. timētikḗ proskýnēsis) gilt den Heiligen und auch den heiligen Bildern. In der lateinischen Kirche setzte sich eine Dreiteilung durch, die in der römisch-katholischen Theologie bis heute gilt: Die höchste Art ist die „Anbetung" (lat. adoratio, gr. latréia); sie gilt allein Gott. Den Heiligen und den Bildern gebührt „Verehrung" (lat. veneratio, gr. duléia). Dazwischen liegt die „Hyperduléia", die allein der Gottesmutter als der Hyperhagia (der „über" den Heiligen Stehenden) zukommt. In der Volksfrömmigkeit der katholischen Kirche hat sich faktisch auch eine theologisch legitimierte Bilderverehrung durchgesetzt. Der theologische Hintergrund war im Vergleich zur Ostkirche dürftig. Die vom Volk praktizierte Bilderverehrung wird sich aber von der des Ostens nicht grundlegend unterschieden haben. Allerdings hat die Bilderverehrung im Westen weder in der Theologie noch in der Volksfrömmigkeit, noch im Gottesdienst eine auch nur annähernd so zentrale Rolle gespielt wie im Osten.

Was dem Osten das heilige Bild bedeutet, das bedeutete dem Westen die Reliquie. Als Reliquie gelten die Überreste der Märtyrer und anderer Heiliger. Dazu kommen Gegenstände, von denen man glaubt, daß sie von Christus oder von Heiligen getragen oder berührt worden sind. Sekundärreliquien sind schließlich alle Gegenstände, die mit den genannten Reliquien Berührung hatten. In der Volksfrömmigkeit gelten die Reliquien als aufgeladen mit heiliger Kraft, die durch Berührung auf Leib und Leben des Verehrers übergeht. Wie die Heiligenbilder, so sind auch die Reliquien im Zusammenhang mit den Märtyrer- und Heiligengräbern entstanden. Im Westen wird die Volksfrömmigkeit in ähnlicher Weise vom Reliquienkult bestimmt wie im griechischen Osten vom Bilderkult. Die römisch-katholische Kirche hat das Reliquienwesen deshalb auch sehr früh der bischöflichen Aufsicht unterstellt und kirchenrechtlich geregelt. Die unterschiedliche Wertung von Bild und Reliquie zeigt sich darin, daß im Westen die Darstellung eines Heiligen in der Kirche vom Besitz einer Reliquie abhängig blieb, während im Osten die Reliquie durch das Bild ersetzt werden konnte.

Thomas von Aquin (1225 – 1274) sagt, das Bild habe einen dreifachen Zweck, nämlich erstens, die Andacht zu fördern, zweitens, das Beispiel der Heiligen erinnernd vor Augen zu stellen, und drittens, die Unwissenden zu belehren. In dieser Zweckbestimmung des großen Kirchenlehrers wird deutlich, daß die Bilder im Westen keine gottesdienstliche Funktion gewonnen haben, sondern lediglich der Andacht, dem Ansporn und der Belehrung des einzelnen dienen.

Von orthodoxer Seite wird oft vorwurfsvoll beklagt, daß der Westen die ursprünglich vorhandene Gemeinsamkeit in der Bilderfrage aufgekündigt habe. Eine nüchterne Betrachtung zeigt aber, daß es diese Gemeinsamkeit im Verständnis der Bilder zu keiner Zeit gegeben hat und daß die vermeintliche Gemeinsamkeit auch von keiner Seite aufgekündigt werden konnte. Je konsequenter aber der Osten seine Bilderlehre ausbaute, desto deutlicher trat nur hervor, daß er das Wesen des Bildes anders verstand als der Westen und daß beide von ihren jeweiligen kulturellen und sprachlichen Vorgaben her zu unterschiedlichen Verständnissen kommen mußten. Die Berufung auf die gemeinsame Tradition ist auch deshalb fragwürdig, weil Tradition immer etwas Gewachsenes ist. Aus griechischer Denktradition mußte aber, selbst bei äußerlicher Ähnlichkeit eines Bildmotivs, dem Gehalt nach etwas anderes hervorwachsen als aus der geistigen und religiösen Kultur des lateinischen oder des germanischen Sprachraums. Nimmt man die skizzierten Unterschiede der Mentalität hinzu, so ist einsichtig, daß sich das Bild und die religiöse Kunst in Ost und West nach unterschiedlichen Gesetzen entwickeln mußten, da ja auch ihr Wurzelboden unterschiedlich war. Schmerzlich offenbar wurde dieser Unterschied nach dem 2. Konzil von Nicäa 787, als der Osten seine Bildertheologie erst voll entfaltete, der Westen aber wegen seines im Kern anderen Bildverständnisses am theologischen Gespräch gar nicht mehr teilnahm.

Bilderkritik ist im Westen nie verstummt. Sie bezog sich im frühen Mittelalter auf die Bilderlehren des Ostens. Im Hochmittelalter gehörte Bilderkritik zum Kanon jeder innerkirchlichen Kritik. Erwähnt seien nur der französische Zisterziensermönch Bernhard von Clairvaux (gest. 1153), die hervorragende religiöse Persönlichkeit des 12. Jahrhunderts, ferner die vorreformatorischen Persönlichkeiten und Bewegungen wie die Waldenser in Frankreich und in Italien, Wiclif (gest. 1384) und die Lollharden in England, Hus (hingerichtet 1415) und seine Anhänger und schließlich die meisten Humanisten, allen voran einer ihrer gelehrtesten Köpfe, Erasmus von Rotterdam (gest. 1536).

### *c) Bilderkritik und Bilderverständnis in den Kirchen der Reformation und im neuzeitlichen Katholizismus*

In der Reformation sind die Bilder erneut Gegenstand der Kritik und Anlaß zu Auseinandersetzungen geworden. In diesen Auseinandersetzungen ging es nur am Rande um die Bilder der Ostkirche; primär ging es um den Bilderkult in der mittelalterlichen katholischen Kirche. Im Brennpunkt standen nicht die Christusbilder, sondern die Bilder der Maria und der Heiligen zusammen mit der Reliquienverehrung.

Traurige Berühmtheit erlangte der von Luthers Kollegen *Karlstadt* zwar nicht gewollte, aber doch leichtfertig ausgelöste Bildersturm in Wittenberg in den Wirren des Jahres 1522. Luther mußte sich zu dieser Zeit wegen drohender persönlicher Gefahr auf der Wartburg verborgen halten. Nach Wittenberg waren radikale Schwarmgeister, die sogenannten Zwickauer Propheten, gekommen, die jede Ordnung auflösten. Karlstadt hat in seinen Schriften und Reden zwar zum Bildersturm nicht aufgerufen, aber seine Äußerungen gegen die Bilder, die er abschätzig „Ölgötzen" nannte, erregte die Leute so stark, daß eine fanatisierte Menge in die Wittenberger Kirchen eindrang und blindwütend die Bilder von den Wänden und die Kruzifixe von den Altären riß. Luther wurde von dieser Entwicklung überrascht. Er gab sein Versteck auf und stellte mit seinen berühmt gewordenen Invocavit-Predigten im März 1522 das Klima nüchternen Nachdenkens und die Ordnung wieder her.

Auch in Zürich war es 1522 zu Ausschreitungen des Volkes gegen die Bilder gekommen. Daraufhin wurden Bilder und Plastiken aus den Kirchen entfernt. *Zwingli* hat das überstürzte Vorgehen verurteilt, und er hat auch getadelt, daß man alle Bilder unterschiedslos verwarf. Sein Interesse richtete sich auf eine Reform der Messe. Die Bilder lehnte er nicht als Bilder ab, sondern weil sie die Verehrung auf sich ziehen und damit zum Greuel werden wie das Goldene Kalb. Gegen Bilder zu Hause oder in Sälen und auf Plätzen hat er nichts einzuwenden, sofern sie nicht verehrt werden. So hat er auch nichts gegen die Glasfenster in den Kirchen, denn sie waren nie ein Objekt der Verehrung. Zwingli sieht also nicht in den Bildern selbst, sondern lediglich in deren Verehrung die große Versuchung, und deswegen wendet er sich auch nur gegen jene Bilder, die verehrt und angebetet werden oder angebetet werden könnten. Darin ist er allerdings kompromißlos. Er schätzt die Versuchlichkeit des Menschen, sich an Bilder statt an Gott zu halten, als sehr hoch ein. Wegen dieser Schwäche des Menschen tritt er dafür ein, bereits den Anlaß zur Versuchung zu nehmen und alle kirchlichen Bilder zuverlässig zu entfernen, also zu zerstören. Diese mit dem ersten Gebot begründete volkspädagogische Überlegung ist das Motiv für seine schroffe und generelle Ablehnung kirchlicher Bilder.

In den reformierten Kirchen hat sich Zwinglis Grundauffassung durchgesetzt. Sie wurde in Genf auch von *Calvin* (gest. 1564) übernommen. Calvin verweist auf Joh 4, 24: „Gott ist Geist, und die ihn anbeten, die müssen ihn im Geist und in der Wahrheit anbeten." Wer Götterbilder oder Heiligenbilder verehrt, der verletzt Gottes Majestät. Gegen Illustrationen der Heilsgeschichte hatte Calvin nichts einzuwenden. Aber auch er hält die menschliche Natur für eine unablässig tätige „Götzenfabrik", die nicht eher ruht, bis sie sich ihr sichtbares Götzenbild geschaffen hat. Auch er lehnt also die Bilder als solche nicht ab, tritt aber dafür ein, daß sie aus der Kirche verbannt werden, weil der Mensch zu Götzendienst und zu Götzenanbetung verführbar ist und durch Bilder dazu verführt wird.

Die *Reformierten* haben alle bis dahin vorgebrachten bilderskeptischen und bilderkritischen Argumente zu einem Angriff gebündelt, wie er in dieser Wucht noch niemals vorgetragen worden war. Ihre philosophische, humanistische, philologische und theologische Bildung setzte sie dazu instand. Sie schalteten den platonischen Denkansatz in der Bildertheorie aus und entzogen so der altkirchlichen Bilderlehre die Basis. Sie aktualisierten die bilderkritischen Äußerungen des Alten Testaments, des Neuen Testaments, der griechischen und hellenistischen Philosophen, der griechischen und lateinischen Kirchenväter, der sozialkritischen Gruppen des Mittelalters und der vorreformatorischen Bewegungen und ordneten sie wie Schutzwälle um zentrale reformatorische Einsichten, insbesondere um das erste Gebot. Mit geschliffener Schriftauslegung widerlegten sie die bilderfreundlichen Konzilsbeschlüsse. Da ihre Kritik rational nachvollziehbar war, wirkte sie nachhaltig. Die Überzeugung von der unaufhebbaren Verführbarkeit des Menschen zum Götzendienst führte sie zu der pädagogischen Konsequenz, bereits den Gebrauch der Bilder zu bekämpfen, da der Gebrauch zwangsläufig zum Mißbrauch führt. Von diesem Grundsatz her verwarfen sie auch den Gedanken, Bilder als „der Laien Bücher" gelten zu lassen. Das zweite Gebot biblischer Zählung, das in den Zehn Geboten der katholischen Katechismen nicht vorkam, nahmen die Reformierten in ihren Heidelberger Katechismus als selbständiges Gebot wieder auf. Die Bilder wurden aus dem geistlichen Bereich konsequent ausgeschlossen. Die reformierten Kirchen sind bis heute bilderlos geblieben. Die kompromißlose Haltung gegenüber kirchlichen Bildern hat sie aber keineswegs dazu geführt, die bildende Kunst generell abzuwerten. Die Kunst wird auch von den Reformierten als Gabe Gottes verstanden. Sie wird im bürgerlichen und öffentlichen Leben anerkannt und behält dort ihr volles Recht.

*Luther* unterscheidet sich in seiner Beurteilung der Bilder in mehrfacher Hinsicht von den Reformierten und von Karlstadt. Er ist mit ihnen wohl der Meinung, daß Bilderverehrung Götzendienst ist, aber er glaubt nicht, daß die Gefahr des inneren Götzendienstes überwunden wird, wenn man den äußeren Anlaß dazu, nämlich das Bild, wegnimmt. Was uns wirklich bedroht, das kommt nicht von außen, sondern von innen, aus unserem Herzen. Verschwindet das Götzenbild und der Drang zum Götzenbild im menschlichen Herzen, so ist das äußere Bild nicht mehr gefährlich. Es galt freilich, dem Mißbrauch entgegenzutreten. Den eigentlichen Mißbrauch sah er aber nicht darin, daß Bilder angebetet werden, sondern theologisch tiefer darin, daß man meint, sich durch diesen kultischen Umgang mit den Bildern ein Verdienst vor Gott erwerben und sich so vor ihm durch eine eigene Leistung rechtfertigen zu können. Luther reflektiert die Bilderfrage vom Gedanken der Rechtfertigung her, wie dieser von Paulus in Röm 3,28 formuliert ist: „So halten wir nun dafür, daß der Mensch gerecht wird ohne des Gesetzes Werke, allein durch den Glauben." Von diesem Kern der frohen Botschaft her zeigt sich, an welcher Stelle die Bilder dem Menschen gefährlich werden. Wer nämlich ein Bild stiftet oder verehrt, der tut das in der Meinung, oder er wird zu der Meinung verführt, man könne sich durch diese „Werke" vor Gott ein Verdienst erwerben. Die Gefahr, die von den Bildern ausgeht, liegt darin, daß sie den Menschen dazu verleiten, auf die eigenen verdienstlichen Werke und damit auf die Selbstrechtfertigung zu setzen, anstatt sich empfangend der rettenden Gnade Gottes auszuliefern. Auf diesen für ihn zentralen Punkt konzentriert Luther seine Auseinandersetzung mit den Bildern und mit der ihm bekannten Praxis der Bilderverehrung. Die Bilderfrage als solche gehört für ihn zu den „Adiaphora", d. h. zu jenen Fragen, die für den Glauben belanglos sind. Wo Luthers Einfluß dominierte, da sind die Bilder aus den Kirchen auch nicht entfernt worden. Er war Realist genug, um zu wissen, daß man das Innerste des Menschen nicht durch äußere Verbote erreicht, sondern allein durch die überwindende Kraft der Predigt des Wortes Gottes. Wird durch die Botschaft von der Gnade Gottes das Herz eines Menschen erreicht, dann stellt das Bild für ihn keine Gefahr mehr dar, weil er es zu Götzendienst, Werkgerechtigkeit und Selbstrechtfertigung nicht mehr mißbrauchen muß. Aus diesem Denkansatz folgt, daß sich Luther von einem formalen Bilderverbot unter Berufung auf Ex 20,4 nichts verspricht. Das Bilderverbot des Alten Testaments sei zum einen nur den Juden gesagt; zum anderen ziele es nicht primär auf das Herstellen, sondern auf das Anbeten von Götzenbildern. Er nimmt dieses zweite Gebot biblischer Zählung deshalb bewußt nicht wieder in den Katechismus auf, weil es im ersten Gebot bereits voll enthalten ist.

Luther gewann dem Bild zunehmend positive Seiten ab. Das lag nicht nur daran, daß er für alles Schöne aufgeschlossen war. Die alte abendländische Würdigung der Bilder als einer biblia pauperum nimmt er gern auf, ja er verstärkt diesen Gedanken sogar und wünscht sich eine vollständige Bilderbibel, in der den Menschen, die nicht lesen können, die biblischen Texte genau und ohne Zutaten der Phantasie vor Augen gestellt werden.

Als Argument für die Bilder führte Luther eine anthropologische Überlegung neu in die Diskussion ein und stellt damit die Bilderfrage in einen weiteren Horizont. Er weist darauf hin, daß wir als kreatürliche Wesen auf unsere fünf Sinne angewiesen sind. Wir können ohne Bilder nichts denken noch verstehen und können selbst in unserer Wortsprache auf Anschauung nicht verzichten. Auch die Bibel redet von Gott in kräftigen Bildern und malt uns Jesus vor die Augen. Bilder und Zeichen sind also eine Sprache wie die menschliche Rede, wie der Gesang und wie die Musik.

Luther trennt auch nicht zwischen einer sakralen und einer profanen Kunst. Jede Kunst, die dazu dient, den Menschen das rettende „Wort“, nämlich die Frohe Botschaft, nahezubringen, hält er in der Kirche für legitim und für sinnvoll. So haben auch gemalte Bilder oder Plastiken in der Kirche ihr Recht, sofern sie im Sinne von Verkündigung anschaulich gewordenes Wort sind. Luther legitimiert das Bild also nicht mit der neuplatonischen Urbild-Abbild-Theorie; er ordnet das Bild vielmehr dem reformatorisch verstande-

*Farbtafel Seite 121: Gottesmutter Orans* – Die Betende, Große Panhagia. Tempera auf Holz, 194 × 120 cm. Um 1100, Jaroslavl. Moskau, Tretjakov-Galerie. – Das Erheben der Hände war bereits ein bei den Juden des Alten Bundes und in der antiken Welt praktizierter Gebetsgestus. Oranten und Orantinnen personifizieren in der ältesten Katakombenmalerei zunächst nur die pietas (Frömmigkeit) und werden erst ab der Mitte des 3. Jahrhunderts auf einzelne Verstorbene bezogen. Die Haltung der Orantin wird ab dem 4. Jahrhundert mit der Gottesmutter in Zusammenhang gebracht und ihr zunehmend allein vorbehalten. Christus Emmanuel erscheint in der Aureole, dem Symbol für die himmlische Dimension, womit seine Gottheit vor allen Zeiten hervorgehoben wird. (Vgl. im Glossar Orans, Aureole, Emmanuel und Panhagia).

*Farbtafel Seite 122: Gottesmutter Donskaja.* Tempera auf Holz, 86 × 68 cm. Theophanes der Grieche, Ende des 14. Jahrhunderts, Kolomna. Moskau, Tretjakov-Galerie. – Der Malstil ist byzantinisch. – Sie gehört zum Typus „Die Mütterliche" (Eleusa, Umilenie). Der Typus, der auf Bildnisse antiker Muttergottheiten zurückgeht, ist seit dem 6. Jahrhundert nachweisbar und besonders in Rußland sehr beliebt.

*Farbtafel Seite 123: Thronende Gottesmutter.* Tempera auf Holz, 164 × 90 cm. Andreas Ritzos, zweite Hälfte des 15. Jahrhunderts, Heraklion / Kreta. Patmos, Kloster des hl. Johannes des Theologen. – Der Typus der thronenden Gottesmutter ist seit dem 6. Jahrhundert belegt. Die Figuren sind im kretischen Stil gemalt. Der zentralperspektivisch konstruierte Marmorthron ist venezianischer Herkunft. Der Nimbus der Gottesmutter ist ein Beispiel für einen reich verzierten Beschlag. Beschläge aller Art sind seit dem 13. Jahrhundert anzutreffen. (Vgl. Basma, Risa).

*Farbtafel Seite 124: Gottesmutter „Unverbrennbarer Dornbusch"* (Ausschnitt). Tempera auf Holz, Gesamtmaße 32 × 27 cm. 17. / 18. Jahrhundert. Zagorsk, Kunstsammlung bei der Geistlichen Akademie. Der Typus liegt hier in seiner russischen Ausformung vor, die seit dem 16. Jahrhundert belegt ist. Das Ereignis von Mose und dem brennenden Dornbusch (Ex 3,2) wurde von Kirchenvätern auf die Gottesmutter und das göttliche Kind bezogen und mit weiteren biblischen Texten verbunden. Die beiden übereinandergelegten Rhomben bilden einen achteckigen Stern, der vor einer Art geöffneten Rose steht. Der grüne Stern symbolisiert den Dornbusch, der rote das göttliche Feuer. – Die Dornbuschikone hat als Fürbittenhilfe gegen Feuergefahr in katholischen Gebieten eine Entsprechung in Darstellungen des hl. Florian.

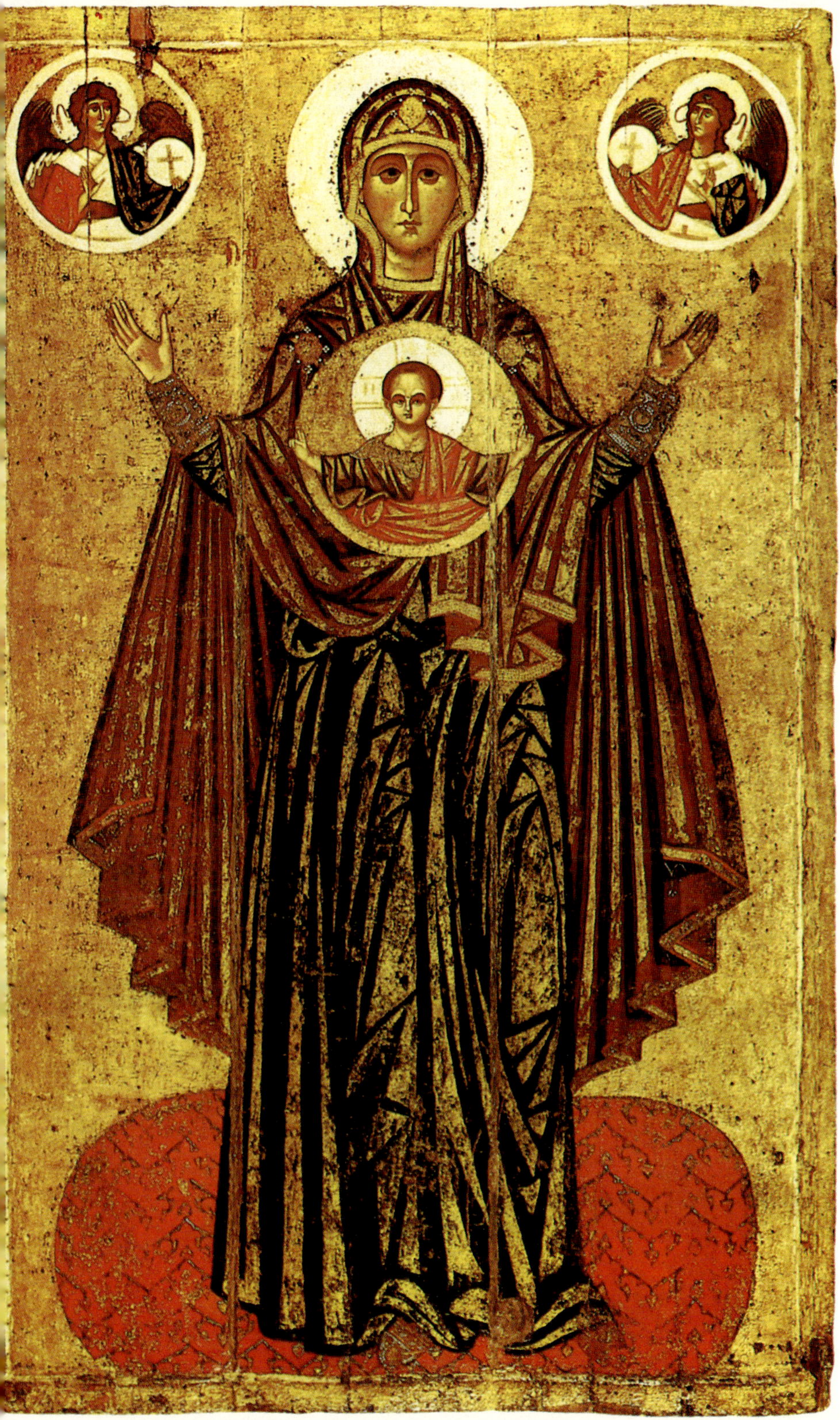

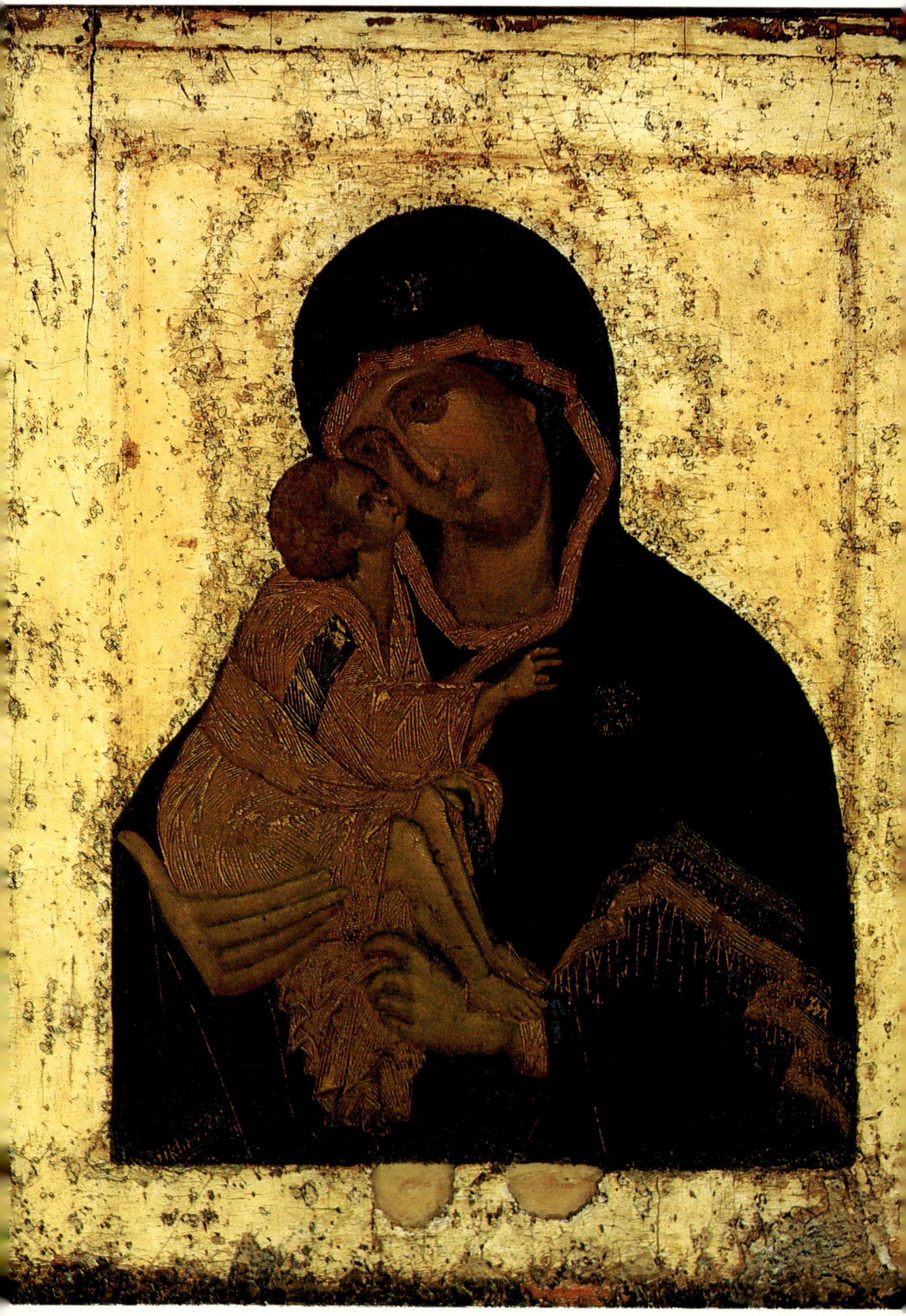

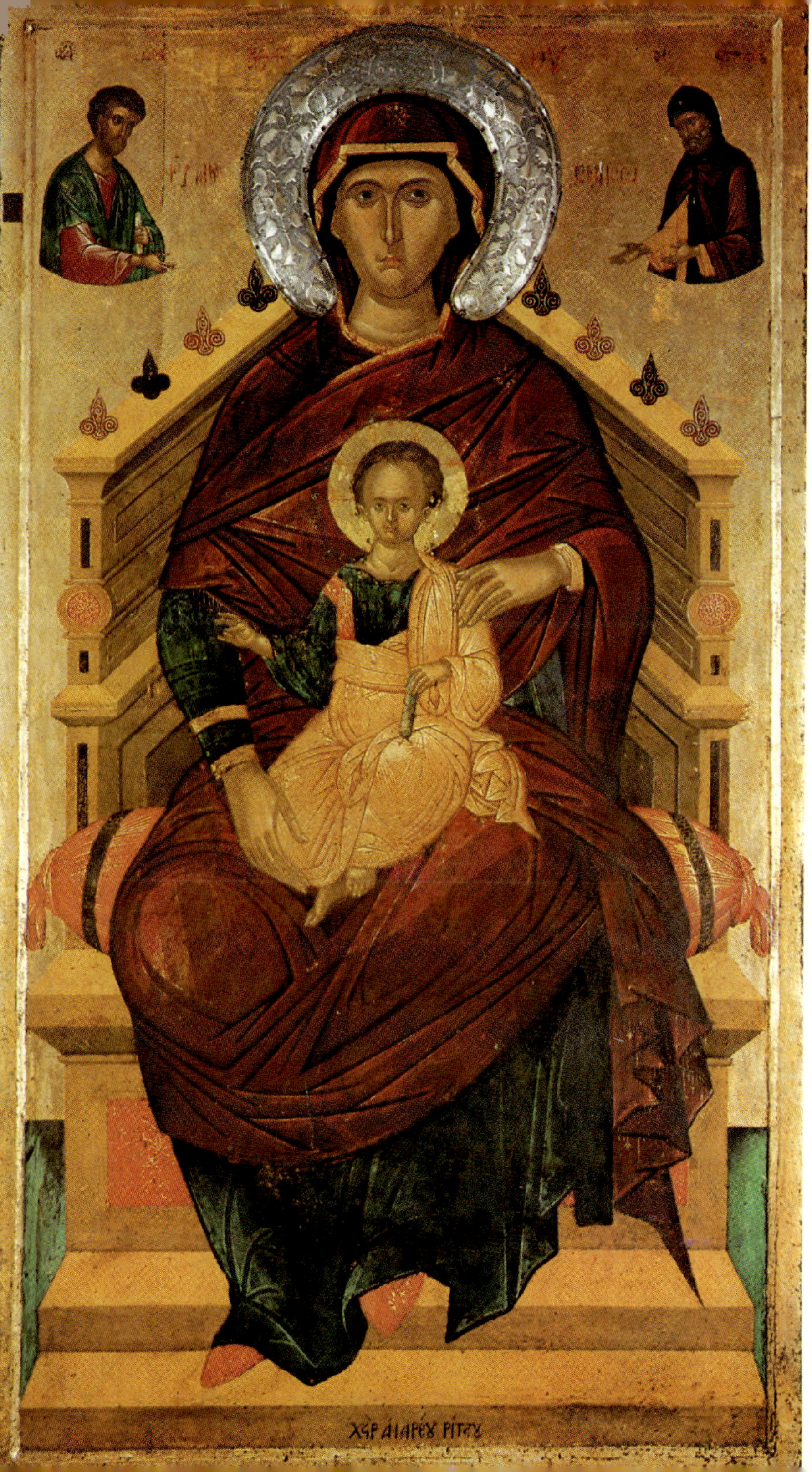

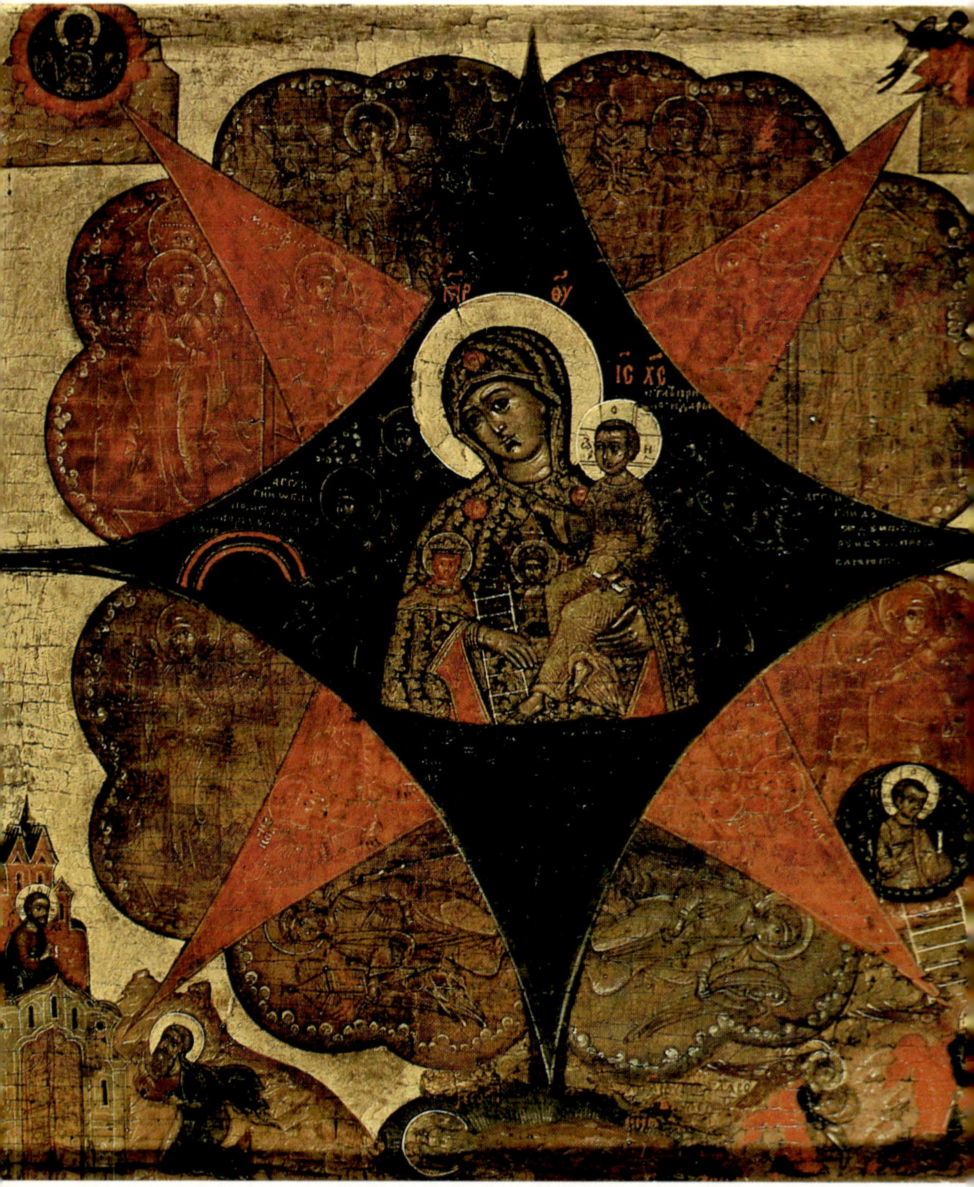

nen Wortgeschehen zu. Damit sind sowohl die Möglichkeiten wie auch die Grenzen des Bildes und des Bildgebrauchs umschrieben. Gott gibt sich im „Wort" kund, und das Bild kündet von ihm, sofern es Wortcharakter annimmt.

Luther kommt mit seiner positiven Wertung des Bildes der orthodoxen Einstellung recht nahe. Dennoch tritt gerade bei ihm der grundlegende Unterschied im Bildverständnis zwischen Ost und West besonders deutlich hervor. In den griechischen Mysterienkulten und in der orientalischen Gnosis nimmt der Mensch die Gottheit im Schauen wahr. Nicht im Hören, sondern im Schauen erlebt der Kultgenosse die kultischen Höhepunkte. Die Inhalte der Offenbarung hört er nicht, sondern er sieht sie; denn sein Gott spricht nicht zu ihm, sondern er erscheint. Nach der griechischen Bildertheorie, die von Platon ausgeht und die über den Neuplatonismus die orthodoxe Bilderlehre geprägt hat, tritt im Bild das eigentliche Wesen in Erscheinung. Das Urbild manifestiert sich im Abbild, und das Abbild hat substantiell am Wesen und am Sein des Urbildes teil und ist daher so wirkmächtig wie dieses selbst. Das Urbild als das eigentlich Wahre und Wirkliche prägt sich wie ein Siegel der Materie auf und wird so für den Menschen sinnenhaft faßbar.

Dem steht das altlateinisch-römische Konzept gegenüber. Hier offenbart sich die Person und auch das Göttliche in erster Linie durch die Stimme, d.h. im Wort. Dieser abendländische Ansatz tritt bei Luther wieder klar hervor. Aber seine Betonung des Wortes gründet noch stärker in einer zweiten, noch tiefer liegenden Wurzel, nämlich im Offenbarungsverständnis der beiden Testamente.

Die Religion Israels ist eine Religion des Wortes. Der Satz, der das Wesen alttestamentlichen Glaubens vielleicht am deutlichsten ausdrückt, lautet: „So spricht der Herr", oder auf die Adressaten hin formuliert: „Höre des Herren Wort!" Der schlimmste Vorwurf, der dem Volk oder den Gläubigen gemacht werden kann, ist der, „nicht zu hören" oder gar „nicht hören zu wollen". Hier läßt sich Gott nicht durch Denken, durch Versenken oder durch Schauen erfassen, sondern er wird ergriffen und begriffen, wo in der konkreten Geschichte auf sein Wort gehört, gehorcht, und diesem Wort gehorcht wird.

Im Judentum wird die Konzentration auf das Wort noch zugespitzt. Das Bekenntnis der jüdischen Gemeinde, das jeder Jude täglich dreimal rezitieren soll, beginnt mit den Worten schma jisraél = „Höre, Israel!" Schma (= höre) ist auch die Bezeichnung für dieses Bekenntnis. Die zentralen Symbole und Kultgegenstände des Judentums sind daher die Buchrolle, der Toraschrein (tora = Weisung, Lehre, Gesetz) und der siebenarmige Leuchter, der als das Licht der Tora verstanden wird. Gott ist in seinem Wort gegenwärtig. Im Wort offenbart er sich, und im Hören und Gehorchen begegnen wir ihm.

Auch im Neuen Testament ist Gottes Offenbarung als „Wort" verstanden, das gehört sein will. Vermutlich hat man in den jungen Gemeinden zuerst die „Worte Jesu" gesammelt. Die Evangelien sagen bezeichnenderweise nichts darüber, wie Jesus ausgesehen hat, sie berichten aber, was er gesagt und was er getan hat. Das, was er getan hat, konnte man zwar sehen, aber dabei ging es eben nicht um eine direkte Gottesschau im griechischen Sinne; vielmehr wird in den Taten Jesu erkennbar, wer Gott ist und wie er uns gegenüber gesonnen ist. Jesu sichtbares Handeln wird erst durch das deutende Wort verstehbar. Worauf der Ton liegt, darauf weist jenes beglaubigende Wort in der Verklärungsgeschichte hin, das uns in allen synoptischen Evangelien (Mt 17,5 parr) überliefert ist: „Dies ist mein geliebter/auserwählter Sohn, (an dem ich Wohlgefallen habe): auf ihn sollt ihr hören!" Die Offenbarung Gottes wird nach neutestamentlichem Verständnis als Ganzes eu-angélion = gute Botschaft genannt. Gott wird also darin kund, daß Menschen das, was sie von seinen Worten und Taten gehört haben, in je ihrer Sprache neu kundwerden lassen: verkünden, verkündigen.

Diese Sprache der Verkündigung ist für Luther, wie für das Alte und für das Neue Testament, zuerst die Wortsprache, sie kann aber im abgeleiteten Sinn eben auch die Sprache der Bilder und der Symbole sein, die freilich immer in die Wortsprache eingebunden bleibt. Mit dieser Konzentration auf das Wort hat die illustrierende Funktion der Bilder im abendländischen Verständnis ihre theologische Begründung und das Bild in der Kirche seinen legitimen und festumrissenen Ort gefunden.

Durch die Schriften der Reformation wurde die *römisch-katholische Kirche* zu erneutem Nachdenken über die Bilder und über die Praxis der Bilderverehrung herausgefordert. Das Konzil von Trient (1545–1563), das neben aller Abgrenzung gegen die reformatorischen Kirchen eine katholische Selbstbesinnung darstellte, hat sich zu den Bildern nur sehr vorsichtig geäußert. Abgelehnt wurde die Vorstellung, nach der den Bildern eine gewisse Göttlichkeit innewohne. Der Gedanke einer sakralen Gegenständlichkeit, der in der

Volksfrömmigkeit zu mancherlei abergläubischen Praktiken und Mißbräuchen geführt hatte, war damit in der Theologie aufgegeben. Die offensichtlichen Mißbräuche sollten durch die Bischöfe abgestellt und aller Aberglaube sollte von der Bilderverehrung ferngehalten werden. Die alte abendländische Grundeinstellung, die den Bildern volkspädagogische und didaktische Zwecke zuweist, setzte sich in Trient voll durch: Die Bilder sollen an die Glaubensartikel erinnern, sie sollen zu einem besseren Leben ermuntern, und sie sollen die Liebe zu Gott fördern und zu seiner Anbetung hinführen. Eine Pflicht zur Verehrung der Bilder gibt es nicht. Werden Bilder aber verehrt, so gelten die Ehre und die Verehrung nicht den Bildern, sondern den Originalen, die sie repräsentieren. Das ist etwas anderes als die ostkirchliche These, nach der die Ehre, die dem Abbild entgegengebracht wird, auf das Urbild „übergeht". Zwischen der kirchlichen Theologie und dem Bilderkult des Volkes blieb freilich eine Spannung bestehen.

Die skizzierten konfessionellen Unterschiede dürfen uns freilich nicht den Blick dafür verstellen, daß gerade in den Auseinandersetzungen des Reformationszeitalters ein erstaunlicher *abendländischer Konsens* in der Beurteilung der Bilder sichtbar geworden ist. Die katholische Kirche rückte davon ab, die Bilder als sakrale Gegenstände zu werten. Die reformierten Theologen haben selbst in ihren heftigsten Attacken die Bilder als solche nie als Teufelswerk betrachtet. Unterschiedlich werden allerdings die Gefahren eingeschätzt, die für den Menschen von den Bildern ausgehen. Die Reformierten schätzten die unausrottbare Versuchlichkeit des Menschen zum Götzendienst so hoch ein, daß sie die Bilder, gleichsam präventiv, aus dem kirchlichen Leben ausschließen. Diese Gefahr wurde sicher zu hoch veranschlagt, denn es zeigte sich, daß in den reformatorischen Kirchen, die ihre Bilder behielten, nirgendwo Bilder angebetet wurden. Die katholische Kirche hat die Gefahr des Mißbrauchs und die Zähigkeit alter magischer Praktiken der Volksfrömmigkeit unterschätzt. Luther und das Tridentinum stimmen in jenem nüchtern-pragmatischen Bildverständnis, das bereits die Römer hatten, weitgehend überein. Eine metaphysisch begründete Bildertheorie wie die neuplatonische, auf der das Gebäude der orthodoxen Bildertheologie erbaut ist, hat also der Westen nicht übernommen.

Alle Äußerungen der katholischen Kirche zur Bilderverehrung sind auf dem Hintergrund des westlichen Bilderverständnisses zu hören. Die Bilder gelten nicht mehr ihrem Wesen nach als heilig. Sie sind weder heilsnotwendig, noch besteht eine Pflicht der Gläubigen, sie zu verehren. Nach der Liturgie-Konstitution des 2. Vatikanischen Konzils von 1963 soll der Brauch, Bilder zur Verehrung anzubieten, zwar erhalten bleiben, aber zurückhaltend und geordnet praktiziert werden. Es bleibt der Entscheidung des einzelnen überlassen, wie er sich zum Bild verhält.

Religiöse Bilder, die Heilsgeschichten erzählen wollen und der persönlichen Andacht oder Kontemplation des einzelnen dienen, sind nicht mehr Kultbilder im strengen Sinne oder gar Kultgegenstände, wie dies in der Ostkirche der Fall ist. Im Osten ist das religiöse Bild Ausdruck des kirchlichen Dogmas und Darstellung einer als objektiv verstandenen Wahrheit; im religiösen Bild des Westens drückt der Künstler sehr persönlich etwas von der subjektiv erfahrenen Wahrheit von Heilsgeschichte und Heilswirklichkeit durch seine Formensprache aus. Er spricht dabei nicht für die Kirche, sondern für sich. Er will auch nicht objektiv belehren, sondern den einzelnen erbauen. Dabei tritt er nicht hinter einem geschichtslosen Ewigen zurück, sondern er gibt sich mit seinem subjektiven Erleben als Person in die Geschichte des Heils mit hinein. Das Bild des Westens konfrontiert uns nicht übersubjektiv mit dem Göttlichen, sondern das Göttliche begegnet und berührt uns, die Betrachter, in der subjektiven Brechung durch das Menschliche.

Die unterschiedliche Bildauffassung in Ost und West drückt sich natürlich in der unterschiedlichen Bildgestaltung, im Stil und in der Maltechnik aus. Diese Unterschiede kann man spätestens seit der Gotik deutlich sehen. Orthodoxe Beobachter haben, aufgrund ihrer Sicht, der kirchlichen Kunst des Westens immer wieder das Abgleiten in zügellosen Subjektivismus, in Materialismus, in Profanität und in Säkularismus vorgeworfen. Dieses abwertende Urteil zeigt, daß es aus einer Grundhaltung kommt, die das eigene Bildverständnis absolut setzt und es für alle kirchliche Kunst verbindlich macht. An dieser Stelle müßte ein Gespräch beginnen. Ein solches Gespräch könnte sehr fruchtbar sein, wenn alle Gesprächspartner den Willen aufbrächten, nicht vom eigenen dogmatischen Wahrheitsanspruch her zu denken und zu urteilen, sondern den anderen und die Bilder der anderen aus der Logik je ihrer Vorgaben zu verstehen. Nur auf der Basis eines solchen Verstehens ist ein sinnvoller Dialog möglich.

# III
# DIE IKONE

## 1. VIELFALT UND GRENZEN

### *a) Der Begriff „Ikone"*

Der Begriff „Ikone" wurde im bisherigen Text mit Bedacht nur sehr selten verwendet. Nachdem aber die inhaltliche Entwicklung der christlichen Bilder skizziert ist, kann nun auch der Wortgebrauch geklärt werden. Unser Wort „Ikone" kommt von dem altgriechischen Wort eikṓn. Das bedeutet „Bild" und „Abbild" im weitesten Sinne. Das dazugehörige Verb éikō bedeutet „ähnlich sein, gleichen, scheinen". Ein so weiter Begriff konnte im Laufe der Kultur- und Philosophiegeschichte in bestimmten Kreisen oder Zusammenhängen unterschiedliche und spezielle Bedeutungen annehmen. Im Bereich der Ostkirche wurde eikṓn zum Fachwort für das „heilige Bild", ohne daß dadurch im Griechischen die umfassende Bedeutung „Bild" verlorenging. Wenn heute der Fußballer vom „Leder" spricht und damit den ledernen Fußball meint, so wird dadurch der allgemeine Gebrauch des Wortes „Leder" auch nicht eingeschränkt.

Wann genau eikṓn ohne den qualifizierenden Zusatz „heilig" in der Ostkirche zum Fachwort für das christliche Bild bestimmter Art wurde, läßt sich nur schwer ermitteln. Wesentlicher aber ist ohnehin die Frage, welches Bildverständnis und welche Qualitäten zusammenkommen müssen, damit ein Bild als „Ikone" bezeichnet werden kann. Da die Ikone eine Bildkategorie der Ostkirche ist, müssen die ostkirchlichen Vorstellungen maßgebend bleiben. Nicht jedes christliche Bild kann als Ikone gelten. Gemessen an der entwickelten Ikonentheologie können z. B. die thematischen und stilistisch den ostkirchlichen Bildern sehr ähnlichen westkirchlichen Bilder etwa der Romanik nicht als Ikonen angesehen werden.

Die Ostkirche hat sogar Bildern der eigenen Tradition in einzelnen Fällen die Anerkennung als Ikonen entzogen. Erinnert sei nur an das 692 ausgesprochene Verbot, Christus im Symbol des Lammes darzustellen. Aufschlußreich ist auch ein Blick auf das Motiv der Übergabe der Gesetzesrolle durch Christus an Petrus. Dieses Bild, das den Rechtscharakter der Amtseinsetzung des Apostels gegen kaiserliche Ansprüche herausstellt, wird von der Ostkirche später ausgeschieden, weil es als Hinweis auf den Primat Roms gedeutet werden konnte. Von der entwickelten orthodoxen Ikonentheologie her muß also ein Bild viele Kennzeichen haben, um als Ikone gelten zu können: Es muß als Kultbild verstanden werden und den Charakter der Heiligkeit haben; es muß das gültige Dogma der Ostkirche abbilden; es muß dem Bildkanon der Ostkirche entsprechen; es muß nach definierten Regeln hergestellt und nach einem bestimmten Ritus geweiht sein. Alle formalen Bedingungen werden aber erst durch die ostkirchliche Bilderlehre getragen und beglaubigt, die dem Maler wie dem Verehrer oder dem Betrachter des Bildes gegenwärtig und selbstverständlich sein muß. Diese Bilderlehre ist aber keine isolierte Theorie; sie ist vielmehr konstitutives Element orthodoxer Christologie und orthodoxen Verständnisses von Gott, Welt und Mensch.

Die alte Kirche des Westens, die sich mit dem Bilderverständnis des Ostens schwertat, scheint auch den Begriff „Ikone" nur zögernd aufgenommen zu haben. Die lateinischen Fassungen der Konzilsbeschlüsse geben eikon bis zum letzten ökumenischen Konzil (Nicäa II) von 787 mit imago wieder. Der Begriff icona taucht erst in den Schlußsätzen der lateinischen Übersetzung der Texte des Konzils von Konstantinopel 870 auf, das bereits ein rein orthodoxes Konzil war. Der lateinische Westen blieb für seine Bilder beim Begriff imago.

Im Mittelgriechischen wurde eikṓn zu eikóna weitergebildet. Als ikóna gingen Begriff und Sache in der speziellen Bedeutung von Heiligenbild im Sinne des orthodoxen Dogmas mit dem orthodoxen Glauben in den russischen Sprachgebrauch über. Das deutsche Wort „Ikone" bezeichnet für Katholiken und für Protestanten in erster Linie eine bestimmte Gestalt des christlichen Bildes. Das Verständnis dieses Bildes bleibt im allgemeinen sehr vage.

### *b) Erscheinungsformen, Materialien, Techniken*

Im Westen versteht man unter Ikonen Tafelbilder; das sind Bilder, die auf Holzbrettern gemalt sind. Ab dem 14. Jahrhundert ist das rechteckige Tafelbild tatsächlich die Hauptererscheinungsform der Ikone. Dennoch sind Ikone und Tafelbild nicht einfach identisch. Darstellungen von heiligen Personen und von heiligen Vorgängen sind in der Ostkirche in allen nur denkbaren Materialien und Formen möglich.

Neben den auf Holztafeln gemalten Ikonen gab und gibt es Ikonen als Freskomalerei und als Mosaik. Ikonen werden auch als Teppiche oder als Vorhänge gewebt oder gestickt; sie werden in vergoldetem Silberblech getrieben oder ganz in Metall gegossen und dabei oft mit wertvollen Steinen besetzt. Im 10. bis 12. Jahrhundert wurde in Konstantinopel die Zellenschmelztechnik zu hoher Vollkommenheit entwickelt. Diese Technik geht von einem metallenen Goldgrund aus. Auf diesen Goldgrund werden als Umrandung der einzelnen Farbfelder feinste goldene Stege aufgelötet. Diese Felder werden dann mit farblich und in der Transparenz unterschiedlichen Schmelzmassen ausgegossen. Wir kennen auch Ikonen, die aus verschiedenfarbigem Marmor in der Intarsientechnik gearbeitet sind. Ikonen als Reliefplastiken stellt man aus Marmor, aus Serpentin, aus Speckstein und aus Elfenbein her, selten aus Holz. Auf die Reliefplastiken werden oft Goldauflagen oder Gewandbordüren aufgebracht. Der Mischung von Techniken sind keine Grenzen gesetzt.

Die Malerei der Tafelbilder kann mit Perlen oder mit Edelsteinen geschmückt, mit kostbaren Stoffen bekleidet oder mit Beschlägen aus Silberblech bedeckt werden. Diese Tradition wurde seit dem 13. Jahrhundert besonders im slawischen Bereich gepflegt. Bei den Metallbeschlägen unterscheidet man zwei Typen: Für den Beschlag, der nur den Rand oder den Rand und den Bildhintergrund bedeckt, die Figuren also frei läßt, hat sich die russische Bezeichnung (die) Basmá (= Borte) durchgesetzt. Den Beschlag, der nur das Inkarnat der Figuren (also Gesicht, Hände und Füße) frei läßt, heißt (der) Okládᅠ(= Beschlag) oder (die) Ríza (= Einfassung), beides ebenfalls Wörter, die aus dem Russischen kommen. Vom 17. Jahrhundert an werden in Rußland und in Griechenland die Nimben der Heiligen mit künstlerisch ausgestalteten Beschlägen versehen. Im Balkanraum werden die Hände mit Silberbeschlägen bekleidet. Die Ikonenbeschläge aus Metall entwickelten sich, weil man die Ikone der Reliquie gleichsetzte und sie wie diese durch Berührung oder durch Küssen verehrte. Die Beschläge sind demnach als Schutzhüllen für die Malerei zu verstehen. Insofern entsprechen sie in ihrer Funktion den Reliquiaren, jenen ebenfalls kunstvoll ausgeschmückten Behältnissen, in denen Reliquien aufbewahrt und zur Verehrung ausgestellt werden. Malerei und Schmuck oder Beschlag stammen nicht immer aus der gleichen Zeit.

Ikonen aus Holz, aus Metall, aus Stein oder aus Elfenbein können verschiedenartig ausgebildet sein. Der Normalfall ist die Einzelikone in Rechteckform, gelegentlich aber auch in der Form eines Medaillons. Daneben gibt es aber auch den Verbund mehrerer Ikonen. Das klappbare Diptychon (von gr. ptýssō = falten, zusammenklappen) geht auf die antiken Schreibtäfelchen zurück. Das Triptychon mit Mittelbild und zwei Seitenbildern, das ebenfalls als Form schon aus dem Altertum stammt, war für Privatandacht und als Reiseikone sehr beliebt. Später entwickelten sich sogar die Formen des Quadriptychons (vierteilig), des Pentaptychons (fünfteilig) und des Hexaptychons (sechsteilig). Für die Prozessionen wurden Ikonenbretter doppelseitig bemalt und auf eine Stange montiert (Prozessionsikonen). In Rußland hat man ab dem späten 16. Jahrhundert Ikonen auch in der Gestalt des orthodoxen Kreuzes hergestellt (Segenskreuz). Staurothekikonen (von gr. staurós = Kreuz und thḗkē = Behältnis) haben sich im 17. Jahrhundert aus den Reliquiaren für Kreuzpartikel entwickelt. Bei der Staurothekikone wird im Ikonenbrett eine Vertiefung in Kreuzform ausgehoben, die ein entsprechend geformtes Kreuz aufnehmen kann. In den orthodoxen Kirchen wurden – im Mittelmeerraum und in Rußland auf unterschiedliche Weise – Ikonenwände (Ikonostasen) mit festen Bildprogrammen ausgebildet. Die Ikonostase (von gr. eikṓn und gr. stásis = Standplatz), die im Laufe des 11. bis 14. Jahrhunderts aus den frühchristlichen Chorschranken entstanden ist, trennt das Allerheiligste vom Kirchenschiff und drückt sowohl als Baukörper innerhalb des Kirchenraums als auch in ihrem Bildprogramm zentrale theologische Dogmen der orthodoxen Kirche aus.

### *c) Plastik und Malerei*

Im Material gibt es für die Ikonen keine Beschränkung. Hinsichtlich der Gestaltung gibt es lediglich eine einzige Beschränkung; die aber duldet keine Ausnahme: Eine Ikone durfte und darf niemals rundplastisch sein. Was steht hinter dieser Entscheidung? Eine Antwort auf diese Frage kommt nur in den Blick, wenn man sich die kulturelle und religiöse Situation verdeutlicht, in der die christlichen Bilder entstanden sind. Die christlichen Bilder und Ikonen sind in ihrer künstlerischen Gestalt nicht aus dem Nichts entstanden, sondern sie sind aus den künstlerischen Möglichkeiten der damaligen Zeit und Umwelt hervorgewachsen. Die Gestaltungsprinzipien der Kunst sind aber weder zufällig noch autonom; sie sind vielmehr ein wesentlicher Ausdruck des jeweiligen Verständnisses von Welt und Mensch.

Die Griechen sahen in ihren Göttern jene Mächte und Kräfte verkörpert, die im täglichen Leben wirken. Diese Götter wurden aber beileibe nicht als allmächtig im Sinne eines monotheistischen Denkens verstanden. Jeder Gott oder jede Göttin hatte nur ihren begrenzten Wirkungsbereich. So ist Zeus der Herr über Blitze und Donner, während Poseidon über das Meer und dessen Stürme herrschte. Apollo schickt Krankheiten und kann sie auch heilen. In Athen ist Athena die Schutzherrin für das Staatsleben; Demeter ist für Ackerbau und Korn zuständig, und Dionysos hat es mit den seelischen Regungen und dem Theater zu tun. Die Griechen stellten sich ihre Götter dem Aussehen nach wie Menschen vor. Die Mythen erzählten von ihnen wie von Menschen. Man schrieb ihnen allerdings mehr Macht als den Menschen zu, und sie galten als unsterblich. Diesem Verständnis gemäß stellte man die Götter stets wie Menschen dar, nämlich vollkörperlich, d. h. rundplastisch.

In der hellenistischen Epoche zerbrach der Götterhimmel der Griechen. Die Religion hörte auf, konstitutives Element stadtstaatlichen Lebens zu sein. Religion wurde zur privaten Angelegenheit. Der einzelne hatte die Wahl, welcher Gottheit, welcher religiösen oder philosophischen Überzeugung er sich zuwenden wollte. Die Göttermythen verloren ihre Kraft. Philosophen verspotteten den Götterglauben. Für die Gebildeten hatte die Philosophie längst die Funktion der Religion übernommen. Außerhalb der ehemals überschaubaren Polis sahen sich die Menschen jetzt wehrlos dunklen Mächten ausgeliefert, die sie nicht mehr überblickten und auf die sie auch kultisch nicht mehr einwirken konnten. Dieser Umbruch wurde als Krise erlebt. Für die Menschen nahm die Welt zunehmend feindliche Züge an. Sie fühlten sich in ihr nicht mehr geborgen und zu Hause und hingen weltflüchtigen Gedanken nach. Furchtsam beobachtete man den Himmel. Astrologie war gefragt, und mit allerlei abergläubischen Praktiken versuchte man, das Schicksal im Griff zu behalten. In der neuplatonischen Philosophie jener Zeit werden Diesseits, Materie und Körper abgewertet. Der Blick und das Streben richteten sich auch hier auf die Welt des Ewigen, des Unvergänglichen, des Zeitlosen, des Unstofflichen und des Ideellen. An die Stelle diesseitiger Gewißheit in der Obhut der Götter war die tiefe Unsicherheit von Menschen getreten, die, auf sich selbst geworfen, nach Erlösung Ausschau hielten und die nun fragend und suchend über die ihnen fremd und unheimlich gewordene Welt hinausblickten.

Das neue Verständnis von Wirklichkeit, von Welt, von Menschsein und vom Leben mußte sich auch in der Kunst niederschlagen. Die altgriechischen statischen Kultplastiken repräsentierten in ihrer räumlichen Körperlichkeit die Götter ganz real. In der klassischen Zeit wird die Schönheit zum wesentlichen Element. Als in hellenistischer Zeit die Identität von Götterstatue und Gott nicht mehr selbstverständlich ist, das Götterbild also seine wesentliche Eigenschaft verliert, werden Sinn und Bedeutung durch die künstlerische Gestaltung geschaffen. An die Stelle der kultischen Identität tritt der menschliche Gedanke. Diesseitige Form wird zum Hinweis auf Jenseitiges. In materieller Gestalt wird ideeller Gehalt zum Ausdruck gebracht. Ging es aber um transzendente Inhalte, so mußte die körperhafte Darstellung, die ein Anschauungsmodus diesseitiger Welt ist, an ihre Grenzen kommen. Es dürfte daher kein Zufall sein, daß in den ersten Jahrhunderten nach Christus, in jener Zeit also, in der der griechische Götterhimmel sich auflöste und die alte Götterstatue ihre kultische Funktion verlor, das Portraitbild entstand. Das Portraitbild ist eine römische Schöpfung.

Bereits im Neolithikum hat man den Kopf eines Verstorbenen plastisch nachgebildet, wohl um den Toten darin wieder aufleben zu lassen. Das belegen Funde in Jericho aus der Zeit um 5000 v. Chr. Die Portraitplastiken ägyptischer Könige, Königinnen und Würdenträger waren als Ersatzkörper für die Schattenseele gedacht. In gleichem Sinne verstand man die plastische Totenmaske auf der Mumie. Sie mußte dreidimensional sein, weil das körperliche

Weiterleben des Toten nur in der dreidimensionalen Maske gesichert schien. Die Mumienmaske hatte also kultische Funktion. In der griechischen Klassik blieb der Kopf der dargestellten Person in das Ganze des Körpers stets einbezogen. Kopf und Gesicht spiegelten wider, was der ganze handelnde Körper ausdrückte. Erst die Römer schufen Portraits, die bis in die Einzelheiten realistisch und naturgetreu waren. Das lag zum einen am diesseitsorientierten Realismus der Römer, zum anderen war die naturgetreue Nachbildung durch die jetzt angewendete Wachsmaskentechnik auch gut zu erreichen. Die Kunst lag freilich erst darin, mit dem Portrait den Eindruck der lebendigen Person hervorzurufen. Jetzt erst gewann der Kopf eine Eigenbedeutung, die er in dieser Weise vorher nicht hatte.

In diesem Zusammenhang erweisen sich die in der oberägyptischen Oase Faijum gefundenen Mumienportraits aus der Zeit des 2. und 3. Jahrhunderts als außerordentlich aufschlußreich. Diese Portraits sind nämlich nicht mehr plastische Nachbildungen der Gesichter, sondern sie sind auf Brettchen gemalte Portraits, die den Toten vor das Gesicht gebunden wurden. Das Körperhafte der Maske ist hier also aufgegeben. Damit ist aber zugleich die bisherige religiöse Vorstellung und die kultische Funktion aufgegeben, Ersatzkörper für den Toten zu sein. Der Übergang von der dreidimensionalen Plastik zur zweidimensionalen Malerei ist nicht ein willkürlicher und folgenloser Wechsel der Form, sondern er signalisiert eine tiefgreifende Veränderung der Inhalte. Für unseren Zusammenhang genügt es, das Grundsätzliche dieses Wechsels der Dimension zu erfassen.

Der Verzicht auf die Dimension der Tiefe muß zunächst als Verlust erscheinen, denn beim Bild geht die reale Körperlichkeit ja tatsächlich verloren. Sie geht hier freilich nicht zufällig verloren, sondern sie wird bewußt aufgegeben. Das gebrochene Verhältnis der damaligen Menschen zum konkret Körperlich-Irdischen hat also sichtbare Konsequenzen für die Form. Wenn nämlich das körperlich Reale nicht mehr das Wesentliche ist, kann es zurücktreten oder ganz fallengelassen werden. Anderes war wichtig geworden, nämlich das, was unsere Realität transzendiert, und das drängt jetzt nach Darstellung.

Was leistet die zweidimensionale Malerei gegenüber der dreidimensionalen Plastik? Die zweidimensionale Malerei hat keinen realen Raum. Die Mumienbilder schalten mit ihrem Goldhintergrund, der hier zum erstenmal auftaucht, sogar bewußt jede Raumillusion aus. Gold wurde in der alten Welt der Sonne zugeordnet, die selbst wieder als Symbol des Göttlichen und Ewigen verstanden wurde. Der flächige Goldgrund steht demnach für die raum- und körperlose Ewigkeit.

In diese Dimension der Ewigkeit weist aber auch die Malerei der Mumienportraits. Die Gesichter sind zwar durchmodelliert und detailgenau mit lebendigen Farben gestaltet; dennoch wirken sie wie entrückt und nicht wie von dieser Welt. Sie stehen körperlich und körperlos zugleich in einem abstrakten Raum. Die Augen sind übergroß und weit geöffnet, so als blickten sie wie aus einer anderen Welt durch den Betrachter hindurch in Räume, die wir Lebenden nicht schauen können. Bei aller Lebendigkeit des persönlichen Ausdrucks wirken die Portraits unnahbar und bewegungslos. Dieser Eindruck wird auch durch den oft säulenartigen Hals und durch die frontale Darstellungsweise hervorgerufen. Das Zeitlose in Haltung und Blick wird so noch betont. Mit dem Wechsel von der Räumlichkeit zur Fläche wurde die Dimension des realen Raumes preisgegeben, dafür aber die Dimension der Transzendenz neu gewonnen. Die zweidimensionale Darstellungsweise, zumal mit den Charakteristika der Mumienportraits, bot sich also für christliche Themen und für die Darstellungen von Christus und von Heiligen geradezu an. Denn die christlichen Bilder waren ja nicht darauf aus, die vordergründige Weltwirklichkeit abzubilden; sie zielten vielmehr darauf, Göttliches auszusagen, d.h. Inhalte, Bedeutungen und Sinngehalte ins Bild zu setzen, die unsere faktische Weltwirklichkeit transzendieren. Vor diesem Hintergrund wird auch verständlich, daß die Rundplastik als Darstellungsmittel für das christliche Bild ausscheiden mußte. Zum einen war die Rundplastik charakteristisch für die heidnischen Gottesbilder und Kultbilder der Umwelt. Zum anderen schien die dreidimensionale Plastik auf eben jene körperliche Diesseitigkeit festzulegen, über die das christliche Bild gerade hinaus wollte.

## 2. GESTALTUNGSPRINZIPIEN DER TAFELMALEREI

Im Westen sind die Ikonen in erster Linie in der Gestalt der Tafelbilder bekannt und gefragt. Der folgende Text kann sich daher in seinem Schwerpunkt auf die Tafelikonen beschränken. Das ist auch insofern gerechtfertigt, als in der heutigen Kunstgeschichte und gelegentlich auch in der Theologie – abweichend vom byzantinischen Sprachgebrauch – der Begriff „Ikone" nur für die religiösen gemalten Tafelbilder üblich ist. Die Anwendung auf andere Bildträger ist ohne Schwierigkeiten zu vollziehen.

### *a) Die Maltechniken*

Malfarben bestehen grundsätzlich aus zwei Komponenten, nämlich aus den Pigmenten (das sind unlösliche Farbsubstanzen) und aus einem Bindemittel. Die Pigmente sind für alle Malfarben die gleichen. Die Bindemittel können hingegen verschiedenartig (z. B. Gummiarabicum, Öl, Wachs, Leim, Harz u. a.) sein. Name, Charakter, optische Wirkung und Gestaltungsmöglichkeiten der Malerei hängen wesentlich vom jeweils verwendeten Bindemittel ab.

Die meisten Mumienportraits von Faijum wurden in der Technik der *enkaustischen Malerei* ausgeführt. Damit wird eine Maltechnik bezeichnet, die als Bindemittel für die Farben erhitztes Bienenwachs benutzt. Diese Technik wurde bereits in der klassischen griechischen Malerei angewendet. Da Wachs außerordentlich wetterbeständig und widerstandsfähig ist, haben sich die enkaustischen Bilder bis heute leuchtend und frisch erhalten. Die Nachteile der Wachsmalerei liegen allerdings auch auf der Hand. Da das erwärmte Wachs beim Aufgießen auf den Bildträger sofort erstarrt, bleiben die so aufgebrachten Farbflächen nahezu unverbunden nebeneinander stehen. Feinere Übergänge sind nicht zu erreichen. Man hat deshalb versucht, das Wachs durch Zusätze von Olivenöl und von Harzen geschmeidiger zu machen oder ganz durch Öl zu ersetzen, so daß die Farbe mit dem Pinsel vermalt werden konnte (Pinsel-Enkaustik). Ein zusätzliches Bindemittel („Punisches Wachs" genannt) erreichte man, indem man das Wachs mehrere Male in Meerwasser kochte, durch Zusatz von Soda verseifte und dann bleichte. Schließlich wurde auch mit einem Bindemittelgemisch gemalt, das aus Wachs und einer Ei-Emulsion hergestellt wurde. Die ältesten uns erhaltenen Ikonen aus dem 6. und 7. Jahrhundert sind bis auf wenige Ausnahmen in einer der Spielarten der enkaustischen Technik gemalt.

Wir kennen aber – ebenfalls bereits aus dem 6. Jahrhundert – einige Ikonen, die in *Temperatechnik* gemalt wurden. „Tempera" kommt von lat. temperare und meint „mischen" oder „durch Mischen zubereiten" im weitesten Sinn. In der Malerei bezieht sich Tempera auf das Bindemittel für die Farbpigmente. Im strengen Sinn versteht man unter einem Temperabindemittel eine Mischung aus wäßrigen und nichtwäßrigen Bestandteilen. Wäßrige und fette Substanzen sind ineinander nicht lösbar. Eine der Möglichkeiten, sie dennoch zu kombinieren, besteht darin, sie in mikroskopisch feinen Tröpfchen ineinander zu verteilen und so einen physikalischen Balancezustand zu erreichen. Eine physikalische Kombination dieser Art nennt man „Emulsion". Der Stoff, der die Brücke zwischen wäßrigen und nichtwäßrigen Substanzen bildet, ist der Emulgator. Die Milch zum Beispiel ist eine solche Emulsion; das Kasein ist darin der Emulgator. In der Natur finden wir viele Emulsionen. Die leistungsfähigste natürliche Emulsion ist das Ei, insbesondere aber der Eidotter, der neben 50 % Wasser noch 15 % Eiweißstoffe, 22 % Fett oder Öl, 9 % Lecithin und andere Stoffe enthält. Der Eidotter kann sowohl zusätzliche wäßrige wie auch ölige oder andere nichtwäßrige Bestandteile aufnehmen und in unterschiedlicher prozentualer Zusammensetzung als Emulsion in der Balance halten. Als Emulgator wirkt hier das Lecithin.

In Eitemperatechnik haben bereits die Ägypter gemalt. Bei den Griechen kann man Eitemperamalerei erschließen. Jedenfalls sind auch einige der späten Mumienportraits von Faijum in dieser Technik gemalt. Im Unterschied zur pastosen Wachsmalerei arbeitet die Temperamalerei mit sehr dünnen Schichten (Lasuren), die übereinandergelegt werden. Während die Wachsmalerei in den Farben warm und körperhaft wirkt, ist die Temperawirkung hart, mager und in den Konturen klar. Die beiden Techniken wurden zunächst nebeneinander praktiziert, wobei auch vielerlei Mischformen angewendet wurden. Bei den Ikonen setzte sich während und nach dem Bilderstreit die Eitemperatechnik immer mehr durch, ja sie wurde schließlich die alleinige und allein legitime Technik der Ikonenmalerei. Dabei dürfte das Verständnis des Eis als eines Symbols für Leben, für Hoffnung und für Auferstehung eine Rolle gespielt haben. Die Eitemperatechnik wurde in Byzanz und in dessen Umfeld zur Perfektion und zur höchsten künstlerischen Blüte gebracht. Im slawischen Bereich wurde die Eitemperamalerei auf mannigfache Weise technisch variiert, was zu unterschiedlichen Malstilen führte.

Die Temperatechnik jeder Spielart ist mit ihren harten Konturen auf ein Liniensystem angewiesen, ja von diesem her überhaupt konzipiert. Für die Temperatechnik ist die klare Umrißzeichnung konstitutiv. Übergänge und Zwischentöne sind ebenfalls nur durch zeichnerische Mittel zu erreichen, nämlich durch feinste Striche, die auf der Grenze zwischen zwei Farbtönen in großer Zahl aufgebracht werden.

### *b) Die Herstellung einer Tafelikone*

Ikonen werden in klar abgrenzbaren Schritten hergestellt. Schrittfolge und Verfahren sind über die Jahrhunderte erhalten geblieben, denn sie ergeben sich mit einer gewissen Zwangsläufigkeit aus der Maltechnik. Das Wesentliche soll nun in aller Kürze beschrieben werden.

Der *Bildträger* einer gemalten Ikone ist in der Regel eine Holztafel. Das Format hängt vom Bildthema ab. Die Größe richtet sich nach der Funktion der Ikone. In Kirchen finden wir Ikonen, die mehr als einen Meter hoch sind. Die Höhe normaler Hausikonen liegt zwischen 30 und 35 cm. Je nach Format und Größe ist die Holztafel aus einem Stück gearbeitet oder aus mehreren Brettern zusammengeleimt. Das Holz muß astfrei, harzfrei und gut getrocknet sein. Früher wurden selbstverständlich die geeigneten Holzarten der eigenen Region verwendet. Im Mittelmeerraum stellte man die Ikonenbretter aus Zypresse, Olive, Sykomore, Platane, Nußbaum, Pappel und Pinie her. In Rußland bevorzugte man die Linde, griff aber auch auf Erle, Eiche und Birke zurück. Im Gebiet von Novgorod, Pskov und Jaroslavl wurden die Tafeln aus Kiefer erstellt. In Novgorod finden wir auch viele Fichtenbretter, und in Sibirien nahm man Lärchenholz. Orientalische und südliche Hölzer, die eingeführt werden mußten und entsprechend teuer waren, konnten sich in Rußland nur reiche Auftraggeber (Zar, Großfürsten, Metropoliten und reiche Bürger) leisten. Da Holzplatten austrocknen und sich, je nach Schnitt, im Laufe der Jahre unterschiedlich verwerfen, hat man versucht, die breiteren Tafeln durch Querleisten auf der Rückseite oder auf den Stirnseiten plan zu halten. Die Leisten wurden aufgeklebt oder mit Holzzapfen oder geschmiedeten Nägeln befestigt oder ineinander verfugt. Aus der Form und der Befestigungsart dieser Leisten lassen sich Rückschlüsse auf Alter und Herkunft der Ikonen ziehen. Die aufwendige Herstellung der Ikonentafeln lag in den Händen von Zimmerleuten, die das Holz einzuschätzen und fachmännisch zu bearbeiten wußten.

Zu den Aufgaben der Zimmerleute gehörte es auch noch, auf der Vorderseite der Tafel eine *Vertiefung* auszuheben, die die eigentliche Malfläche bildet. Die russische Bezeichnung für diese Vertiefung ist kovčég, was „Arche" oder „Schrein" bedeutet. Damit ist die Funktion klar. Der durch die Vertiefung entstandene *Rand* ist nicht als ein zusätzlicher Bilderrahmen in unserem Sinn zu verstehen, sondern als die Andeutung eines kastenartigen Reliquienschreins, der eine Reliquie in sich aufgenommen hat und diese bewahrt und schützt. Der Rand zeigt also an, daß die Ikone als Reliquie verstanden wird. Der Rand kann an den Außenkanten sogar noch einmal erhöht sein, und er kann ferner mit Schnitzwerk versehen oder bemalt sein, was den Eindruck des kostbaren Reliquienschreins zusätzlich betont. Da der Rand aber gerade nicht, wie dies bei einem Bilderrahmen der Fall wäre, der Ikone als etwas Fremdes hinzugefügt, sondern aus dem Ikonenbrett herausgearbeitet wird, ist er bewußt als zur Ikone gehörig verstanden. Auf vielen Heiligenikonen ist die Vita des Heiligen auf den Rand gemalt. Aus den Formen und der Verarbeitung des Schnitzwerks, aus der Randbemalung und der Beschriftung, aus der Breite und der Form des Randes, aus der Tiefe und der Form der Vertiefung lassen sich wieder zuverlässige Hinweise auf Alter und Herkunft der Ikone gewinnen. Im griechischen Raum gab es freilich zu allen Zeiten Ikonen auch ohne Vertiefung und Rand. In Rußland trifft man flache Ikonen vor 1600 nur selten, danach aber öfter an. Die Zahl der glatten Tafeln nimmt ab 1670 spürbar zu. Die Altgläubigen bleiben, ihrem Ikonenverständnis entsprechend, in der Regel bei der Vertiefung.

Die Arbeit des Ikonenmalers begann früher erst mit dem *Aufbau des Malgrundes.* Die Malfläche wird aufgerauht, mehrere Male mit Leim bestrichen und nach dem letzten Trocknen mit *Leinen* oder *Hanftuch* beklebt. Die so entstandene elastische Schicht kann die normalen Bewegungen und Verwerfungen des Holzes so auffangen, daß die Malerei unbeschädigt bleibt. Manchmal wurden nur die gefährdeten Stellen mit Stoff beklebt. Wo in späterer Zeit oder bei kleineren Ikonen die Stoffauflage ganz weggelassen wurde, hat die Malerei oft Schaden genommen. Den Leim mußten sich die

Ikonenmaler durch Kochprozesse aus Tierfellen selbst herstellen. In fischreichen Gegenden konnte man den besten Leim, nämlich den Störleim, aus den Schwimmblasen von Hausen und Sterlet gewinnen. Gewinnung und Verarbeitung dieser Leime sind umständlich und zeitraubend.

Erst auf die aufgeleimte Stoffunterlage wird in der Regel der eigentliche *Malgrund* aufgetragen. Früher bestand er aus unterschiedlichen Mischungen von Kreiden, Alabasterpulver, Leim und Wasser, die man im Wasserbad erwärmte. Gelegentlich wurde diesen Mischungen auch Öl, Honig oder Eigelb zugegeben, um den Malgrund geschmeidiger zu machen. Das pastose Gemisch wurde warm mit dem Pinsel in dünnen Schichten aufgetragen und mußte nach jedem Aufstrich gut durchtrocknen. Für einen ausreichend dicken und geschmeidigen Malgrund, der nicht abplatzt, sind etwa sieben Schichten erforderlich. Die rauhe Oberfläche der Aufstriche wurde mit dem Spachtel eingeebnet und mit Schachtelhalmen oder Bimsstein glattgeschliffen. Ohne diesen aufwendigen Schichtenaufbau ist eine haltbare Tafelmalerei nicht zu erreichen. Der satte weiße Untergrund (russisch: levkás, von gr. leukós = weiß) leuchtet bei lasierender Malerei durch die Farbschichten hindurch und läßt die Ikone gleichsam von innen her strahlen.

Die gestaltenden Arbeiten beginnen mit der Vorzeichnung. Der Ikonenmaler entwirft sein *Motiv* normalerweise nicht selbst, sondern er gestaltet seine Ikone nach Vorlagen, die durch Tradition und kirchliches Dogma vorgegeben sind. Seit dem 16. Jahrhundert gab es in Griechenland und Rußland *Malerhandbücher* (gr. herménéia, russ. pódlinnik), die Vorzeichnungen und Malanweisungen enthalten. Die Malerhandbücher leisten dreierlei: Sie stellen sicher, daß die Ikonen den Urbildern nahebleiben, daß sie der orthodoxen Lehre entsprechen und daß ein technisch-künstlerischer Standard in der Ikonenmalerei erhalten bleibt.

Das Motiv muß nun von einer Ikone oder nach einer Vorlage auf den Malgrund übertragen werden. Die *Vorzeichnung* beschränkt sich auf die Umriß- und Begrenzungslinien. Zunächst wird die Umrißzeichnung aufgepaust. Dafür gab es verschiedene Verfahren. Sollte der Hintergrund vergoldet oder die Ikone in dunklen Farben gemalt werden, so wurde die aufgepauste Umrißzeichnung dadurch gesichert, daß man sie mit einem Metallstift in den Malgrund einritzte (russ. gráf'ja). Diese Methode hatte man aus der Freskenmalerei übernommen. Begabte Ikonenmaler hatten die Freiheit, im

Malen von diesen Linien abzuweichen, was man auf guten Ikonen beobachten kann. Geniale Maler und große Meister zeichneten das vorgegebene Motiv ganz ohne Vorlagen. Sie hatten das Wesen eines Ikonenmotivs so tief in sich aufgenommen, daß sie mit ihren künstlerischen Fähigkeiten eine neue und theologisch schlüssige Ganzheit oder sogar einen neuen Ikonentypus schufen, ohne dabei die orthodoxe Dogmatik zu verletzen.

Vor dem Malen steht das *Vergolden* der Flächen, die als Goldgrund erscheinen sollen. Das sind: der Hintergrund, die Nimben (kreisrunde Scheiben hinter dem Haupt), die Aureole (kreisförmige, ovale oder mandelförmige Strahlenkränze oder Glorienscheine, welche die ganze Figur umgeben), gelegentlich auch Gewänder. Die zu vergoldende Fläche wurde je nach der Tönung, die das Gold erhalten sollte, mit einer ockerfarbigen oder rötlichen Tonerde (Poliment oder Bolus) angelegt. Als Klebemittel dienten Fisch- oder Tierleim, später auch Eiweiß oder Öllack. Diese Substanzen mußten in recht langwierigen Vorbereitungen vom Maler selbst, und zwar immer neu, hergestellt werden, da sie leicht verderben. Vergoldet wurde mit Blattgold, im allgemeinen mit Dukatengold. In Rußland wurde das Gold oft mit Silber legiert. Seit dem 16. Jahrhundert unterlegte man das Blattgold mit einer Lage Blattsilber („Zwillinge" genannt). Der Goldglanz wird durch die Silberlegierung oder die Silberunterlage blasser und erhält einen grünlichen Schimmer. Gold-Kupfer-Legierungen, die in späterer Zeit im byzantinischen Bereich verwendet wurden, ergeben einen rötlichen Goldglanz. In Rußland wird seit etwa zwei Jahrhunderten auch Blattsilber verwendet, dem durch feine Farblasuren oder Firnisse eine Goldtönung erst hinzugefügt wird. Die Technik des Vergoldens ist so kompliziert, daß der „Vergolder" heute ein eigenständiger Ausbildungsberuf ist.

*Verzierungen der Goldflächen* sind ab dem 11. Jahrhundert nachweisbar. Goldflächen wurden aufgerauht oder poliert, was man mit Zähnen von Hunden, Bären oder Wölfen oder mit Achat besorgte. Die Kontraste von polierten und unpolierten Flächen sind wirksame Gestaltungsmittel. Die Goldflächen, insbesondere der Nimben, wurden außerdem mit verschiedenartigen Punzstempeln bearbeitet oder mit reliefartigen Ranken und Mustern verziert. Wieder lassen sich aus den technischen Formen und Stilen dieser Verzierungen, bei denen der Phantasie kaum Grenzen gesetzt waren, zuverlässige Hinweise auf Alter und Herkunft der Ikonen entnehmen.

Die *Farben*, mit denen der Ikonenmaler malt, bestehen aus Pigmenten und einem Bindemittel. Als *Bindemittel* benutzte man seit dem Bilderstreit das Eigelb, das mit Wasser und im byzantinischen Bereich mit Feigenmilch oder Essig, in Rußland mit Kvas (einem aus Sauerbrot gewonnenen Dünnbier) verdünnt wurde. Eiemulsion härtet schnell und trocknet innerhalb eines Jahres wasserunlöslich auf. Bei Zinnober und Ultramarin mußte man wegen der negativen chemischen Reaktion allerdings Eiweiß oder andere Leime als Bindemittel nehmen.

Die *Pigmente* (wasserunlösliche Farbkörper) wurden zum größten Teil aus einheimischen Erden direkt gewonnen oder hergestellt. Zu diesen natürlichen anorganischen Pigmenten (Erdfarben oder Mineralfarben) kamen erst später einige organische Pigmente, die man aus tierischen oder pflanzlichen Farbstoffen herzustellen verstand. So stammt z. B. Krapp aus der Wurzel der Färberröte, Indigo aus den Blättern der Indigopflanze, Schüttgelb aus dem Saft der Faulbeere oder der unreifen Kreuzdornbeere, Purpur hingegen aus dem Saft der Purpurschnecke oder Karmin aus der weiblichen Cochenille-Schildlaus. Die Pigmente mußten von den Malern meist selbst zubereitet, in jedem Falle aber gerieben und eingesumpft werden, ehe sie mit dem Bindemittel vermischt und vermalt werden konnten.

Die von den Ikonenmalern praktizierte Eitemperamalerei wird *in Schichten* aufgebaut, und zwar *vom Schatten zum Licht*. Diese Malerei gelingt nur, wenn sie klar geplant und systematisch und minuziös ausgeführt wird. Zunächst werden von allen Flächen die Grundfarben angelegt, die als Farbe der Schatten stehenbleiben. Danach werden vom Bildhintergrund her die einzelnen Bildteile ausgearbeitet: Berge, Pflanzen, Architektur und bei den Personen Kleidung und Inkarnat. Ausarbeiten bedeutet, in immer neuen Lasuren die Aufhellungen anzubringen. Dieses Verfahren ist bereits aus der altgriechischen Malerei bekannt. Im byzantinischen Bereich stehen zwei Arten der Aufhellung nebeneinander. Die Falten der Gewänder werden in terrassenartigen Abstufungen aufgehellt. Dabei bleibt die Grundfarbe als Schatten stehen, und auf diese Grundfarbe wird in zunehmend verkleinerter, aber scharf abgegrenzter Fläche die jeweils hellere Farbe gesetzt. Die normalerweise drei Stufen der Aufhellung werden durch Zugabe von Weiß erreicht. Nach dem geschilderten Prinzip werden auch Felsen und Pflanzen ausgearbeitet. Die höchsten Lichter werden erst zum

Schluß mit reinem Weiß aufgesetzt. Beim Inkarnat und auch bei Tieren gilt ein anderes Aufhellungsprinzip. Die Regel, vom Schatten zum Licht zu arbeiten, ist zwar auch hier beibehalten, aber die Aufhellungen werden nicht terrassenartig aufgebracht, sondern sie werden übergangslos aus der Schattenfarbe heraus bis zum Weiß hin modelliert. Die Übergänge erreicht man durch feinste lasierende Striche. Diese byzantinischen Malprinzipien sind vor allem in Rußland auf vielfältige Weise variiert und ausgebaut worden. Im Laufe der Jahrhunderte haben sich in verschiedenen Regionen auch unterschiedliche Farbpaletten und Malstile herausgebildet. An ihnen kann man Herkunft, Alter und Schule, oft sogar die Werkstatt erkennen.

Mit der *Chrysographie* (von gr. chrysós = Gold und gráphō = zeichnen, malen), dem Auftragen von Goldverzierungen auf Gewänder, Haupthaar, Thronsessel, Bibel und anderes, wird die Malerei abgeschlossen. Auch für die Chrysographie gab und gibt es, je nach der beabsichtigten Wirkung, unterschiedliche Techniken.

Ein *Schlußfirnis* (russ. olífa) wird erst aufgetragen, nachdem die Temperamalerei gut durchgetrocknet ist, also etwa nach einem Jahr. Die Firnisschicht bestand in früherer Zeit aus unterschiedlichen Gemischen von verschiedenen Ölen und Harzen, die gelegentlich auch noch durch Erhitzen und durch Zusätze von Salzen, Metalloxyden und andere Beimengungen in ihrer Wirkung verändert wurden. Wie bei den Geigenbauern, so hatte auch jede Malwerkstatt ihr „Geheimrezept". Der Ölfirnis wurde jedenfalls in vielen dünnen Schichten aufgetragen und mußte einige Monate im Sonnenlicht trocknen. Ein Ölfilm macht zwar die darunterliegenden Temperafarben zunächst leuchtender und schützt sie auch vor Ruß und Staub, aber jeder Ölfirnis gilbt im Laufe der Zeit und nimmt vor allem selbst Ruß und Staubteile in sich auf. Die mystisch-dunkelbraunen Töne vieler, insbesondere alter russischer Ikonen sind nicht die originalen Farben, sondern ein Werk des nachdunkelnden Ölfirnisses. Das ist bei vielen „schwarzen Gottesmüttern" besonders augenfällig. Ein guter Restaurator kann den Ölfilm abnehmen und die ursprüngliche Farbigkeit wieder hervorheben.

Im Idealfall ist die Ikone das Werk nur eines Malers. Dieser Idealfall war aber in der Geschichte der Ikonenmalerei nicht immer auch das Normale. Das Brett wurde meistens von Zimmerleuten angefertigt. Aber auch in den Malerwerkstätten gab es schon früh alle möglichen Formen der Arbeitsteilung. Die weniger Begabten haben den Malgrund aufgebaut. Daneben gab es Spezialisten für Vergoldungen. Hintergründe, Gewänder und Inkarnat wurden oft von verschiedenen Malern arbeitsteilig gemalt. Auf diese Weise sind zwar viele, aber kaum künstlerisch wertvolle Ikonen zustande gekommen.

### *c) Der spezifische Malstil*

Ein erster Einblick in die Technik des Ikonenmalens zeigt bereits, daß wir es hier mit einer anderen Art des Malens als der heute im Westen üblichen zu tun haben. Das auf Ölmalerei eingestellte Auge des westlichen Betrachters sucht in der Malerei die Nuancen innerhalb einer Farbfläche, die feinen oder spannungsvollen Übergänge zwischen den Farben und die ausgewogene Farbkomposition des gesamten Bildes. Wer mit derlei Maßstäben eine Ikone betrachtet, wird sie enttäuschend oder gar uninteressant finden. Das darf nicht verwundern, denn die Ikonenmalerei folgt anderen als den im Abendland seit der Renaissance geltenden Prinzipien.

In diesem Zusammenhang ist es hilfreich, sich zwei gegensätzliche Arten der Farbenkomposition zu vergegenwärtigen, deren jede ihr Recht und ihre Gesetze hat und die nicht aneinander gemessen, sondern in ihrer Eigenart erkannt und gewürdigt sein sollen: Kolorismus und Polychromie. Hinter beiden steht ein eigenständiges Verständnis von Bild, ja eine bestimmte Weltsicht.

*Kolorismus* (von lat. color = Farbe) ist das Bemühen, sich am Eindruck der Gegenstände, die gemalt werden sollen, zu orientieren. Dazu gehören zum einen das natürliche Licht und die mit ihm entstehenden Schatten, durch die für unser Auge der Raumeindruck entsteht. Das ist zum anderen die natürliche Farbe in ihren vielfältigen Brechungen, Nuancen und Tönungen und in ihrem Zusammenspiel mit den benachbarten Farben und Formen. Die ästhetischen Möglichkeiten, die im sinnlichen Ausdruckswert, in der Stofflichkeit und im Atmosphärischen der Farben selbst liegen, werden im Kolorismus bewußt und voll ausgeschöpft. Die einzelnen Farben stehen dabei nicht für sich; sie werden vielmehr von einem ästhetischen Gesamtkonzept her in den reizvollsten Tönungen miteinander gemischt, in fließenden Übergängen ineinander übergeführt und kunstvoll zueinander ins Verhältnis gesetzt. Im Kolorismus gibt es keine begrenzenden Linien. Das Auge kann mühelos von Nuance zu Nuance und von Farbe zu Farbe wandern. Diese Malerei gibt, auch wenn sie nicht naturalistisch gemeint ist, räumlich-körperhafte Eindrücke wieder. Insofern kann man sie impressiv nennen.

Die *Polychromie* (gr. polýs = viel und gr. chrōma = Farbe) folgt anderen Prinzipien. Polychrome Malerei will nicht Eindrücke ins Bild setzen; sie will mit Farben und Formen etwas zum Ausdruck bringen. In diesem Sinne ist sie expressiv. Die Formen sind als Aussage bis hin zur Formel stilisiert. Die Farben sollen nicht Gesehenes naturgetreu wiedergeben, sondern sie werden abstrakt im Sinne von Bedeutungselementen eingesetzt. Grundfarbe steht neben Grundfarbe, durch Linien klar voneinander getrennt, so wie in einem klaren Satzgefüge Aussage neben Aussage steht. Das kann bis zum Plakativen gehen. In der Grundfarbe gibt es entweder klar gestufte oder übergangslose Aufhellungen, aber keine ästhetisch motivierten Nuancen. Formen und Farben werden in einer Gesamtkonzeption gezielt für eine kirchlich dogmatische Aussage eingesetzt. Wer die Aussage der polychromen Ikonenmalerei verstehen will, muß das „Vokabular" ihrer Farben und Formen verstehen lernen und die „Syntax", nach der eine Ikone gestaltet wird.

### *d) Die Farben*

Farben haben in der Malerei neben ihrer ästhetischen Qualität einen Symbolwert. Die ästhetische Qualität der Farben ist bei der Ikone allerdings zweitrangig, da sie nicht als Kunstwerk, sondern als Kultbild verstanden sein will. Eine gut gemalte Ikone wird natürlich auch in ihrer farblichen Komposition stimmen. Aber das Augenmerk des Malers wie des Betrachters wird sich in erster Linie auf den Symbolwert der Farben richten.

Eine naturgegebene universale Farbensymbolik gibt es nicht. Symbolwert wird den einzelnen Farben durch eine deutende Gemeinschaft zugesprochen. Eine Glaubensgemeinschaft setzt Farbwerte ins Verhältnis zu den Inhalten ihres Glaubens. Diese Farbwerte werden dann so erlebt, als gäbe sich in ihnen das Sein kund, das sie repräsentieren, oder als wären sie sogar selbst Teil und Wesensausdruck dieses Seins. Eine Farbe ist als Symbol verstanden, wenn sie im Bewußtsein des Betrachters „für etwas anderes" steht oder dieses andere selbst verkörpert. Nicht die Farbe als solche ist das Symbol. Symbol wird sie durch den deutenden Zusammenhang, in den sie durch eine Glaubens-, Gesinnungs- oder Kulturgemeinschaft gebracht wird. Diesen Deutungszusammenhang muß man als Betrachter kennen. Anderenfalls bleiben die Farbwerte stumm, oder man mißdeutet sie, weil man ihnen unbewußt jene Symbolwerte unterstellt, die sie im eigenen, aber inhaltlich anderen Deutungszusammenhang haben. So wird z. B. bei uns im Westen Schwarz als die Farbe der Trauer, der Verzweiflung, der Dunkelheit, der Nacht und des Todes erlebt und bei Trauer auch getragen. Im Orient und im alten Griechenland wurde bei Trauer Weiß getragen. Auch in China symbolisiert Weiß die Trauer, und bei den Azteken stand Weiß für die sterbende Sonne und für die Nacht. Umgekehrt hat in der gesamten Christenheit Weiß schon früh den Symbolwert von Auferstehung, Verklärung und ewiger Herrlichkeit gehabt. Die Christen, die durch die Taufe in die Auferstehung und in ein neues Leben hineingenommen sind, trugen und tragen bei der Taufhandlung auch heute noch weiße Kleider. Im alten Ägypten ist demgegenüber die Farbe für Wiedergeburt und Auferstehung das Schwarz. Selbst im christlichen Abendland gibt es keine einheitliche Farbsymbolik. Dagegen haben einzelne Gesinnungsgemeinschaften, z. B. die Anthroposophen, eine ausgeklügelte Farbsymbolik entwickelt, die innerhalb der Gemeinschaft streng gilt, Außenstehenden aber recht fremd erscheint. In der abendländischen Malerei haben von der Renaissance an viele Maler sogar ihre eigene Farbsymbolik entwickelt.

Will man die Sprache der Farben verstehen, so muß man sich auf das jeweilige und uns vielleicht fremd erscheinende Symbolsystem voll einlassen. Das gilt auch für die Symbolwerte der Farben in der Ikonenmalerei. Die Ostkirche begann erst nach dem Bilderstreit Symbolwerte für die Farben zu bestimmen. Obwohl schon Dionysios vom Areopag einen Symbolkanon der Farben andeutete, ist es zu einer verbindlichen Festlegung der Symbolwerte aber nie gekommen. Der praktizierte Symbolgebrauch der Farben in der Ikonenmalerei ist bisher leider weder historisch noch systematisch untersucht worden. So läßt sich mit allen Vorbehalten nur einiges Allgemeine über die wichtigsten Grundfarben in der Ikonenmalerei sagen. Eindeutiges ist ohnehin nicht zu erwarten, da der Symbolwert der Farben wie alles Symbolische von seinem Wesen her ambivalent, ja polyvalent ist und viele Facetten hat. Es bleibt in jedem Falle dem Betrachter aufgegeben, den dominanten Symbolwert einer Farbe im Bildganzen zu erspüren.

*Purpur* ist die Farbe göttlicher und königlicher Macht und Würde. Die byzantinischen Kaiser trugen Gewänder, Mäntel und ein Diadem aus Purpur und schrieben sogar mit roter = purpurner Tinte, was nur ihnen zustand. Den Purpurmantel trugen auch die Cäsaren im Alten Rom. Im gleichen Sinne von Herrschaft, Macht und Würde zeigen auch die Ikonen Christus und Maria in purpurnen Gewändern. Die Bezeichnung „Purpur" ist freilich sehr ungenau, da es in der Natur viele Purpurtöne gibt. Unter Purpur konnte man Töne von Rosa über reines Rot bis zu Blauviolett verstehen. Ein zeitgenössisches Fachbuch verzeichnet für Purpur mit 57 Namen auch unterschiedliche Purpurnuancen. Ein zu dunklem Violett neigender Purpur signalisiert neben Herrschaft auch Demut. Diese Purpurnuance finden wir oft bei Christusdarstellungen. Bei der Gottesmutter begegnet Purpur in Mischungen mit Braun. In diesem Sinn schreibt auch das Malerbuch vom Athos für die Gottesmutter „rote" Gewänder vor.

*Rot* (sofern es nicht als Purpur zu verstehen ist) gilt als Symbolfarbe für Leben und für Blut, für Feuer, Krieg und Gewalt. Es bringt also das erlösende Opfer Christi und das Blutopfer der Märtyrer zum Ausdruck. – Wieder anders ist das Rot der Gesichter, Hände und Füße von Engeln zu lesen. Als Heimat der Engel galt der Äther, und dessen Farbe war nach antiker Vorstellung das Rot. Vielleicht sind auch die „Purpurwangen Christi" dieser Vorstellung zuzuordnen.

*Blau* ist eine geheimnisvolle, tiefe und schwebende Farbe. Es ist die Farbe des Himmels, des Himmlischen und der Unendlichkeit. Blau transzendiert alles Irdische, Sinnliche, Körperhafte und Erdenschwere und weckt die Sehnsucht nach dem Reinen und Absoluten. Es steht für Wahrheit und Treue, beides Prädikate des Gottes, auf den wir uns verlassen können. Im Symbolgehalt kann Blau gelegentlich mit Purpur konkurrieren. Die starken Blauanteile in den Purpurgewändern Christi hätten insofern eine verstärkende Wirkung. Reines Blau begegnet uns aber auch bei Christus, bei der Gottesmutter, bei den Erzengeln, bei den Aposteln und bei anderen heiligen Personen.

*Grün*, die Komplementärfarbe zu Rot, hält die Mitte zwischen Gelb und Blau, ist also eine mittlere und eine vermittelnde Farbe. Sie verkörpert das grünende Kleid der Erde nach Trockenheit oder Winter, das Jugendlich-Vitale, das Wachsen und den Triumph über den Tod, damit aber auch die Hoffnung auf neues Leben und Auferstehung. In der westlichen Tradition weisen die Farben Grün, Blau und Rot auf die Trinität, wobei Grün für den Heiligen Geist steht. Da Grün bei allen heiligen Personen verwendet werden kann, ist ein spezifischer Symbolwert nicht zu erkennen. Möglich wäre es aber, Grün als Hinweis darauf zu verstehen, daß Göttliches zum Menschen hin „vermittelt" und so Hoffnung geschaffen und neues Leben gewirkt wird.

*Braun* wird im Osten als die Gegenfarbe zu Blau verstanden. Dem Immateriellen, Schwebenden, Geistigen und Transzendenten des Blau ist im Braun das körperlich Dichte, das erdhaft Diesseitige, das irdisch Menschliche entgegengestellt. Bei Christus- und Gottesmutterikonen tritt das Braun allerdings oft in einer Mischung mit dem imperialen Purpur auf.

*Dunkelbraun / Schwarzbraun* deutet Absage an die Welt, Entsagung, Buße und Askese an. Es ist die Gewandfarbe vieler Mönche und Asketen.

*Weiß* wird bereits von Dionysios vom Areopag als „dem göttlichen Licht verwandt" bezeichnet. Es ist in der griechisch-römischen Welt der Ausdruck für Licht, Reinheit, Unschuld, Glück, Heiterkeit, Freude, Güte, Demut und Buße. In der christlichen Tradition werden diese Sinnhorizonte beibehalten, freilich deutlicher zugespitzt auf Gottes Herrlichkeit und auf seine Wahrheit, wie sie in Jesus als dem Licht der Welt erschienen ist. In diesem Sinne repräsentiert Weiß auch auf den Ikonen die überirdische Lichtwelt. Weiß kann daher sein: das Untergewand des Jesuskindes auf Muttergottes-Ikonen, das Lendentuch und das Leichentuch Jesu, sein Lichtgewand bei der Verklärung sowie Bart und Haar des Christus-Emmanuel, jenes als Greis dargestellten präexistenten Logos. Weiß erscheint auch in den Gewändern der Engel, die jener Lichtwelt angehören und Botschaft aus ihr bringen. Nach Offb 6, 2 erscheint Christus auf einem weißen Pferd, und nach 19, 11 – 14 folgt ihm ein ganzes himmlisches Heer auf weißen Pferden, angetan mit reinem weißem Leinen. Die himmlische Macht, die den heiligen Georg in seinem siegreichen Kampf gegen den satanischen Drachen trägt, ist ebenfalls als weißes Pferd dargestellt. – In der antiken Welt war Weiß auch die übliche Kultfarbe. Die Priestergewänder waren durchweg weiß, als Hinweis auf die spirituelle Reinheit, Unschuld und Wahrhaftigkeit des Gottesdieners oder der Gottesdienerin. An hohen kirchlichen Feiertagen trugen selbst die byzantinischen Kaiser Weiß. Auch die Gewänder und das Pferd des

Papstes waren weiß. Weiß wird also als die Farbe jener Macht erlebt, die aus der überirdischen Welt in unsere Welt einströmt, alles Irdische überwindet und sich hier im Menschen als real und als wirkkräftig erweist. Weiß sind daher bis heute die Taufgewänder. Einzelne Kleidungsstücke vieler Bekenner und Heiliger, insbesondere solcher, die nicht Blutzeugen werden mußten, sind weiß.

*Schwarz* ist, als das absolute Dunkel, der Gegensatz zum Licht und zur Farbe Weiß. Sofern Weiß als Ausdruck göttlicher Herrlichkeit im gottgewirkten Leben verstanden wird, steht uns im Schwarz das Gottesfeindliche, die ewige Finsternis, der endgültige Tod und die Dunkelheit dieser Welt drohend und alles Leben verneinend gegenüber. Der dem Tod entrissene Lazarus tritt in weißen Tüchern aus der schwarzen Gruft hervor. Schwarz ist die Höhle des Hades, die mystische Höhle unterm Kreuz mit dem Schädel Adams und die Höhle, in der, mit dem Kind in der Krippe, die Finsternis dieser Welt erhellt wird. – Das Schwarz im Asketengewand kann auch ausdrücken, daß der Heilige die höchste Stufe der Askese erreicht hat und allem Irdischen abgestorben ist.

### *e) Das Gold*

Gold ist weder eine natürliche Farbe noch überhaupt eine Farbe, sondern ein Metall. In der alten Welt waren die Metalle den Planeten zugeordnet. Das Gold galt als das Metall der Leben schaffenden und alles beherrschenden Sonne. Wie diese reflektiert es nicht Licht, sondern ist selber Licht und unerschöpflicher Glanz. Gold repräsentiert also göttlichen Lichtglanz und Gotteswirklichkeit. Licht des Goldes ist damit als ein unstoffliches, abstraktes Licht ausgewiesen. Es ist ein Licht, das nicht von dieser Welt ist, sondern das Leuchten des Göttlichen in die Welt hinein bedeutet. Wie Gott als das ungeschaffene Licht verstanden wird, so das Gold als dessen irdischer Reflex. Man hat daher vom „Eigenlicht" oder „Sendelicht" des Goldes gesprochen.

Das Gold, das auf den Gewändern Christi reichlich erscheint, bringt seine Gottmenschlichkeit zum Ausdruck. Die Jungfrauensterne und der Goldschmuck auf den Gewändern der Gottesmutter symbolisieren das Wunder, das Gott an ihr und durch sie gewirkt hat. Der Goldschmuck kennzeichnet den Thron Christi als den himmlischen Thron. Das Gold der Bibel weist auf die göttliche Dimension des Wortes hin. Wenn Sonne für Herrscher und für Gott steht, so hat Gold einen ausgesprochen herrscherlichen Symbolwert. In der politisch-religiösen Symbolhierarchie des byzantinischen Kaiserhofes stand Gold als Repräsentationsmerkmal der Herrschaft obenan, noch vor dem Purpur. Nach Mt 2, 1 kamen die „Magier" aus dem Morgenland, um Jesus anzubeten. Die Legende gibt ihnen bald Namen und nennt auch die Geschenke, die sie dem Kinde mitbringen: Gold an erster Stelle, dazu Weihrauch und Myrrhe. Auch hier ist Gold nicht als irdischer Reichtum gemeint, sondern als Hinweis auf die Königswürde und auf den Weisheitsschatz des himmlischen Königs. Der Nimbus, der das Haupt einer heiligen Person, oder die Aureole, die den verklärten oder erhöhten Christus ganz umgibt, symbolisieren jene göttliche Dimension, aus der heraus die dargestellten Personen handeln, und das göttliche Licht, das von diesen Personen her in unsere Welt scheint. Von besonderer Symbolkraft ist schließlich der Goldhintergrund der Ikone. Die Goldfläche ist abstrakt und raumlos. Sie schaltet die Tiefendimension aus und negiert damit alle Begrenzung des Raumes, den unsere Sinne wahrnehmen. Gold rostet nicht und ist insofern der Vergänglichkeit nicht ausgesetzt. Damit wird es zum Symbol auch der Zeitlosigkeit. So steht die Goldfläche für das, was jenseits von Raum und Zeit ist: das Unbegrenzte, das Unendliche, das Zeitlose, das Ewige, das Transzendente. In dieser Dimension des Göttlichen ist alles Licht. Deshalb gibt es dort weder eine Lichtquelle noch Schatten. Davon wird noch die Rede sein. Hier sei nur erwähnt, daß Gold als teuerstes Material natürlich nicht von Anfang an und auch später nicht allen zur Verfügung stand. Hintergründe, Nimben und Aureolen wurden daher ersatzweise auch in Gelb, in Weiß, in Blau und in Grün gemalt. Das plakative Rot, das als Hintergrundfarbe ebenfalls oft eingesetzt wird, ist als Nimbusfarbe selten.

### *f) Das Licht*

Das natürliche Sonnenlicht oder künstliche Lichtquellen bilden die Basis für unsere Sehgewohnheiten. Unter natürlichen Bedingungen sehen wir alle Gegenstände von einer bestimmten, im Raum stationierten Lichtquelle her beleuchtet. In der Zeit des Späthellenismus – und im Westen dann wieder seit Beginn der Renaissance in Italien – hat man auch in der Malerei das Licht als „Beleuchtungslicht" verstanden, das auf die Gegenstände fällt. Mit Hilfe dieses

Beleuchtungslichtes gab man den dargestellten Gegenständen Körperlichkeit, Raum und Atmosphäre.

In der Ikonenmalerei – wie übrigens auch in der mittelalterlichen Malerei des Westens – ist das Licht niemals das natürliche Beleuchtungslicht, das auf die Gegenstände fällt und sie körperhaft modelliert. Die Ikone läßt im Medium einer abstrakt raumlosen Fläche das Jenseitige als Jenseitiges wie auf einer Projektionswand sichtbar werden. Mit dem Goldhintergrund ist die Malerei bereits in einen irreal raumlosen Bereich entrückt, der selbst nichts anderes als Lichtglanz ist. – Farben gibt es nicht ohne Licht. Aber die Farben der Ikone müssen dem im Goldgrund verkörperten Licht entsprechen. Es wäre völlig gegen Geist und Sinn der Ikone, wenn sie in der Malerei den Versuch machte, Jenseitiges unter den Bedingungen des natürlichen Beleuchtungslichts lediglich zu illustrieren. Gegenstände und Personen auf einer Ikone erscheinen gerade nicht von einer Lichtquelle angestrahlt, sondern von Licht durchstrahlt. Sie sind nicht von außen beleuchtet, sondern wie von innen erleuchtet. Es ist, als ob das ewige Licht durch Farben und Körper hindurchscheint und diese aus sich selbst zum Leuchten bringt. Was nicht von dieser Welt ist, soll durch das Eigenlicht der Farben in unsere Welt hereinleuchten und sie erleuchten. In gewisser Weise entsprechen die mittelalterlichen Kathedralfenster diesem Denkmodell. Als Menschen, die im dunklen Raum stehen, erfassen wir die Botschaft, die uns durch die Farben gleichsam von außen her entgegenleuchtet. Wie vom Kathedralfenster, so kommen auch von der Ikone Licht und Farben „auf uns zu". Wo es kein Beleuchtungslicht gibt, da gibt es auch keinen natürlichen Schatten. Dem Eigenlicht der polychromen Ikonenmalerei entspricht ein Eigenschatten, der eben nicht auf eine Beleuchtungsquelle von außen zurückgeht und zum Licht-Schatten-Illusionismus führt, sondern abstrakt bleibt. So entsteht eine Realität, die nicht unserer Erfahrungswelt angehört.

### *g) Nimben und Himmelssegmente*

Ein *Nimbus* (lat. „Wolke", „Nebel") ist ein Lichthof. Als „kleiner" Nimbus oder einfach Nimbus gilt eine kreisrunde Scheibe hinter dem Haupt einer Person. Sie ist golden oder auch blau, grün oder weiß. Sowohl das Gold wie die Form lassen erken-

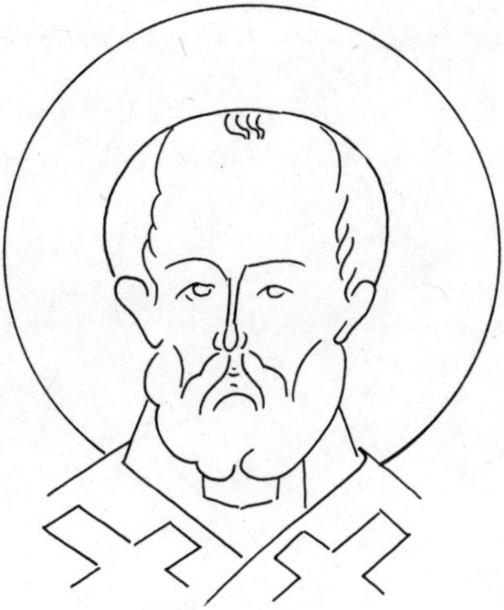

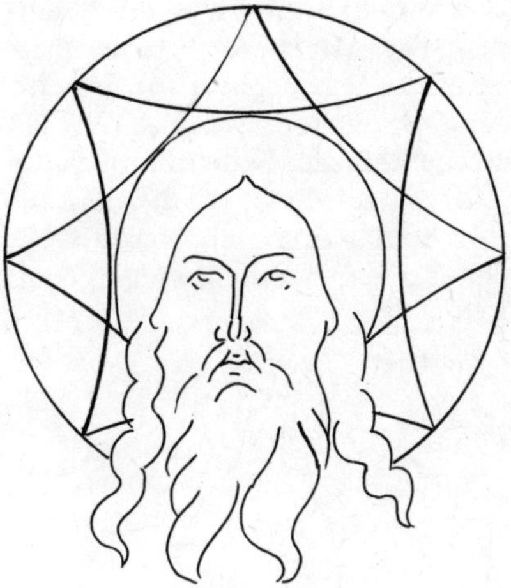

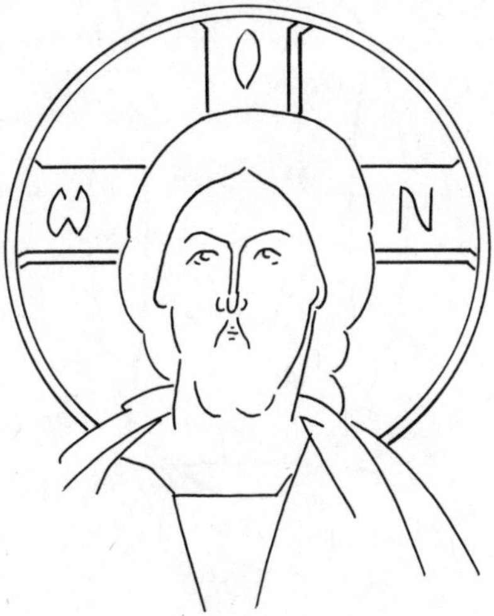


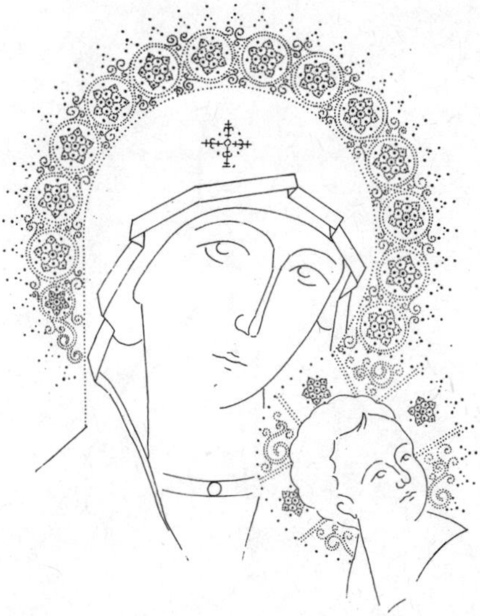

nen, daß sie als Symbol der Sonne zu werten ist und ursprünglich wohl auch ein Attribut von Sonnengottheiten war und später die Häupter antiker Götter, Heroen und römischer Kaiser umgab. Auch auf den Ikonen symbolisiert der Nimbus, daß hier ein Mensch aus der Kraft des Göttlichen lebt, handelt oder redet und Göttliches ausstrahlt. Bereits um 200 wurde um das Haupt Jesu ein Nimbus gemalt. Ab dem 5. Jahrhundert wird bei der Christusgestalt der Kreuznimbus ausgebildet, der in den Kreuzbalken die griechischen

Worte O ωN (ho ōn = der Seiende) trägt. Mit dieser Formel übersetzt die Septuaginta (= griechische Übersetzung des Alten Testaments) die Selbstoffenbarung Gottes nach Ex 3, 14, die man im Deutschen mit „Ich werde sein, der ich sein werde“ wiedergeben kann.

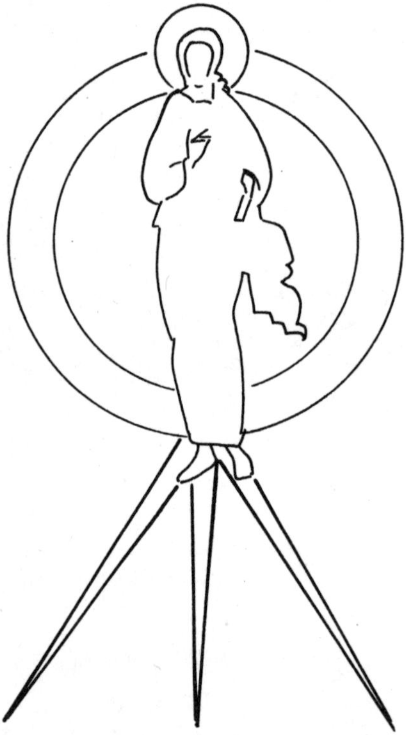

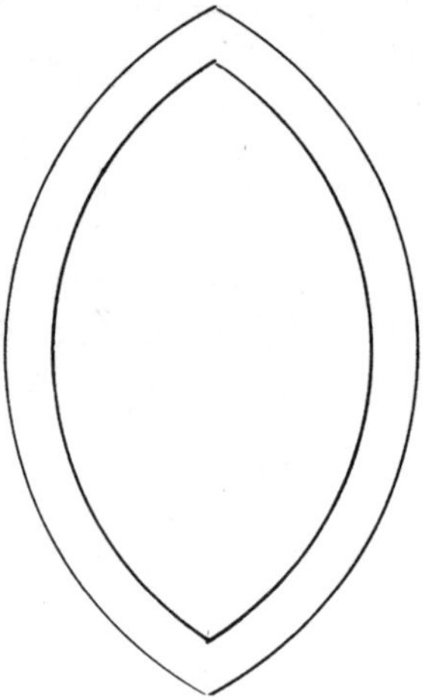

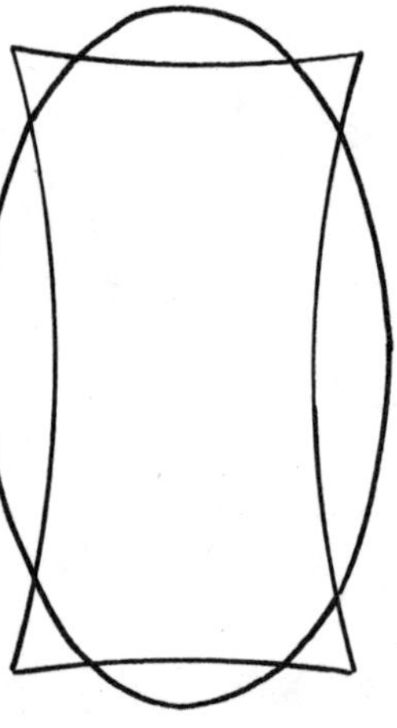

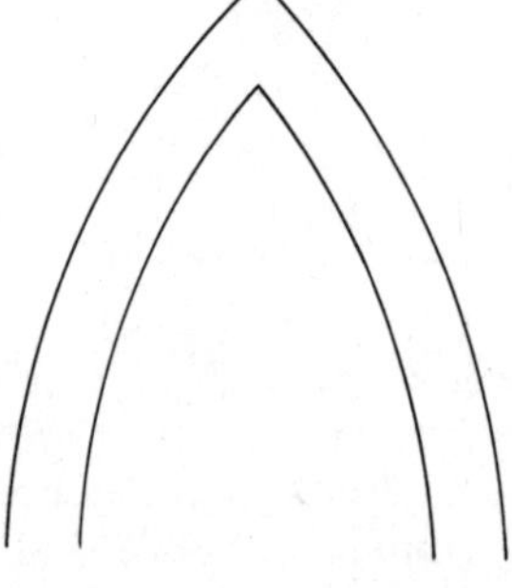

Die *Gloriole* (von lat. gloria = Ehre, Ruhm), auch „großer“ Nimbus genannt, ist ein Lichthof oder Strahlenkranz, der die gesamte Person umgibt. Die Grundform ist auch hier der Kreis als das Symbol für Vollkommenheit und Ewigkeit. Aus kompositori-

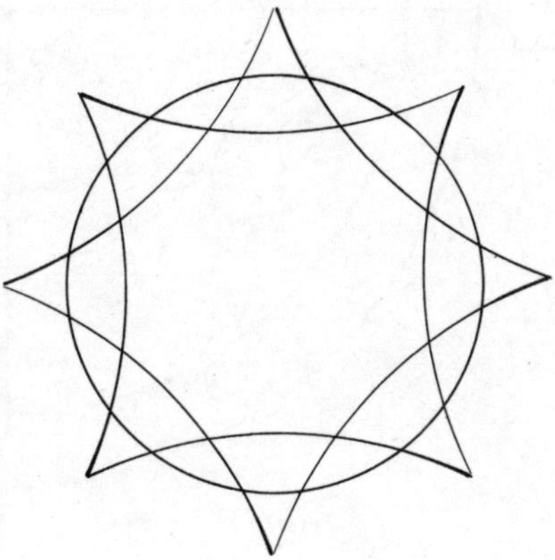

schen Gründen kann aber der Kreis zum Oval oder zur Mandorla abgewandelt werden. Die Gloriole wird in konzentrischen Ringen gemalt, und zwar bevorzugt in abgestuften Blautönen, aber auch in anderen Farben. Wenn die Gloriole golden ist, wird sie „Aureole" (von lat. aureolus = goldfarbig) genannt. Die Gloriole um den Pantokrator wird oft von zwei gegeneinander verschobenen konkaven Vierecken überlagert, die

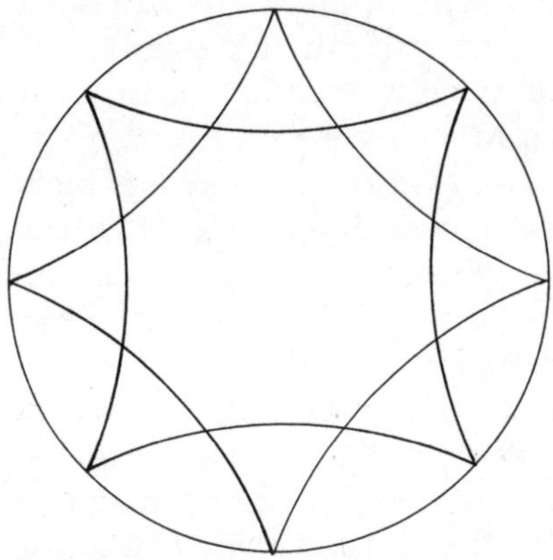

„alle Enden des Kosmos" ausdrükken und ein zusätzlicher Hinweis auf die Allmacht des Pantokrators sind. Ein „achtzackiger" Nimbus von gleicher Art kennzeichnet häufig auch die Personen der Trinität (vgl. Nimbus).

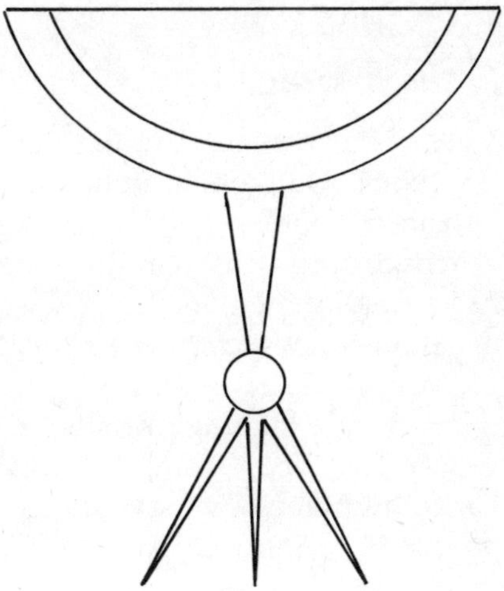

Eine Abbreviatur für den Himmel ist das *Himmelssegment*, das sich als Stück eines Kreisrandes oder als nahezu vollständiger Kreis vom oberen Ikonenrand her in die Bildfläche schiebt. Von diesem Himmelssegment geht meist ein Strahl nach unten hin aus, der zu einem Medaillon führt, in dem die Taube des Geistes schwebt. Vom Medaillon aus verteilen sich drei Strahlen (für die Trinität) in das Bild: Der dreieinige Gott wirkt durch den Heiligen Geist in unsere Welt hinein.

Eine entsprechende Symbolik zeigt auch der *Himmelsquadrant.* Das ist ein Himmelssegment, das in eine der oberen Bildecken verlagert ist und aus dem die Hand Gottes erscheint.

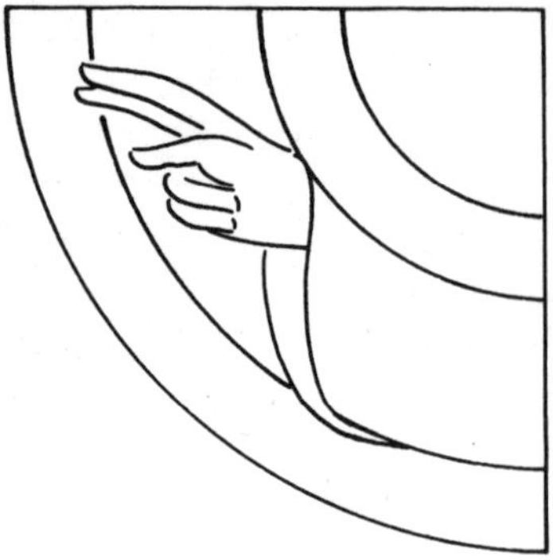

*h) Die Formen*

Neben den Farben sind die Formen tragende Ausdruckselemente der Ikone. Da Ikonen nicht subjektive Eindrücke dieser Welt wiedergeben, sondern objektiver Ausdruck einer transrealen Welt sein möchten, müssen auch die Formen eine Art „Vokabular" bilden, das von all denen verstanden werden kann, die sich der Botschaft der Ikonen aussetzen wollen. Alles, was auf einer Ikone erscheint, ist Aussage: Körperhaltung, Physiognomie und Mimik, Gesten und Gebärden, Kleidung, Kopfbedeckungen, Kultgegenstände, Landschaft, Pflanzen, Tiere, Architektur u. a. m. Manches ist unmittelbar und universal verständlich, wie z. B. schlafen, der Zeigegestus oder weit geöffnete Augen, die, je nach dem Kontext, Angst, Schrecken, Verzweiflung oder Zorn ausdrücken können. Anderes setzt inhaltliche Kenntnisse voraus. So muß man z. B. die Geburtsgeschichten, die Lazarusgeschichte und deren legendäre Ausformungen oder die Heiligenlegenden kennen, wenn man die entsprechenden szenischen Ikonen verstehen will. Rublevs Trinitätsikone ist ohne den Hintergrund des Trinitätsdogmas nicht zu verstehen. Kleider und Kopfbedeckungen geben Auskunft darüber, ob man König David, einen Bischof oder einen Mönch vor sich hat. Schließlich fallen uns auf den Ikonen vor allem Gesten auf, die uns nicht unmittelbar verständlich sind, wie z. B. verhüllte Hände. Hier handelt es sich um Gebärden und Gesten, die eine Kulturgemeinschaft in langer Tradition aufgebaut hat und die allen Angehörigen dieser Gemeinschaft als selbstverständlich und natürlich gelten.

Man lernt diese Bedeutungen, so wie man eine Sprache lernt, entweder wie ein Kind, das die Wörter der Muttersprache in Lebenszusammenhängen aufnimmt, oder wie jemand, der sich als Erwachsener eine fremde Sprache erschließt. Unsere Situation gegenüber der Farben- und Formensprache der Ikonen entspricht eher der eines Erwachsenen, der eine fremde Sprache lernen muß. Das muß aber nicht schrecken. Denn Ikonen zielen ja darauf, verstanden zu werden. Ihre Formen sind daher in hohem Maße elementarisiert, typisiert und standardisiert, können also leicht erlernt werden. Die vielen Einzelheiten zu entschlüsseln wäre freilich Aufgabe eines ikonographischen und ikonologischen Lexikons, das die Bildelemente zum einen in ihrer Form beschreibt und zum anderen inhaltlich deutet. Wir können uns hier auf einige wichtige Elemente beschränken, die dem westlichen Betrachter nicht direkt verständlich, für die Aussage des Bildes aber wesentlich sind. Das sind vor allem die Gebärden und die Gesten.

Als *Gebärden* gelten Bewegungen und Haltungen, die durch die Situation bedingt sind und die unbewußt oder unwillkürlich geschehen. Einige sind jedem Betrachter sofort klar, andere aber sind kulturell überformt und deshalb erklärungsbedürftig. So sind beispielsweise Begrüßungsgebärden zwar unbewußt und spontan, aber eben doch durch die Gepflogenheiten und die Sitte der jeweiligen Kultur in ihrer Form geprägt.

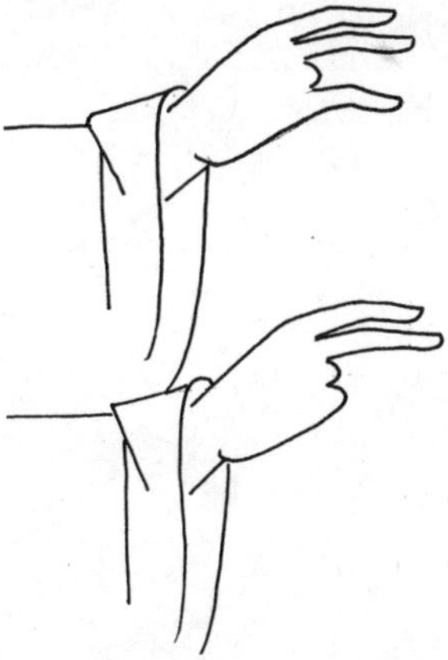

Eine *Gebärde des Grußes* ist der auf Maria gerichtete Arm des Erzengels Gabriel in der Verkündigungsszene (nach Lk 1). Zeigefinger, Mittelfinger und oft auch kleiner Finger der Rechten sind locker gestreckt. Die anderen Finger bleiben gekrümmt.

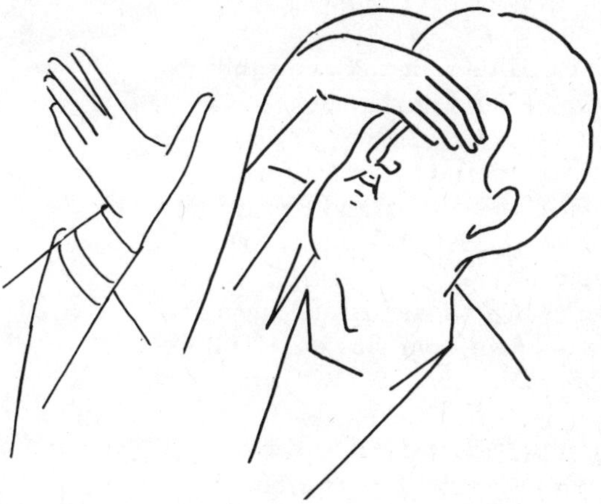

Die abwehrende Hand der Maria in der gleichen Szene oder die zu Boden stürzenden Jünger in der Verklärungsszene (Mt 17) sind *Gebärden des Erschreckens, des Erstaunens und der Abwehr.*

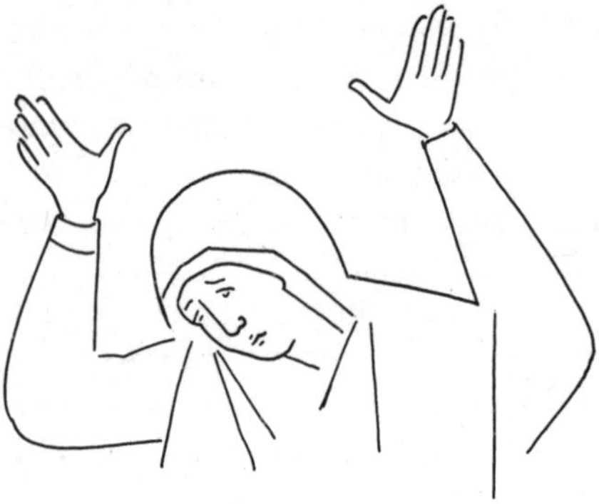

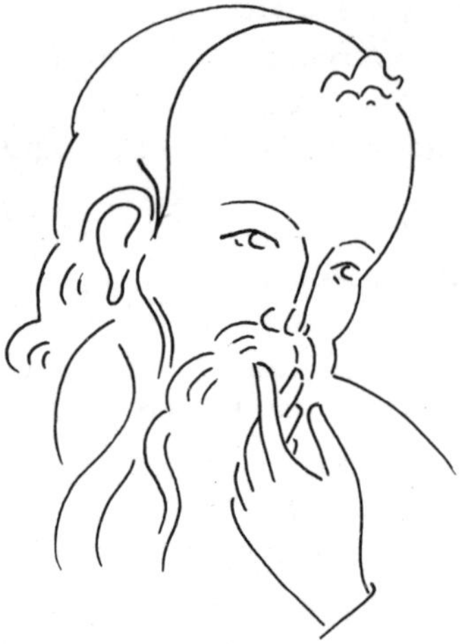

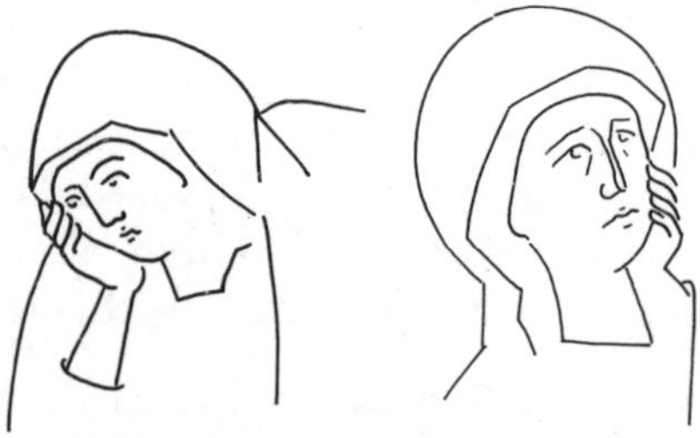

Gebärden der Klage und der Trauer sind hochgereckte Hände. In einer verhaltenen Trauer neigt der Trauernde sein Haupt in eine Hand. Diese Hand kann mit einem Gewandzipfel bedeckt sein. Mit der anderen Hand wird gelegentlich der zum Kopf erhobene Arm oder dessen Hand gestützt.

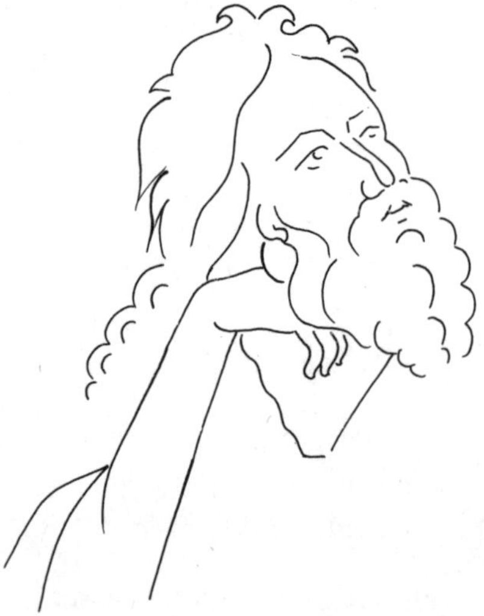

Eine *Gebärde der Meditation und des Schweigens* sind die an den Mund gelegten Finger oder der in die Hand gestützte Kopf.

Neben den unbewußten, freilich auch kulturell geprägten Gebärden steht die *Geste*. Sie wird bewußt vollzogen und mit Ausdrucksabsicht eingesetzt, so z. B. alle *Zeigegesten*, die für den Betrachter eindeutig sind.

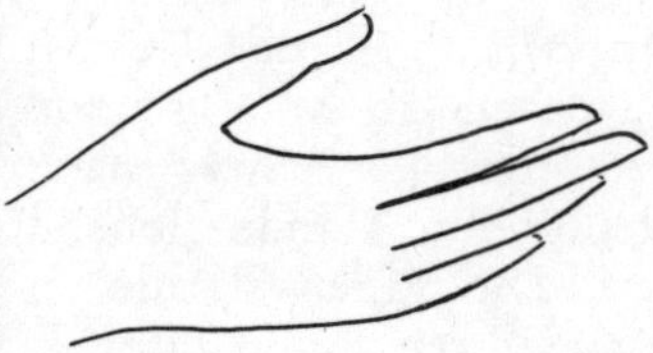

Eine *Darstellungsgeste* haben wir vor uns, wenn die Gottesmutter, z. B. des Hodigitriatyps, mit der freien Hand auf den Jesusknaben weist. Sie weist betont von sich weg auf den Heiland der Welt und stellt ihn der Welt nicht nur vor, sondern sie stellt ihn dar.

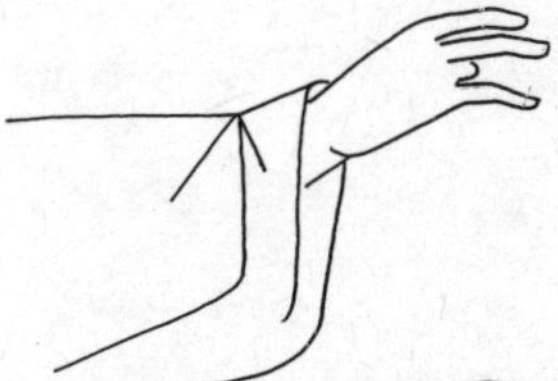

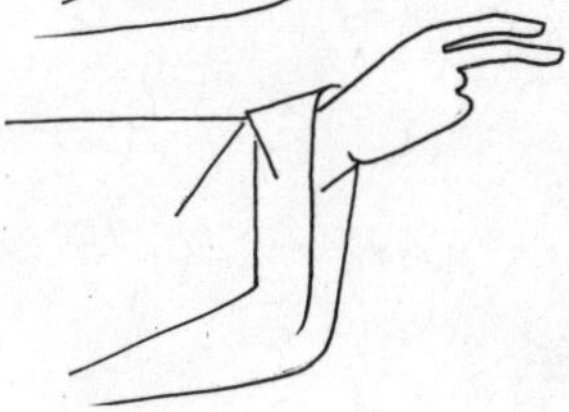

Die zu Maria hin gerichtete Begrüßungsgebärde des Verkündigungsengels (vgl. oben) hat auch den Charakter einer *verkündigenden Hoheitsgeste*, weil Ringfinger und Daumen, oder Ringfinger, kleiner Finger und Daumen in der Handfläche zusammengeführt werden und nur die jeweils anderen Finger erscheinen.

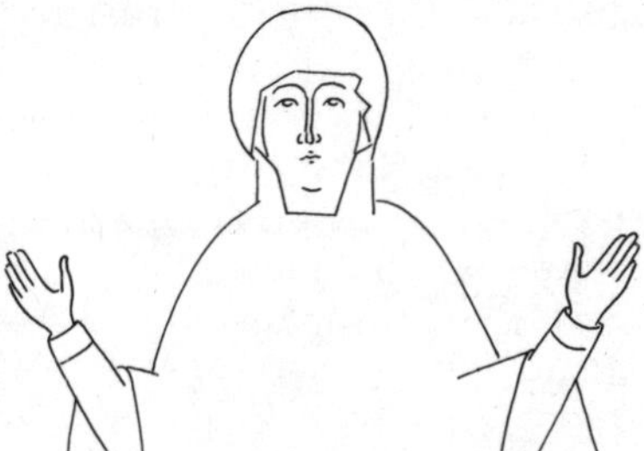

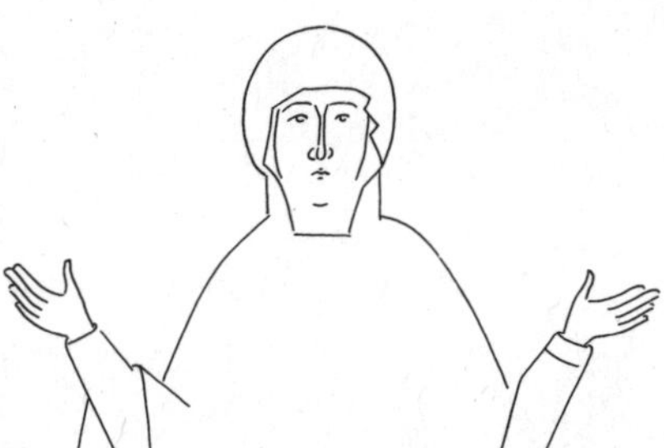

Die Gottesmutter Orans, die mit seitlich abgewinkelten und nach oben gestreckten Armen dasteht, wobei die Innenflächen der Hände nach vorn oder nach oben gerichtet sind, verharrt in einer *Gebetsgeste*. Diese Geste hat in der Antike eine lange Geschichte und andere Bedeutungen. Auf den Ikonen ist sie später als Gebetsgeste der Gottesmutter vorbehalten.

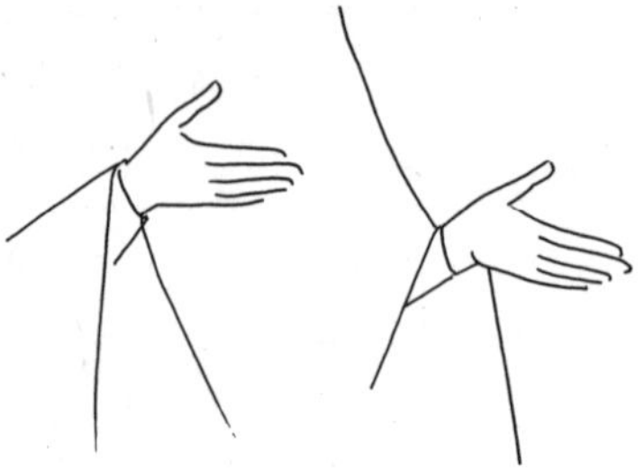

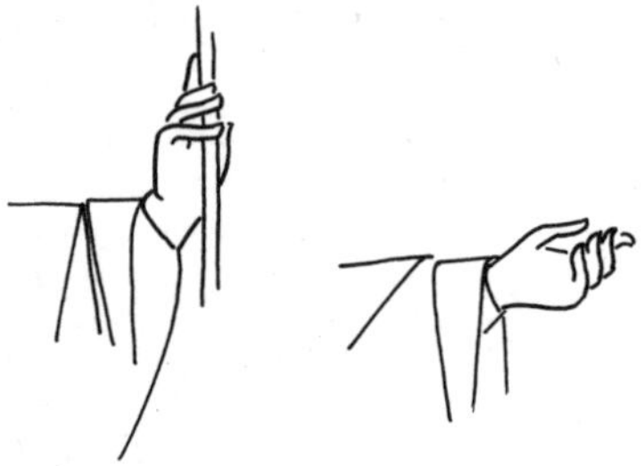

*Fürbittengesten* sind besonders auf der orthodoxen Bilderwand ausgeprägt. Die Figuren der Anbetungsgruppen (z. B. der Deesis) neigen sich zu Christus hin und strecken ihm die schräg nach oben geöffneten Hände flehend entgegen. Die Erzengel, die in einer Hand ihren Botenstab halten, führen diese Geste nur mit der freien Hand aus. Analog dazu könnte die Darstellungsgeste der Gottesmutterbilder gleichzeitig auch als Fürbittengeste verstanden werden.

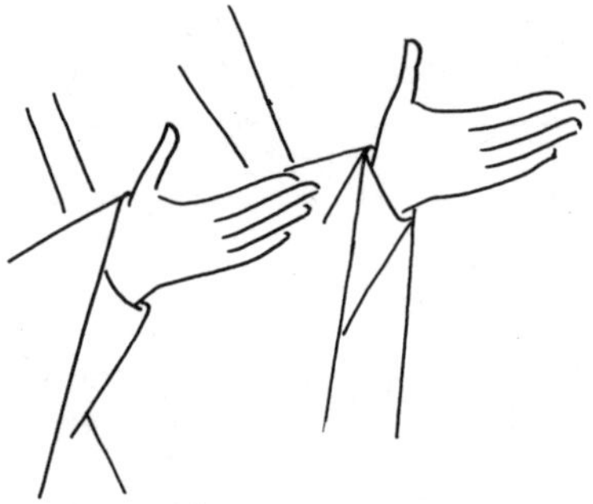

*Anbetungsgesten* begegnen uns in vielen Formen:

- als ausgestreckte Hände;
- als Hände, die vor der Brust gekreuzt sind;
- als Hände (bzw. nur linke oder nur rechte Hand), die mit nach vorn weisenden Handflächen vor der Brust angewinkelt sind und leicht zurückgebogen werden;

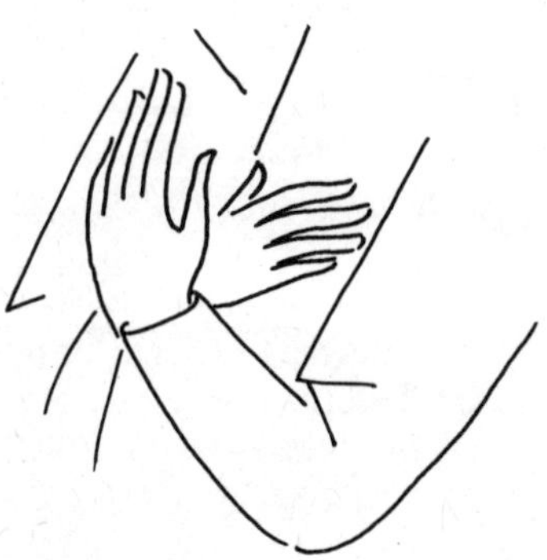

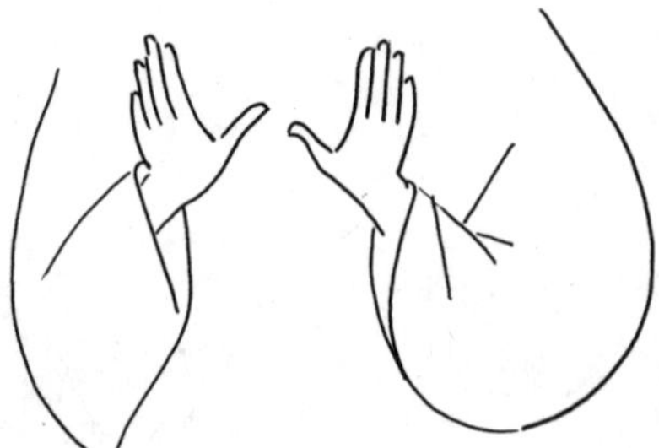

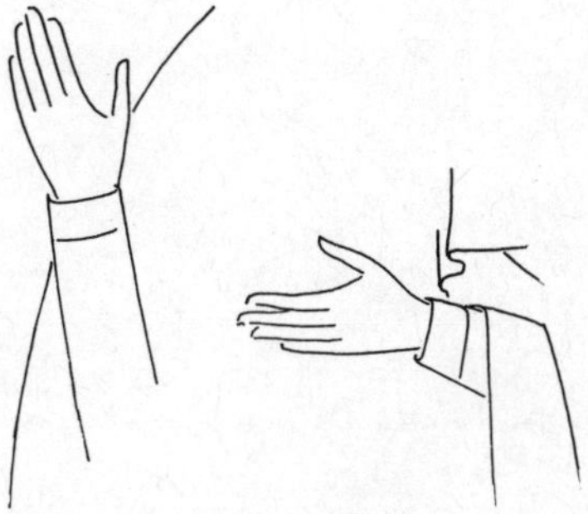

– als eine Variante der flehend ausgestreckten Hände, bei der die Rechte zur Schulter erhoben und mit der Handfläche nach vorn zeigt (Gottesmutter von Ara Coeli).

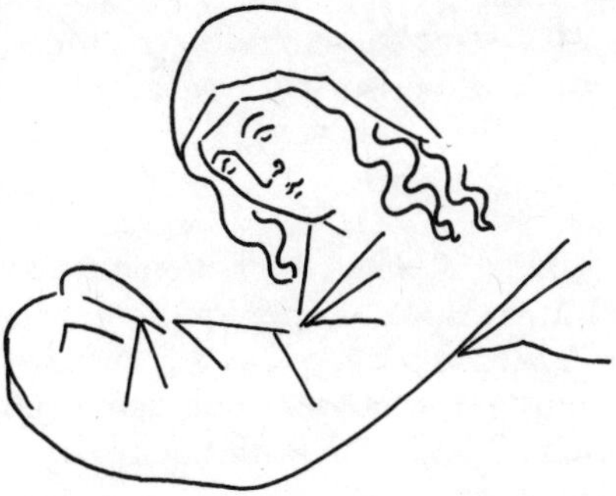

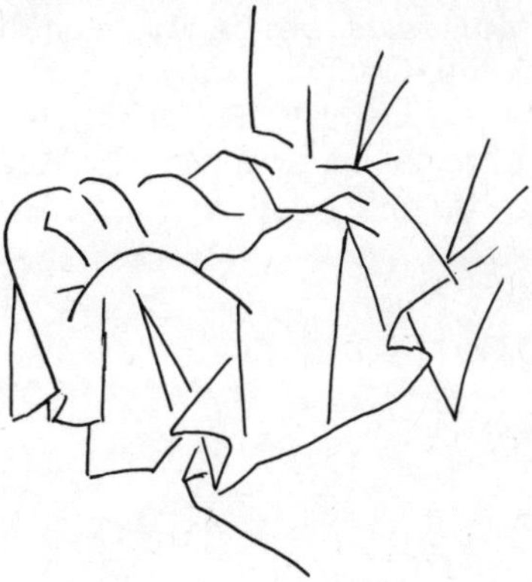

Als *Verehrungsgeste* gilt das Niederwerfen vor der verehrten Person (Proskynese). Der Verehrende berührt dabei mit seiner Stirn die Erde. Meistens ist mit der Proskynese die *Geste der verhüllten Hände* verbunden, die aus dem byzantinischen Kaiserkult übernommen wurde und die auch für sich eine Verehrungsgeste darstellt (z. B. bei der Taufe Jesu).

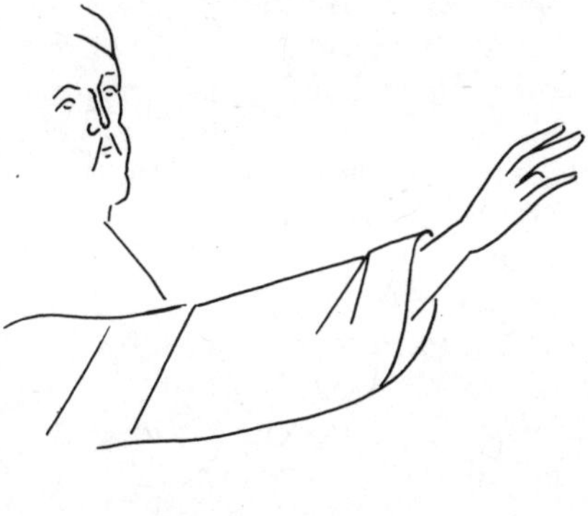

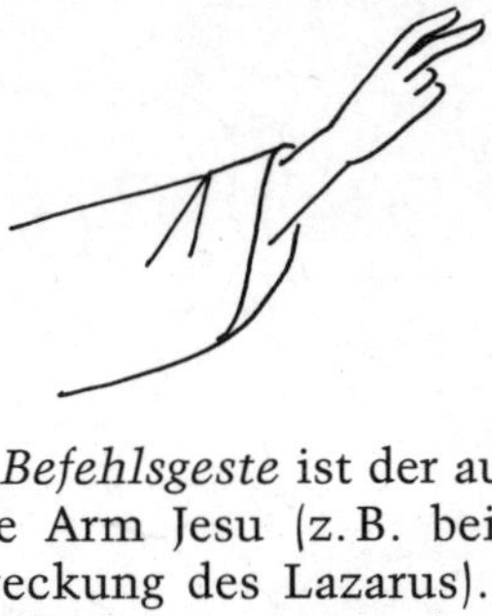

Eine *Befehlsgeste* ist der ausgestreckte Arm Jesu (z. B. bei der Auferweckung des Lazarus). Die Fingerhaltung entspricht der verkündigenden Hoheitsgeste.

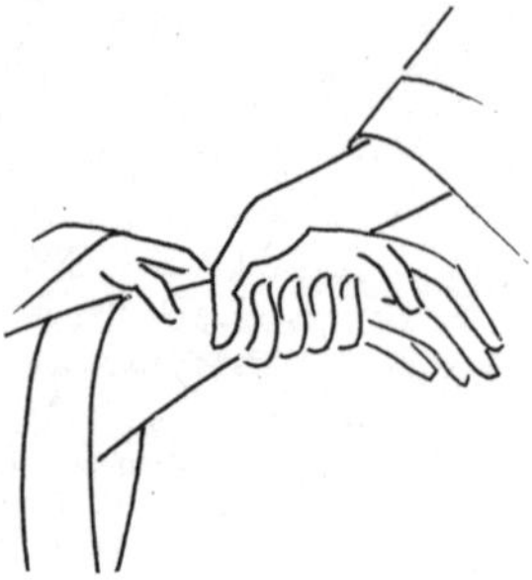

Als *Herrschafts- und Errettungsgeste* ist es zu verstehen, wenn Christus auf der orthodoxen Osterikone (Höllenfahrt Christi) nach dem Arm Adams greift und Adam aus dem Hades zieht.

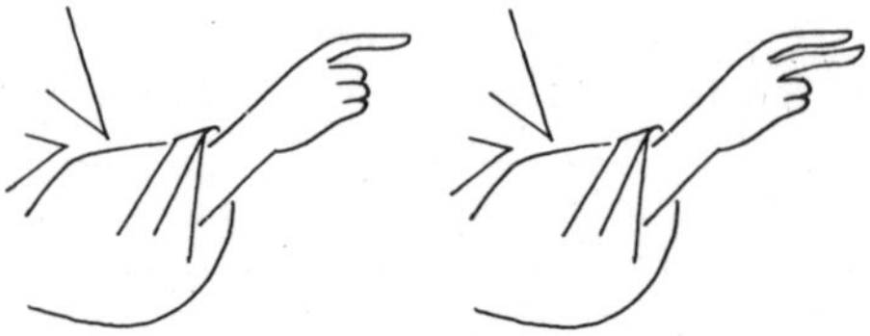

Eine typische *Lehrgeste* ist der ausgestreckte Zeigefinger, meist zusammen mit dem ausgestreckten Mittelfinger.

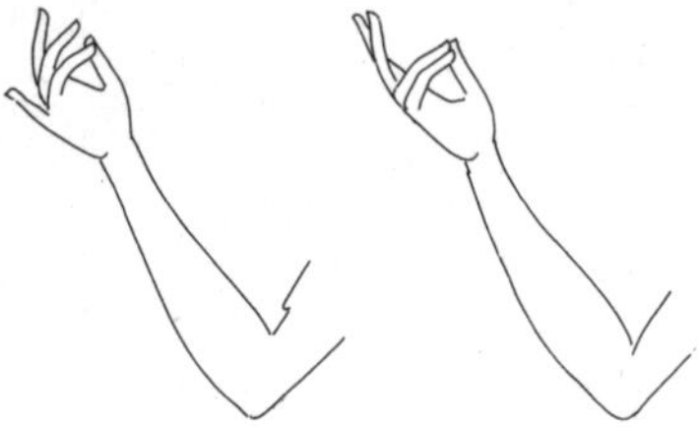

Ebenfalls aus der antiken Redekunst stammt die *Predigt- oder Verkündigungsgeste,* die auf Ikonen von Johannes dem Täufer zu sehen ist. Die Handfläche zeigt nach oben. Ringfinger und Daumen oder Ringfinger, kleiner Finger und Daumen berühren einander. Die anderen Finger bleiben locker gestreckt.

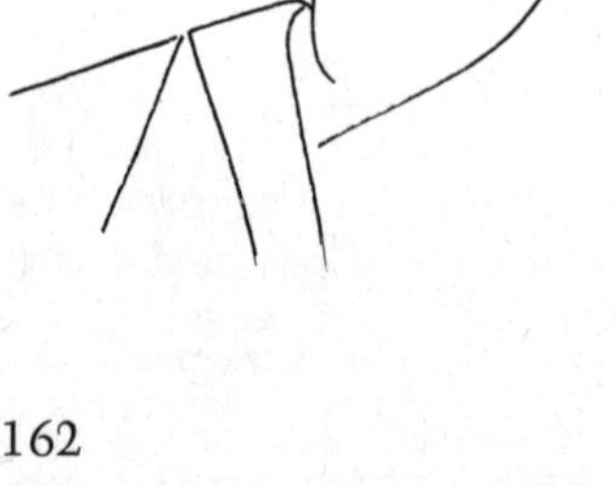

Die gleiche Haltung der Finger begegnet uns auf Ikonen von Christus, von Engeln, von Evangelisten und von Heiligen. Allerdings ist bei frontalen Bildern die Handfläche zum Betrachter oder auf eine andere Person gerichtet. – Man spricht vom „griechischen Segensgestus", wenn Ringfinger und Daumen einander berühren und die anderen Finger locker ausgestreckt werden. Als „lateinischer Segensgestus" gilt, wenn Ringfinger, kleiner Finger und Daumen oder nur Ringfinger

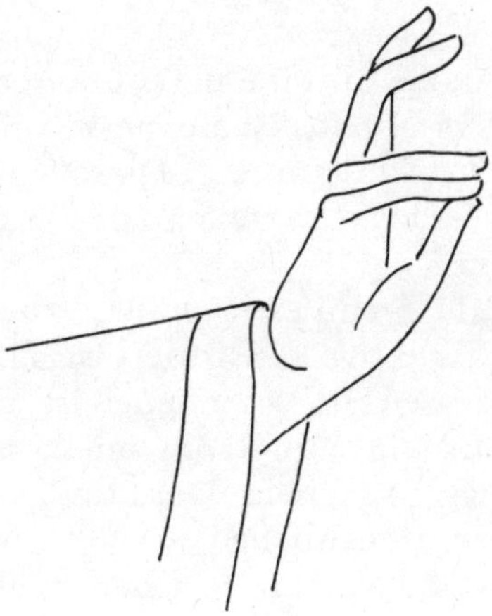

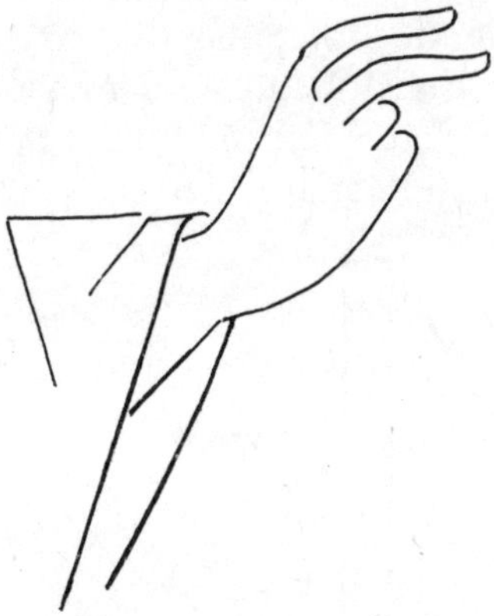

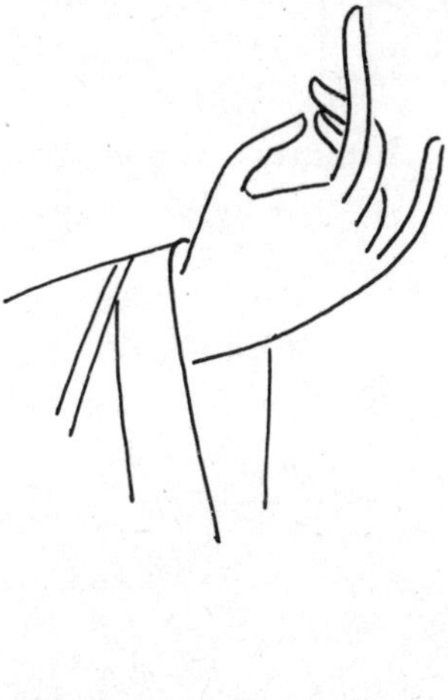

und kleiner Finger in die Handfläche weisen, die anderen Finger (Zeigefinger und Mittelfinger oder Zeigefinger, Mittelfinger und Daumen) aber locker gestreckt bleiben. Die Deutung dieser Gesten als *Segensgesten* hat eine lange Tradition. Dennoch bleibt daran zu erinnern, daß diese Positionen der Finger aus der antiken Rednergestik stammen und bei Johannes dem Täufer auch eindeutig als Rednergesten gemeint sind. Auf den Christusikonen, die diese Gesten zeigen, hat Christus in der Linken jeweils die Schriftrolle oder die Bibel, beides Symbole des Lehrens und der Botschaft. Man wird diese Geste daher in erster Linie als *Hoheits- und Lehrgesten* zu verstehen haben.

– Wenn Christus auf dem Thron sitzt, in der Linken die aufgeschlagene Bibel hält, die Rechte gegen seine Brust führt, den Handrücken zum Betrachter hin hält und dabei Ringfinger, kleinen Finger und Daumen einschlägt, so daß für den Betrachter nur Zeigefinger und Mittelfinger sichtbar sind, so fällt es schwer, diesen Gestus anders zu verstehen denn als Ausdruck eines mit hoheitlicher Vollmacht lehrenden Christus.

– Als hoheitliche Geste ist auch zu verstehen, wenn bei gleicher Handhaltung Mittelfinger, Ringfinger und Daumen der Rechten zusammengeführt werden (vgl. Lehrgeste).

*i) Die Perspektive*

Westliche Beobachter sehen in der Ikone oft eine noch unterentwickelte, naive Malerei. Was besonders auffällt, ist die merkwürdige Perspektive, die in unseren Augen „nicht stimmt". Diese Beobachtung sollte freilich nicht zur Abwertung der Ikonenmalerei führen, sondern zum Nachdenken anregen.

In unseren Augen „stimmt" ein Bild, wenn es nach den Prinzipien der *Zentral- oder Fluchtpunktperspektive* konstruiert ist. Darunter versteht man ein System, mit dessen Hilfe es möglich ist, auf einer ebenen Fläche den Raum und die Dinge im Raum annähernd so darzustellen, wie sie unserem Auge erscheinen. Die Prinzipien lassen sich mit wenigen Beispielen veranschaulichen.

Wenn wir frontal auf einen Gegenstand blicken, so scheinen alle Linien, die nicht parallel zur Bildfläche liegen, in einem einzigen Fluchtpunkt zusammenzulaufen, der auf der Horizontlinie liegt. Die Horizontlinie ist in diesem System die Linie, über die wir nicht hinwegblicken können. Sie zeigt also die Höhe unserer Augen an. Eine gerade Straße, die zwischen zwei gleichbleibend hohen Betonmauern in die Tiefe des Raumes führt, stellt sich so dar:

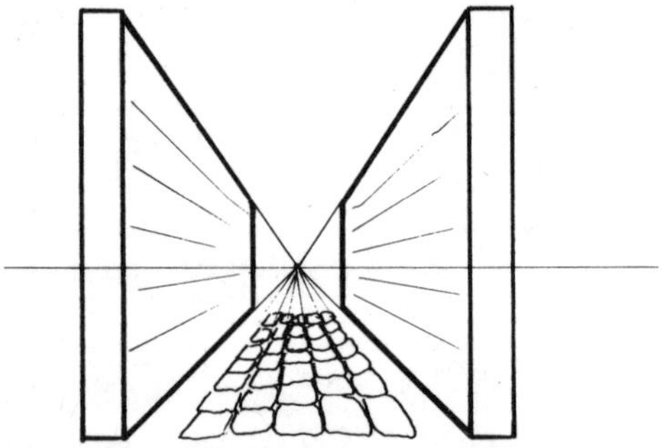

Bei einer Eckansicht gibt es zwei Fluchtpunkte, die beide ebenfalls auf der Horizontlinie liegen. Ein Gebäudeblock sieht dann etwa so aus:

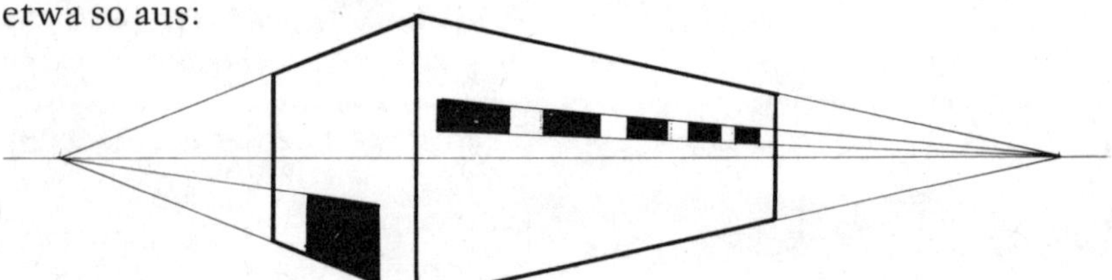

Ein dritter Fluchtpunkt ergibt sich, wenn wir einen Gegenstand von schräg oben oder von tief unten ansehen. Als Beispiel soll hier ein Turm dienen.

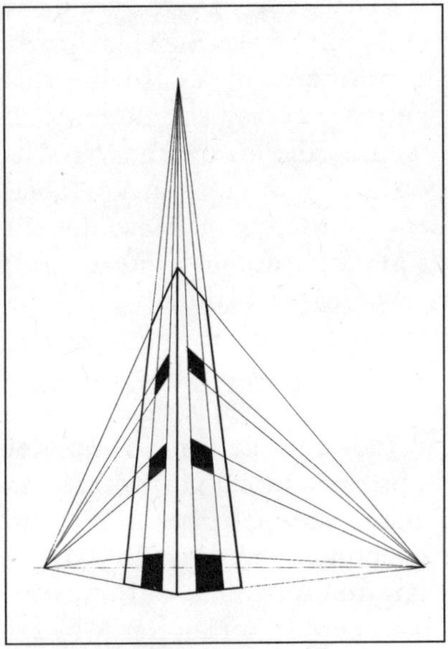

Froschperspektive mit drei Fluchtpunkten

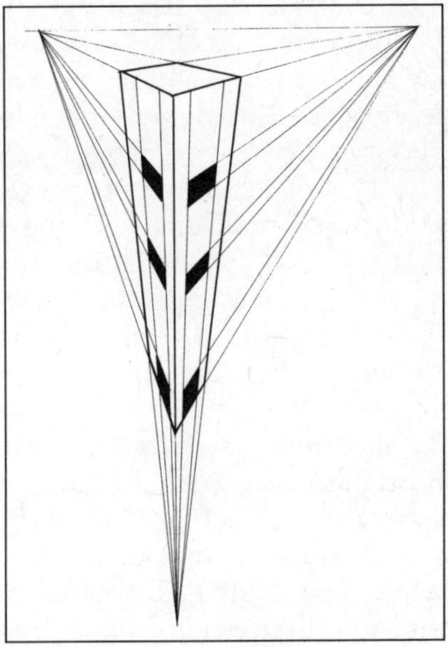

Vogelperspektive mit drei Fluchtpunkten

Im Abendland wurde das System der Zentral- oder Fluchtpunktperspektive Anfang des 15. Jahrhunderts in Italien entwickelt und in der Malerei zunehmend angewendet. Wenn es stimmt, daß die Kunst sensibelster Ausdruck ihrer Zeit ist, so stellt sich die Frage, weshalb die Zentralperspektive gerade in jener Zeit entdeckt und so eifrig angewendet wurde.

Vom 15. Jahrhundert an begann sich im Welt- und Selbstverständnis ein tiefgreifender Strukturwandel zu vollziehen: Der Mensch wurde sich seiner Autonomie bewußt. Er fing an, den Gesetzen nachzuspüren, die in ihm selbst wirken; er wendete sich mit Leidenschaft der erfahrbaren, diesseitigen Welt zu, und er suchte die Gesetzmäßigkeiten zu ergründen, nach denen sie gebaut ist und durch die sie in Gang gehalten wird. Mutige Männer brachen zu abenteuerlichen Reisen auf, um die Räume unseres Planeten auszukundschaften. Kolumbus entdeckte 1492 Amerika. Vasco da Gama fand 1498 den Seeweg nach Indien, und Magalhães umsegelte 1519 bis 1522 die Erde. Mit Kopernikus (1473–1543) und anderen begann sich eine neue Sicht des unendlichen Weltraums durchzusetzen. Alles, was bisher fraglos als Autorität gegolten hatte, mußte sich nun vor der Erfahrung und vor den Gesetzen der geltenden Logik ausweisen. Die verschiedenen Bereiche des Lebens lösten sich aus jenem übergreifenden Sinnzusammenhang, der sie im Mittelalter zur Einheit verbunden hatte, und sie verselbständigten sich zu einer Art von Eigenleben. Es entstand eine autonome Wissenschaft, die sich an nichts anderem als an ihren eigenen Vorgaben orientieren wollte. Staat und Politik wurden von Macchiavelli (1469–1527) auf die Dimension der Macht reduziert, aus der alle sittlich-religiösen Überlegungen ausgeschlossen wurden.

Auch die Kunst hörte auf, sich als Dienerin der Religion zu verstehen. Sie begann, ihren Zweck in sich selbst zu suchen und dem neuen Lebensgefühl Ausdruck zu geben. Das Interesse richtete sich auf das hier und jetzt Konkrete und Individuelle. In der Malerei führte das zum Portrait, zum Selbstportrait und zu portraitartigen Darstellungen der Landschaft. Die Plastik, die im Mittelalter in die größere Einheit der Architektur eingebunden und an sie „angelehnt" war, löste sich von den Wänden und trat nun, vollplastisch und von allen Seiten zugänglich, frei in den Raum. In der Malerei verschwand der raumlose Goldgrund, der für die mittelalterlichen Bilder so kennzeichnend war. Mit Hilfe der Zentralperspektive erzeugte man auch auf der Malfläche die Illusion des Raumes. Diese Illusion wurde noch durch die Technik der *Luft-* oder *Farbenperspektive* vervollkommnet. Verschwimmende Konturen und blassere, kühlere Farbtöne im Bildhintergrund verstärkten den Eindruck der Entfernung und der Raumtiefe.

Für Menschen, die sich ganz dem Diesseits zuwenden, wird auch in der Kunst der Raum und alle sinnliche Wahrnehmung eine zentrale Rolle spielen. Das war auch in jener der Welt zugewandten Epoche der Antike so, in der die Plastik das wesentliche künstlerische Ausdrucksmittel war. Die mit dem 15. Jahrhundert anbrechende neue Zeit hat ihre geistige Nähe zur Antike selbst stark empfunden. Die Humanisten riefen: „Zurück zu den Quellen" der Antike. Die Bezeichnung „Renaissance", im Sinne einer „Wiedergeburt" der Antike, hat sich in der Kunst- und Kulturgeschichte mit gutem Grund durchgesetzt. Wenn sich Weltverständnis und Lebensgefühl einer Zeit in der Kunst ihren Ausdruck suchen, so kann es uns gar nicht überraschen, daß wir auch in der Antike neben der Plastik ab dem 5. Jahrhundert v. Chr. in der Szenenmalerei bereits die Zentralperspektive antreffen.

Da die Zentralperspektive schon in der Antike bekannt war, kann man annehmen, daß auch die Maler christlicher Bilder sie aus den antiken Bildwerken kannten. Wenn diese aber dennoch – offenbar bewußt – darauf verzichteten, nach den Prinzipien der Zentralperspektive zu malen, so hat das wohl kaum etwas mit Unfähigkeit oder mit Naivität zu tun, sondern mit einem anderen Verständnis von Wirklichkeit, das eben auch nach einem anderen Ausdruck verlangte. Der Verzicht der Ikonenmaler auf den zentralperspektivisch oder fluchtpunkt-perspektivisch konstruierten Raum ist nicht technisch, sondern inhaltlich begründet. Das muß noch etwas genauer ausgeführt werden.

Wir hatten gesehen, daß es bei der Zentral- oder Fluchtpunktperspektive ganz allein vom Standort des Malers abhängt, was vom Raum und seinen Gegenständen auf dem Bild erscheint und wie dieses alles erscheint. Verändert der Maler dem Objekt gegenüber seinen Standort, so ändert sich auch das, was er sieht und wie er es sieht. In der zentralperspektivischen Malerei ist die Person des Malers notwendig Mittelpunkt und Maßstab für das, was als Wirklichkeit sichtbar wird. Und jedes nach den Regeln der Zentralperspektive gemalte Bild legt auch den Betrachter starr auf den Standpunkt des Malers und auf dessen subjektive Sicht der Dinge fest.

Dieses Verständnis von Malerei mit den in ihm enthaltenen Zwangsläufigkeiten läßt sich mit dem Selbstverständnis der Ikone nicht vereinbaren. Die Ikone will ja überhaupt nicht Welt so abbilden, wie sie über die Netzhaut unserer Augen von uns „wahrgenommen" werden kann. In der Ikone stellt sich nicht die subjektive Erfahrungswelt des Malers dar, vielmehr wird in ihr zum Bild, was von jenseits aller menschlichen Erfahrung als die Wirklichkeit Gottes in unsere Welt hereinscheint. Nach orthodoxem Verständnis tritt im sinnlichen Bild der Ikone die unsinnliche Welt in Erscheinung. Dafür ist der subjektive Standort des Malers und seine „Perspektive" völlig belanglos. Wie wird dieses inhaltliche Konzept maltechnisch gelöst?

Die Ikonenmalerei schließt zwar Elemente der Fluchtpunktperspektive nicht aus, sie unterwirft sich aber nicht dem Raumdiktat der Zentral- und Fluchtpunktperspektive. Den Inhalten der Ikonenmalerei sind die flexibleren Möglichkeiten einer *Bedeutungsperspektive* besser angemessen. Das Konzept der Bedeutungsperspektive ist ebenfalls einfach: „Was groß und bedeutend ist, das soll auch auf dem Bild groß und bedeutend erscheinen." Groß ist in diesem Sinne aber nicht, was der Maler aus seiner subjektiven Perspektive als groß „wahrnimmt" (aus der Eckperspektive z.B. die Vorderkante eines Gebäudes), sondern was nach orthodoxer Lehre im Sinne einer überindividuellen zeitlosen und objektiven Wahrheit auch groß und bedeutend „ist".

Die bedeutenden Personen begegnen uns auf der Ikone durchweg frontal. Halbprofil oder Profil sind nur auf szenischen Ikonen möglich. Bedeutende Personen dürfen von anderen, weniger bedeutenden, nicht verdeckt werden. „Vorn" und „hinten" sind hier nicht räumlich, sondern im Sinne von Bedeutung gemeint. In szenischen Darstellungen werden Christus, Maria oder einzelne Heilige als die bedeutenderen Personen oft übergroß und die Nebenfiguren überragend dargestellt. „Landschaft" oder Architektur im Bildhintergrund sind nicht als die vom Maler so gesehene Felsformation oder als der so gebaute Palast oder Tempel gemeint, sondern als Steinwüste, als Tempel, als Stadttor schlechthin, im Sinne einer allgemeinen Aussage über Ort und Umgebung der Handlung. Daher werden auch in den Gruppenszenen, die in eine Landschaft eingefügt werden, die Personen nicht perspektivisch verkleinert gemalt, sondern denen gleich dargestellt, die im Vordergrund des Bildes erscheinen. Szenen, die als ganze klein gemalt sind, sind im Konzept der Bedeutungsperspektive als „Nebenszenen" gemeint oder als „andere Ebene" gekennzeichnet.

Da die szenische Ikone als Bild zwar gestaffelt ist, aber nicht als realer Raum verstanden sein will, entfällt auch die Luft- oder Farbenperspektive. Bei einer Ikone mit rotem Grund wird durch das optisch nach vorn drängende Rot die Farbenperspektive geradezu umgekehrt und jeder Raumeindruck bereits im Ansatz verhindert. Die Luftperspektive setzt physikalisch eine äußere Lichtquelle voraus, welche die Gegenstände beleuchtet. Sie gibt mit malerischen Mitteln das wieder, was unsere Netzhaut registriert und an unser Gehirn weitergibt. Die Ikone, in der ja gerade eine transreale Wirklichkeit aufleuchten soll, bleibt auch im Bildhintergrund bei leuchtenden Farben. Denn auf der Ikone fällt nicht von irgendeiner äußeren Lichtquelle her Licht auf Menschen und Dinge, so daß sie für unsere Augen wahrnehmbar werden; sondern das Licht jener transrealen Wirklichkeit, die in der Ikone sichtbar wird, strahlt durch das, was wir auf der Ikone sehen, hindurch und kommt als

„Sendelicht" auf uns zu. In diesem Aufscheinen wird uns jene andere Wirklichkeit überhaupt erst offenbar, teilt sie sich uns mit. Deshalb sind die Farben der Ikonen in allen Bildteilen gleich leuchtend.

In diesem Zusammenhang läßt sich auch jene uns fremd und „ungeschickt" anmutende „Perspektive" verstehen, die uns besonders in der Architektur oder bei Gegenständen im zentralen Bildteil von Ikonen entgegentritt. Der Thronsessel kann dafür als typisches Beispiel dienen. Nach den Gesetzen der Zentral- und Fluchtpunktperspektive sieht ein einfacher Thronsessel etwa so aus:

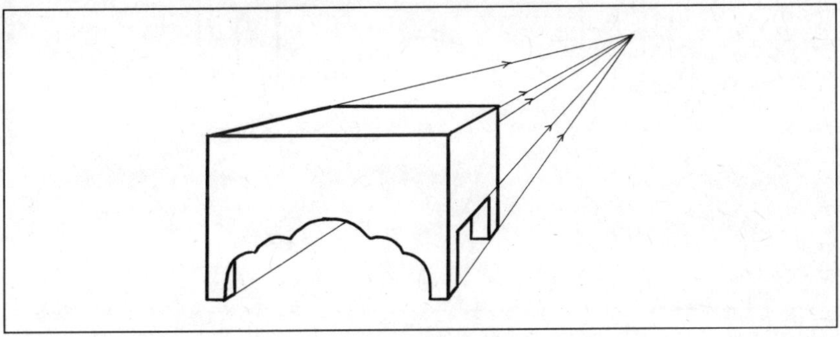

Auf Ikonen wird er aber so dargestellt:

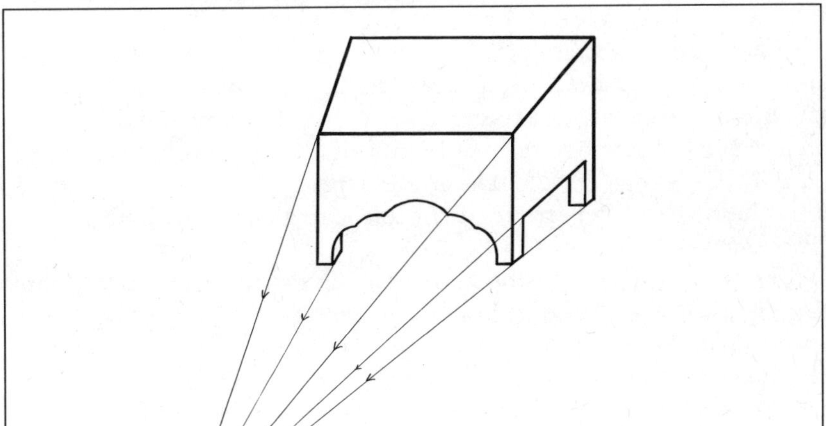

Wird er frontal abgebildet, so sind von diesem würfelförmigen Gebilde sogar drei Seiten sichtbar:

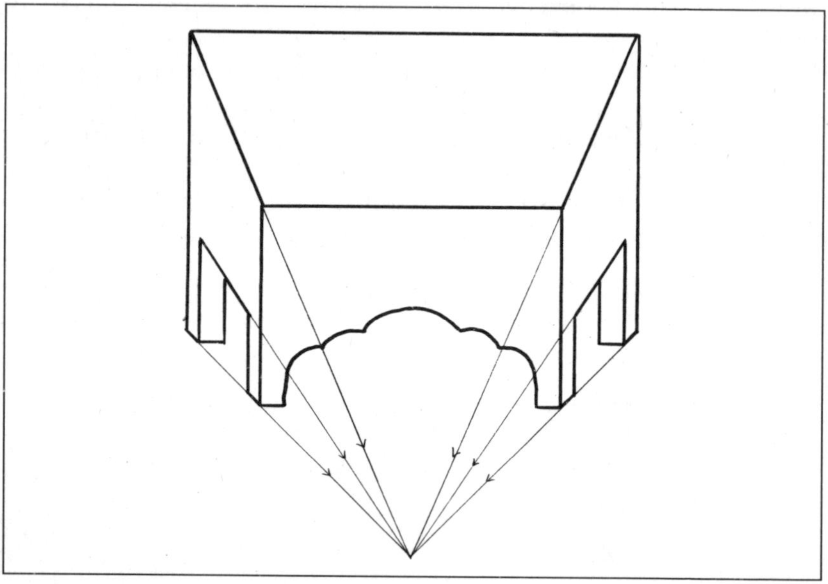

Die Linien fliehen hier nicht in die Tiefe des Raumes hin zu einem Punkt am Horizont, sondern sie kommen aus einem unendlich Großen und Weiten und zielen wie eine gerichtete Botschaft aus dem Bild heraus auf den Menschen, der vor der Ikone steht und sie anschaut. Der Betrachter, der diese „Strahlen" auffängt und sie zu ihrem Ausgangspunkt zurückverfolgt, wird von ihnen in jene andere Wirklichkeit mitgenommen, aus der sie zu uns gekommen sind. Man hat das die *umgekehrte Perspektive* genannt, was allerdings keine besonders treffende Bezeichnung ist, da sie nichts Positives sagt.

Nun sind aber szenische Ikonen niemals als ganze nach dem Prinzip dieser „umgekehrten Perspektive" gemalt. Denn dann entstünde ja auch eine Art „umgekehrter Raum" und die Personen und Gegenstände müßten zum Bildhintergrund hin größer werden. Diese Art der Perspektive bleibt daher stets auf einzelne Bildelemente beschränkt und in das größere Konzept der Bedeutungsperspektive eingebunden. In einzelnen Bildteilen kann auch die Zentral- oder Fluchtpunktperspektive eingesetzt werden. Die Ikonenmaler gehen mit diesen Möglichkeiten so frei um, daß sie beispielsweise auf der gleichen Ikone den Thronsessel in der Bildmitte nach der „umgekehrten Perspektive" malen, direkt daneben eine Tempelfassade nach der Fluchtpunktperspektive konstruieren und wieder an anderer Stelle im Bild sogar eine Menschengruppe fluchtpunktperspektivisch, allerdings mit wieder anderen Fluchtpunkten, ins Bild bringen. Es gibt hier also keinen festen Standort, der dem Betrachter durch den Maler aufgenötigt wird. Der Betrachter wird vielmehr durch die Komposition dazu aufgefordert, in das Bild hineinzugehen, darin umherzuwandern, sich Szene für Szene zu erschließen und das, was ihm gesagt wird, auf sich und in sich wirken zu lassen.

Eine Ikone ist nicht die Komposition dessen, was ein menschliches Auge gesehen hat, sondern sie ist nach orthodoxem Verständnis Selbstmitteilung des Göttlichen. Auf der Ikone soll sich dem Schauenden möglichst viel mitteilen. Mit einer flexibel angewendeten Technik der unterschiedlichen Perspektiven läßt sich ein Maximum an Information vermitteln.

### *j) Die Beschriftung*

Jede Ikone muß beschriftet sein. Das ist keine formale Forderung, sondern ergibt sich aus dem orthodoxen Bildverständnis. Danach ist im Abbild das Urbild präsent. Das, was die Ikone darstellt, ist in ihr so gegenwärtig, wie im Schatten die Person gegenwärtig ist, die diesen Schatten wirft. Der Zusammenhang zwischen dem Urbild und dem Abbild wird durch die Beschriftung gesichert. Insofern drückt sich in der Beschriftung das Wesen der Ikone aus. Eine nicht beschriftete Ikone würde auch zur Weihe nicht zugelassen, ohne die wiederum eine Ikone nicht als liturgischer Gegenstand gelten kann.

Es gibt viele Arten von Beschriftung. Nicht alle sind gleich verbindlich. Dogmatisch unerläßlich ist es, die Personen durch ihre *Namen* klar zu identifizieren. Das gilt in erster Linie für Christus und für die Gottesmutter, aber auch für Engel, heilige Propheten, Apostel u. a.

*Christusdarstellungen* tragen im Nimbus das O ωN. In Frontaldarstellungen steht links und rechts neben dem Nimbus der Name „Jesus Christus", und zwar immer abgekürzt und in griechischen Buchstaben. Die Abkürzung besteht aus dem jeweiligen Anfangs- und Endbuchstaben. Ein darüber gelegter Strich kennzeichnet die beiden Buchstaben als Abbreviatur. Links vom Nimbus steht also $\overline{\mathrm{IC}}$ (von IHCOYC), und rechts steht $\overline{\mathrm{XC}}$ (von XPICTOC). Bei szenischen Ikonen, auf denen Christus im Halbprofil oder im Profil dargestellt ist, wird sein Name nicht beidseitig des Nimbus angebracht, sondern darüber oder nur an einer Seite. Außer dieser Namensbezeichnung können, je nach Ikonentyp, zusätzliche Hinweise stehen, wie z. B. „Pantokrator", „Hoherpriester" u. a.

Für die *Gottesmutterikonen* gilt das gleiche Prinzip. Neben dem Nimbus sind die griechischen Abkürzungen für „Mutter Gottes" anzubringen. Links neben dem Nimbus steht demnach $\overline{\mathrm{MP}}$ (von MHTHP) und rechts steht $\overline{\Theta\mathrm{Y}}$ (von ΘEOY). Dazu können auch noch zusätzliche Bezeichnungen treten.

Außer für diese beiden Namensbezeichnungen, die immer mit griechischen Buchstaben geschrieben sein müssen, gibt es für die Beschriftung keine sprachlichen Auflagen. Erzengel, Heilige und andere Personen werden ebenfalls namentlich bezeichnet. Das aufgeschlagene Evangelienbuch, das von Christus oder von Bischöfen in der linken Hand gehalten wird, enthält neutestamentliche Texte. Auf Schriftrollen, die von nichtbischöflichen Heiligen gehalten werden, findet man auch Väterzitate. Spruchbänder auf Gottesmutterikonen enthalten oft Lobpreisungen der Maria. Ikonen, die in einer Abfolge von Szenen das Leben von Heiligen zeigen, können erklärende Texte enthalten. Alle diese Beschriftungen sind in der jeweiligen Landessprache möglich. Die meisten Ikonen sind allerdings in Altgriechisch oder in Kirchenslawisch beschriftet.

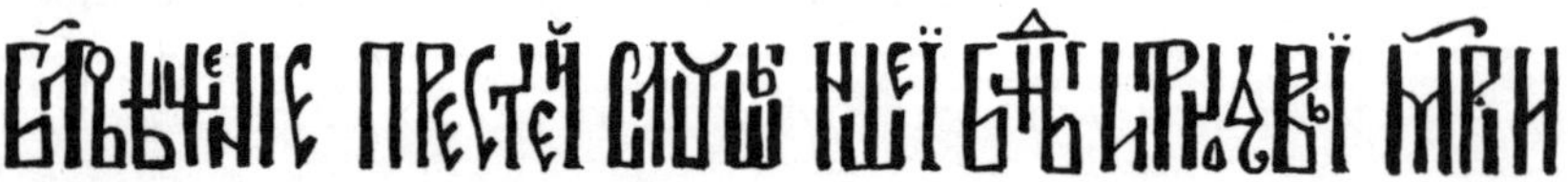

Zierschrift auf einer russischen Ikone

Besonders im russischen Sprachraum hat sich in diesem Zusammenhang eine Kultur der *Zierschrift* herausgebildet. Dabei werden Buchstaben nicht nur in der phantasievollsten Weise ausgestaltet, sondern auch ineinandergeschoben, miteinander verschränkt und in der Wortmitte gekürzt. Die Zierschrift ist also mit einem komplizierten *System von Kürzungen* kombiniert, so daß die Texte nur mühsam zu entschlüsseln sind. Die Abbreviaturen hat man wohl nicht nur vorgenommen, um Raum zu sparen, wahrscheinlich klingt in ihnen auch noch etwas von einer mystisch-religiösen Geheimschrift nach, wie sie in vielen alten Religionen üblich war.

*Künstlersignaturen* gehören im Grunde nicht zur Ikone. Nach orthodoxem Bildverständnis ist der Ikonenmaler nicht Künstler, der an der Ikone sein Können entfaltet, sondern Verkünder göttlicher Wahrheit. Dennoch finden wir ab dem 15. Jahrhundert im griechischen Raum und ab dem 17. Jahrhundert auch in Rußland Ikonen, die vom Maler signiert sind.

*Datierungen,* meist im Zusammenhang mit Signaturen, haben nur in einigen Regionen Tradition. Datiert sind seit dem 16. Jahrhundert die kretischen, seit dem 17. Jahrhundert die sonstigen griechischen und seit dem 18. Jahrhundert die volkstümlichen Ikonen des Balkans. In Rußland sind Ikonen nur zeitweise und nur von einzelnen Schulen datiert worden. Das Entziffern der Daten ist nicht einfach. Römische Ziffern sind nur gelegentlich auf jüngeren Arbeiten zu finden. Datiert wird mit griechischen und mit kirchenslawischen Buchstaben, deren Zahlenwert nicht ganz übereinstimmt. Man zählte zunächst nicht „nach Christi Geburt", sondern rechnete „seit der Erschaffung der Welt". Als Datum dafür galt die Geburt Adams am 1. September 5509 (v. Chr.). Eine Ikone des Jahres 1500 unserer Zeitrechnung trüge also die Jahreszahl 7009 (aus 5509 + 1500). Auf die Zeitrechnung „nach Christi Geburt" wurde erst im 16. und 17. Jahrhundert umgestellt.

## 3. DIE BILDTYPEN

Es gibt schätzungsweise 8000 – 9000 Bildtypen, deren jeder seinen eigenen Namen hat. Diese auf den ersten Blick unüberschaubare Fülle verliert aber für den ordnenden Betrachter ihren Schrecken, sobald man sich die Themenkreise und Grundtypen vergegenwärtigt und nach deren zahlenmäßigem Anteil fragt. Wir können mit etwa 7000 – 8000 Heiligen rechnen, die auf Ikonen dargestellt sind. Jeweils etwa 400 unterschiedliche Darstellungen sind festzustellen bei Ikonen der Gottesmutter, bei biblischen Darstellungen und bei Sonderthemen unterschiedlicher Art. Die Engeldarstellungen gehen über drei Dutzend und die Darstellung der Personen der Trinität über zwei Dutzend Möglichkeiten kaum hinaus.

Unsere Gliederung kann pragmatisch und auf das für den westlichen Betrachter Wesentliche beschränkt bleiben. Dazu gehört vor allem der allen christlichen Kirchen gemeinsame Bestand an biblischen und theologischen Themen. Nur schwer zugänglich und für uns auch von geringerem Interesse sind die Ikonenthemen, die aus der ostkirchlichen Legendentradition hervorgegangen sind, und die vielen Heiligen, von denen die Mehrzahl selbst innerhalb der Orthodoxie eine nur lokal begrenzte Bedeutung hat.

### *a) Die Trinität/Dreieinigkeit*

Die Härte und die Dauer der christologischen und der trinitarischen Streitigkeiten in der alten Kirche machen deutlich, daß die Frage, wie Gott dargestellt werden kann, sehr intensiv bedacht und sehr vorsichtig beantwortet worden ist. Einig war man sich darin, daß die drei göttlichen Personen eine unauflösbare Einheit bilden. Wie diese Einheit freilich vorzustellen sei, blieb lange strittig und war immer wieder Grund zu innerkirchlichen Auseinandersetzungen, die sich auch in der Ikonographie niederschlagen. Schließlich haben sich für die Darstellung der Trinität zwei Grundtypen herausgebildet.

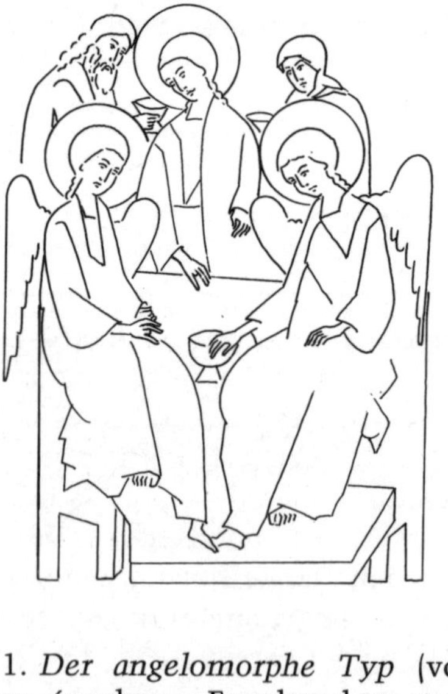

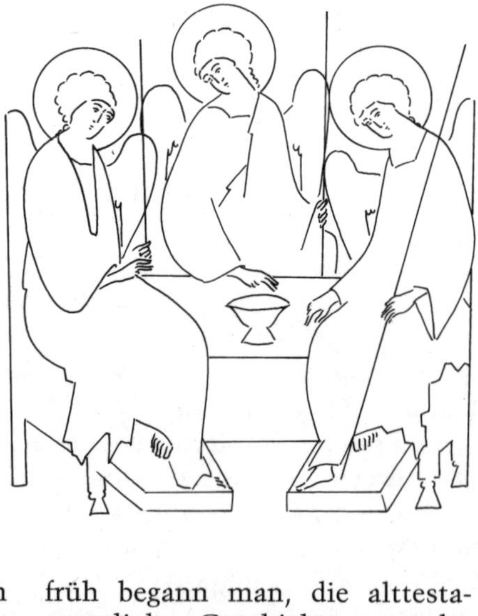

1. *Der angelomorphe Typ* (von gr. ángelos = Engel und gr. morphḗ = Gestalt) oder die alttestamentliche Dreieinigkeit. Schon früh begann man, die alttestamentliche Geschichte von der Gastfreundschaft Abrahams, der von drei Engeln aufgesucht wurde

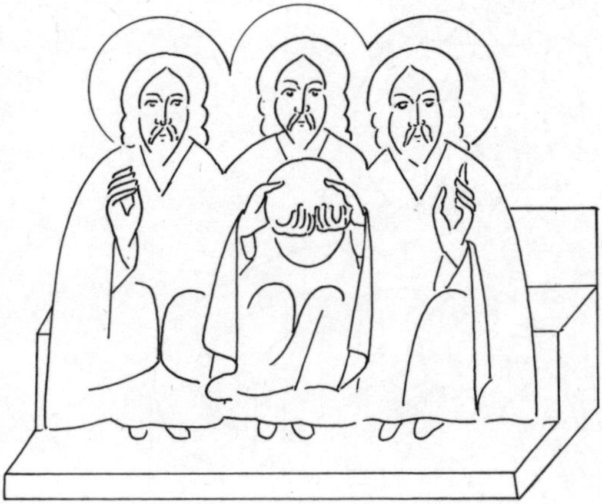

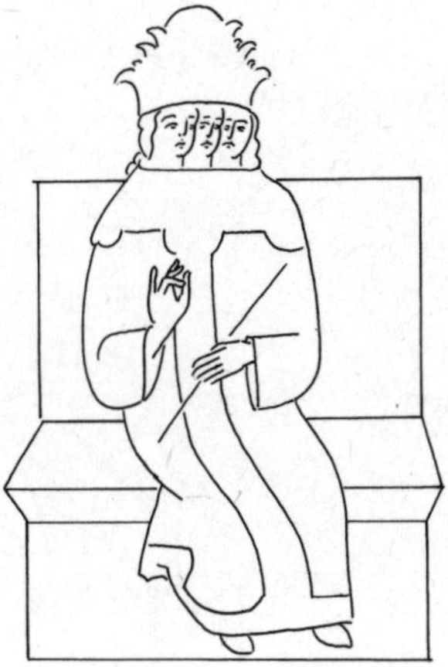

(Gen 18), als Hinweis auf die Trinität zu deuten. Die Darstellungen zeigen entweder alle an der Geschichte beteiligten Personen, also neben den drei Besuchern auch Abraham und Sara, oder lediglich die drei Besucher. Das älteste Zeugnis für diesen Typus ist ein Mosaik in S. Maria Maggiore in Rom aus der Zeit um 440. Seit dem 11. Jahrhundert werden die drei Personen an verschiedenen Tischseiten dargestellt. Diese Darstellung hat sich durchgesetzt. Sie ist vor allem durch Rublevs Trinitätsikone im Westen bekanntgeworden. Dieser Typus ist besonders im slawischen, weniger im byzantinischen Bereich verbreitet. In der ältesten Zeit wurden die drei Personen allerdings nicht um einen Tisch gruppiert, sondern miteinander auf einem Thron sitzend dargestellt. In späterer Zeit wurde die Einheit noch dadurch betont, daß man die drei Personen in einem Gewand, aber mit sechs Ärmeln, drei Halsausschnitten und drei Köpfen darstellte. Aus dem 17. Jahrhundert ist uns eine Ikone des Klosters Dečani erhalten, die sogar nur eine Gestalt mit drei Köpfen zeigt, eine Darstellung, die auch in der abendländischen Kunst anzutreffen ist. Diese dreiköpfige Trinität ist allerdings von der Orthodoxie scharf abgelehnt und auch im Westen 1628 von Papst Urban VIII. verboten worden. Die drei Jünglinge im Feuerofen (Dan 3) wurden in früher Zeit ebenfalls auf die Trinität gedeutet und in diesem Sinne dargestellt.

2. *Der anthropomorphe Typ* (von gr. ánthrōpos = Mensch und gr. morphḗ = Gestalt). Gemeint sind die Versuche, aus biblischen Texten die Legitimation für menschengestaltige Darstellung der Trinität zu gewinnen.

Im byzantinischen Bereich bildete sich um 1000 der Typ der *Vaterschaft* (paternitas) heraus.

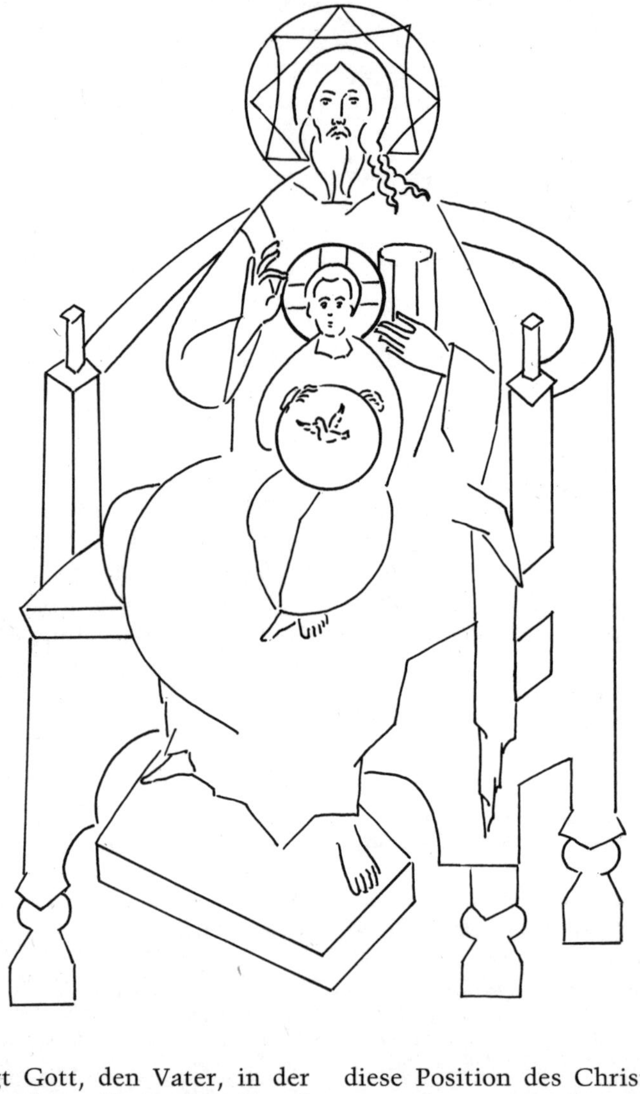

Er zeigt Gott, den Vater, in der Gestalt des „Alten der Tage" (nach Dan 7,9) auf einem Thron. Auf seinem Schoß sitzt Christus Emmanuel, der präexistente Logos (nach Jes 7,14), und hält in einem Medaillon die Taube, das Symbol des Heiligen Geistes. Für diese Position des Christus Emmanuel zog man Joh 1,18 heran: „Niemand hat Gott je gesehen; der einzige (von Gott gezeugte) Sohn, der im Schoße des Vaters ist, der hat Kunde von ihm gebracht." Der Text Dan 7,9 galt und gilt als Legitimation dafür,

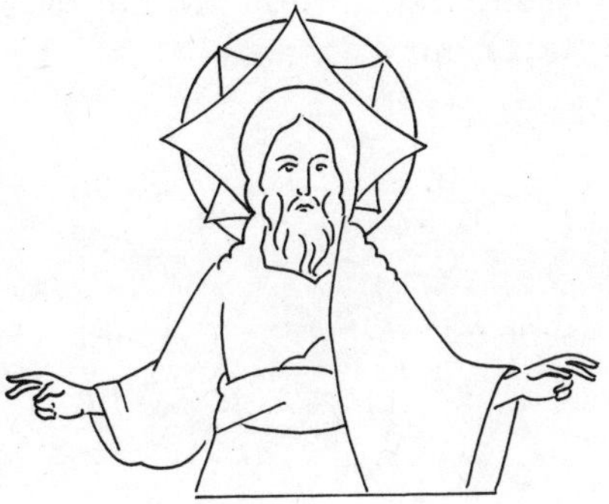

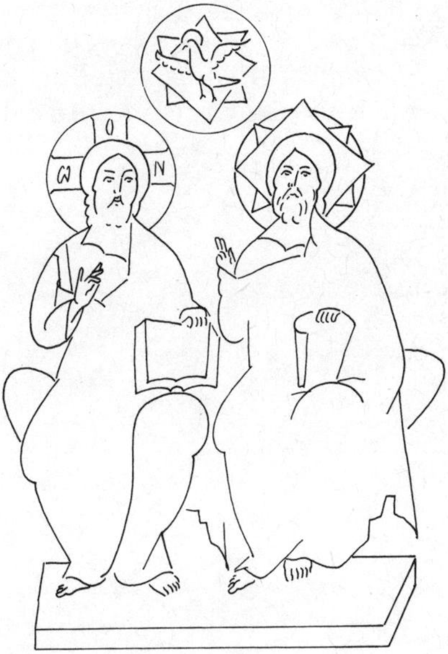

daß auch die erste Person der Trinität anthropomorph dargestellt werden darf. Er lautet: „Ich schaute: da wurden Throne aufgestellt und ein Hochbetagter setzte sich nieder. Sein Gewand war weiß wie Schnee, und das Haar seines Hauptes rein wie die Wolle." Der „Alte der Tage" ist auch gelegentlich als Einzelperson dargestellt worden. Diese Darstellung widerspricht allerdings orthodoxem Dogma, wonach Gott seiner Gottheit nach undarstellbar bleibt. Sie wurde daher auch unterdrückt. Die Moskauer Synode von 1667 hat deshalb auch verboten, den „Vaterschaftstyp" weiterhin zu malen, der in Rußland als Trinitätsikone damals sehr verbreitet war.

Unter abendländischem Einfluß ist im 16. Jahrhundert in Kreta eine andere anthropomorphe Version der Trinität entstanden, die man als *Westlichen Typus* bezeichnet. Hier sitzen Gott Vater und Gott Sohn auf einem Thron. Gott, der Vater, ist als Greis dargestellt, und Christus sitzt in der Art eines Pantokrators zu seiner Rechten. Der Heilige Geist schwebt zwischen oder leicht über ihren Köpfen. Diese Vorstellung leitete man aus Mk 16, 19 her, wo es heißt: „Der Herr Jesus nun wurde, nachdem er zu ihnen geredet hatte, in den Himmel emporgehoben und setzte sich zur Rechten Gottes." Andere Trinitätsdarstellungen hat die orthodoxe Kirche nicht ausgebildet.

### b) Christus

Sämtliche Christusdarstellungen lassen sich auf drei Grundtypen zurückführen. Christus wird dabei stets frontal dargestellt.

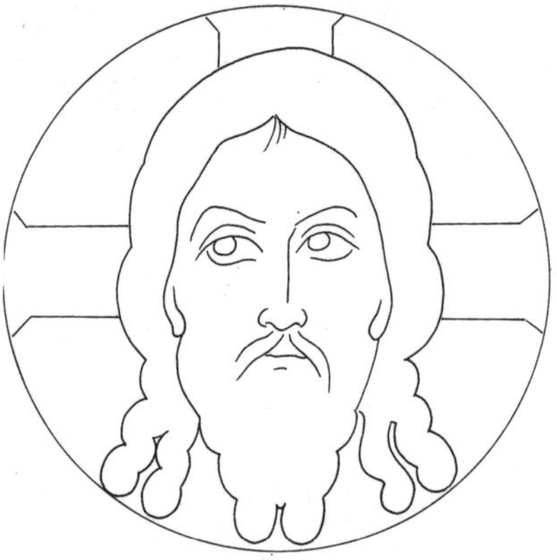

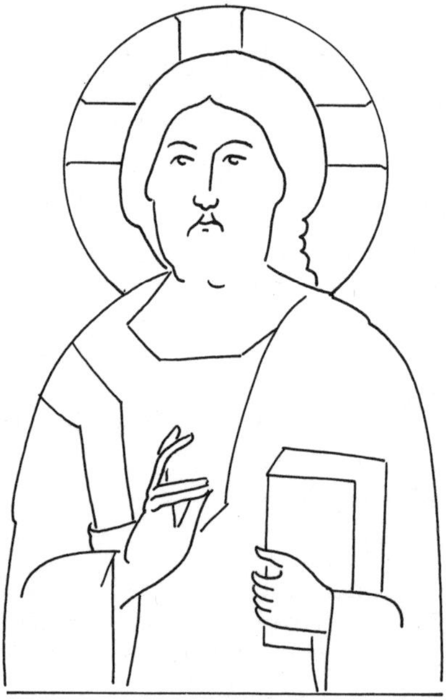

1. *Das Mandylion.* Als Urbild gilt jenes Tuch, in das, der Abgarlegende zufolge, Jesus selbst sein Antlitz gedrückt haben soll (vgl. I, 5d). Die Kennzeichen sind: Frontalität, keinerlei Halsansatz, streng gescheiteltes Haupthaar, drei Stirnlocken, Bart und große Augen. Jenes „nicht von Menschenhand gemachte Bild" (Acheiropoietos) galt bereits im 7. Jahrhundert als die zweite Inkarnation Christi. Die früheste uns erhaltene Ikone dieser Art stammt aus dem 6. Jahrhundert.

2. *Der Pantokrator.* Der herrscherliche Christus ist ikonographisch aus vorchristlichen hellenistischen und orientalischen Gottesdarstellungen entwickelt worden. Inhaltlich setzt sich der „Alleinherrscher Christus" bewußt vom hellenistischen Kosmokrator (Weltenherrscher) und dem entsprechenden Titel im Kaiserkult ab. Auf Fresken und Mosaiken ist der Pantokratortypus schon um 500 nachweisbar. Das verbindliche Grundschema hat sich aber erst im Bilderstreit vollständig herausgebildet. Seitdem zeigt der Pantokrator ein männliches Antlitz. Sein volles Haupthaar ist in der Mitte gescheitelt und fällt bis auf die Schultern. Er hat Oberlippen-, Backen- und Kinnbart. Die Rechte ist zum herrscherlichen Lehrgestus erhoben, in der Linken hält

er die Bibel, aufgeschlagen oder geschlossen. Er kann thronend oder stehend, ganzfigurig oder halbfigurig oder nur mit Schulteransatz dargestellt werden. Aus den Details ergeben sich unterschiedliche Namen. Der thronende Pantokrator kann auch als „Weltenrichter" ausgewiesen oder durch liturgische Bischofsgewänder als „Hoherpriester" gekennzeichnet sein.

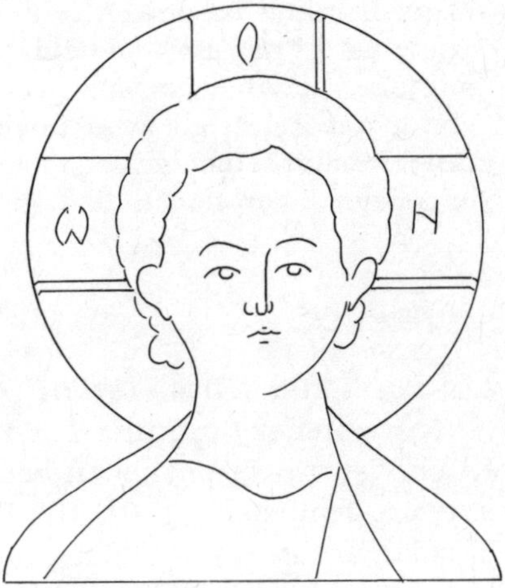

3. *Der Emmanuel.* Er stellt den präexistenten und zugleich Mensch werdenden Logos dar. Als biblische Basis gilt Jes 7, 14: „Siehe, die junge Frau wird (oder ist) schwanger und gebiert einen Sohn, und sie gibt ihm den Namen Immanuel", d.h. Gott mit uns. Das Emmanuelbild geht wohl auf die frühchristlichen Darstellungen eines bartlosen Jesus zurück, bildet sich aber erst nach 1000 zu einem festen ikonographischen Typus aus, der freilich selten bleibt. Der präexistente Logos wird als Knabe mit hoher ausgewölbter Stirn, dargestellt. Sein Haupthaar ist im Nacken gerollt. Das Gesicht drückt unkindlichen Ernst aus. In ganzfiguriger oder halbfiguriger Darstellung erscheint er mit Lehrgestus und Bibel. Ist nur Kopf und Schulterpartie dargestellt, so tritt der Ausdruck des „Kindgreises" stark hervor. Im Medaillon begegnet der Emmanuel auf Gottesmutterikonen vom Typ der Orantin. Der Emmanueltypus ist auch in den „Engel des großen

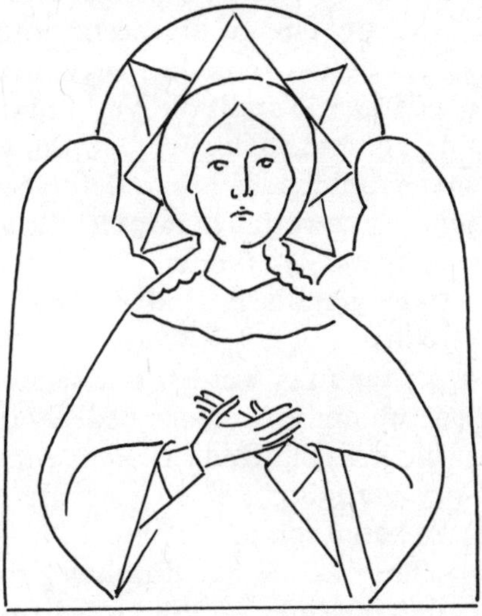

Rates" integriert, der als jugendlicher Christus-Engel mit mächtigen Flügeln ausgestattet ist und entweder die Hände vor der Brust kreuzt oder die Rechte segnend oder befehlend ausstreckt und in der Linken eine Schriftrolle hält.

Wahrscheinlich ist der „Alte der Tage" aus frühen Emmanueldarstellungen hervorgegangen.

In später Zeit sind zwar noch einige Sonderthemen entstanden, sie spielen aber neben den geschilderten Grundtypen keine nennenswerte Rolle. Die Typenvielfalt der orthodoxen Christusdarstellungen ist im Vergleich zum Westen begrenzt und streng normiert geblieben.

### *c) Engel*

Die Engel bilden nach orthodoxer Lehre die vermittelnden Hierarchien zwischen himmlischer und irdischer Welt. Die orthodoxe Kirche ist im wesentlichen bei der Engellehre des Dionysios vom Areopag geblieben (vgl. II, 4b). Danach gibt es drei Hierarchien oder Triaden in absteigender Rangfolge:

1. Seraphim, Cherubim und Throne
2. Herrschaften, Mächte und Gewalten
3. Fürstentümer, Erzengel und Engel.

Die erste Hierarchie steht unmittelbar vor Gottes Thron. Sie taucht deshalb dort auf, wo Gottes Thron dargestellt wird. Die dritte Hierarchie stellt die Verbindung zur Welt der Menschen her. Sie spielt demnach dort eine Rolle, wo es um ein helfendes, strafendes oder schützendes Eingreifen Gottes oder um göttliche Botschaften geht. Die zweite Hierarchie, die auch „Regierung" genannt wird, erscheint auf den Ikonen verhältnismäßig selten.

Ikonographisch sind die Hierarchien folgendermaßen gekennzeichnet:

- „Seraphim" werden mit sechs Flügeln meist rot dargestellt. Mit je einem Flügelpaar bedecken sie das Angesicht und die Füße, das dritte Flügelpaar dient zum Fliegen.
- „Cherubim" zeigen sich als Kopf mit zwei oder vier Flügeln, meistens blau.
- „Throne" werden durchweg rot gemalt, und zwar als feurige Räder, die ringsum mit Flügeln ausgestattet sind.
- Die „zweite Hierarchie" wird menschartig dargestellt und durch liturgische Gewänder, die denen eines Diakons entsprechen, gekennzeichnet: ein bis zur Erde reichendes gegürtetes Untergewand und ein langes, schmales, goldgrünes Band (Orarion). In der Linken halten die Gestalten ein goldenes Band, in der Rechten ein Siegel. Die „Herrschaften" sind oft mit Zepter und Krone ausgestattet.

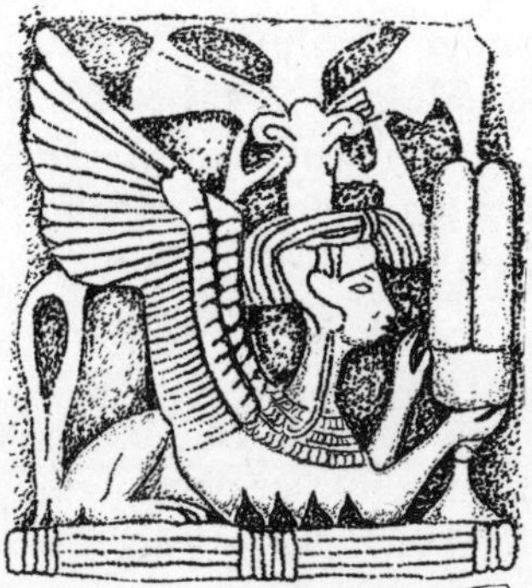

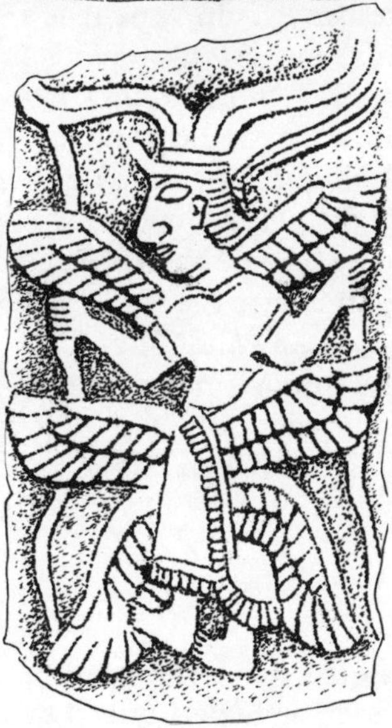

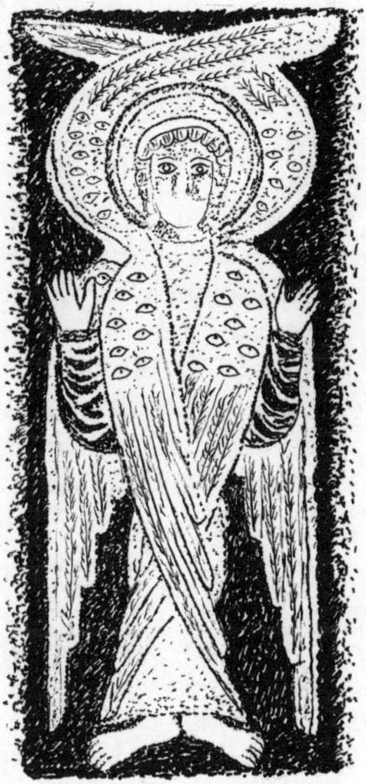

*Links oben:* Sphinx, geflügeltes Mischwesen, wie es im Alten Ägypten, Syrien und Mesopotamien bekannt war.

*Links Mitte:* Hethitisches Mischwesen mit drei Flügelpaaren als den Attributen überirdischer Macht.

*Rechts oben:* Seraph mit drei Flügelpaaren, die mit vielen Augen ausgestattet sind. Relief an armenischer Kirche.

*Unten:* Seraphen, nach orthodoxer Vorstellung der höchste Rang der Engel, die nach Jes 6, 2 ebenfalls mit drei Flügelpaaren dargestellt werden.

Flügel sind Symbole der Schwerelosigkeit und Zeichen dafür, daß das geflügelte Wesen aus einer überirdischen Welt kommt oder das Irdische hinter sich lassen kann. Bei Engeln sind Flügel die Attribute schneller Gottesboten, die Verbindung zwischen Gott und Mensch herstellen.

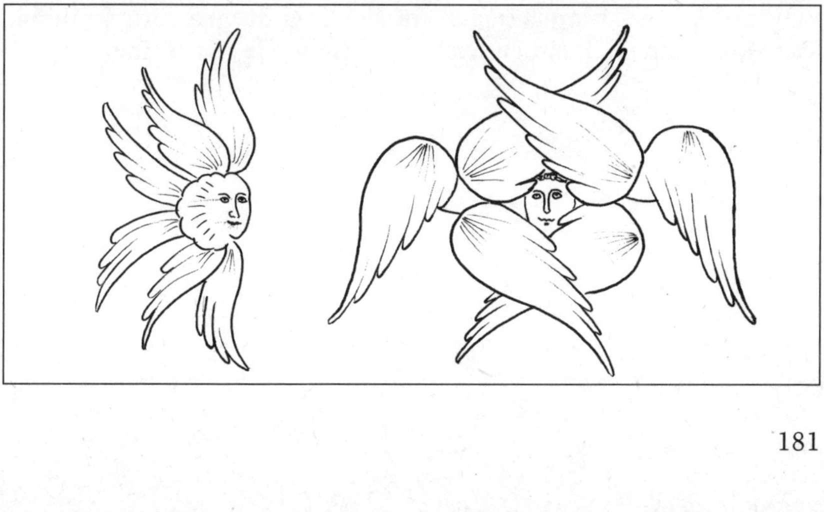

– Von der „dritten Hierarchie“ treten besonders die Engel und die Erzengel in Erscheinung. Sie sind an ihren Flügeln zu erkennen, und sie tragen die Gewänder des oströmischen Kaiserhofes. Die Engel erscheinen als Assistenzfiguren um das Christusgeschehen (z. B. bei der Taufe Jesu), um den Christusthron und um die Gottesmutter. Die orthodoxe Kirche kennt sieben Erzengel mit Namen. Davon sind aber nur Michael und Gabriel für die Ikonen von Belang. Gabriel ist vor allem als Botenengel in der Verkündigung an Maria bekannt und wird regelmäßig in Deesisgruppen (dḗēsis = Anbetung) dargestellt. Michael tritt in vielfacher Funktion in Erscheinung, was auch an seiner Kleidung deutlich wird. Als „Erzstratege“ trägt er Waffenrüstung. Als Botenengel trägt er wie Gabriel den Botenstab. Als hoher himmlischer Beamter trägt er die Sphaira (Weltenkugel) in seiner Linken, und an seinem Gewand, das dem der kaiserlichen Hofbeamten entspricht, sind die Clavi zu erkennen, jene von Hals bis Fuß laufenden Farbstreifen auf dem Gewand, die als herrschaftliche Rangabzeichen zu verstehen sind. Als liturgischer Assistent um Christus oder um die Gottesmutter trägt er Gewänder des Diakons. Von Michael wird auch eine Reihe von Wundern dargestellt. Es gibt zwar noch einige Sonderthemen (z. B. die „Versammlung der Engel“), die aber sind selten und haben nur geringe Bedeutung.

### *d) Gottesmutter*

Von den etwa 400 verschiedenen Portraitbildern der Gottesmutter haben nur etwa zwei Dutzend gesamtorthodoxe Bedeutung. Die Vielzahl der Varianten läßt sich auf vier Grundtypen zurückführen. Dazu kommen noch einige selten anzutreffende Sonderthemen.

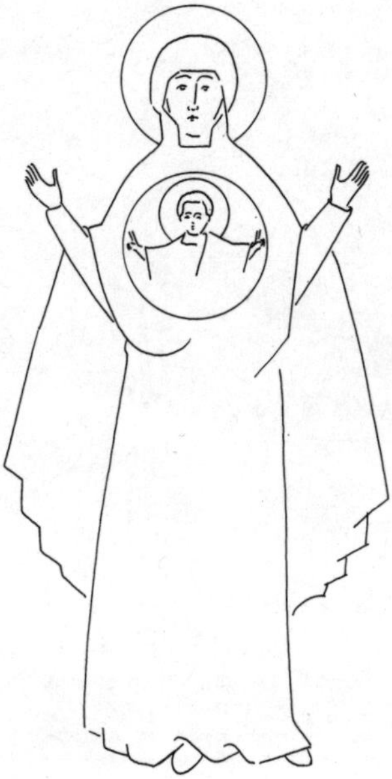

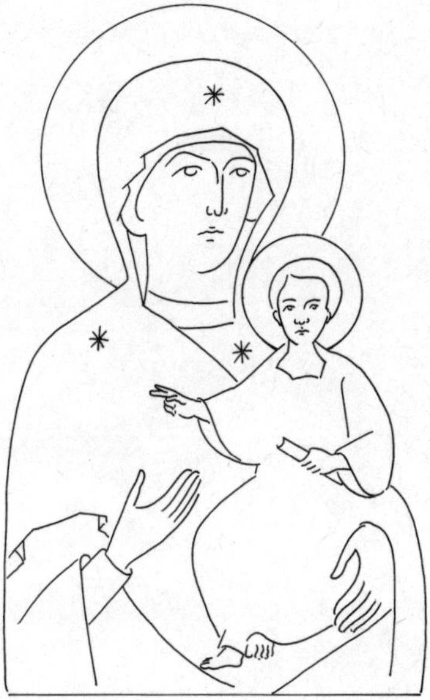

1. *Die Betende* (kunstgeschichtlich: Blachernitissa; in Rußland: Známenie = Gottesmutter des Zeichens). Sie zeigt Maria ohne Kind in der antiken Gebetshaltung der Orantin oder Maria in Gebetshaltung mit einem Emmanuel im Medaillon vor der Brust. Maria kann ganz- oder halbfigurig dargestellt sein oder auch in einem Medaillon erscheinen. Orantinnen werden ab dem 4. Jahrhundert mit Maria in Zusammenhang gebracht. Sie sind für andere Personen bereits aus der Katakombenmalerei bekannt und gehen auf die vorchristliche Antike zurück. Ohne Kind und in Fürbittenhaltung tritt uns seit dem 6. Jahrhundert die Gottesmutter von Ara Coeli, freilich nicht häufig, entgegen.

2. *Die Repräsentierende* (kunstgeschichtlich: Hodigítria = Wegweiserin). Die Hodigitria zeigt sich im Gestus einer Herrscherin: würdig, ja sakral, unpersönlich geradeausblickend. Sie präsentiert mit herrscherlich überlegener Geste dem Volk ihren Sohn. Der Sohn ist nicht kindlich dargestellt, sondern er ist im Ausdruck ernst und erwachsen und auch wie ein Erwachsener gekleidet. Der Typus der Hodigitria trägt alle Zeichen des byzantinischen Kaiserhofes. Die Wurzeln dieses Typs reichen freilich schon in das 5. Jahrhundert nach Syrien/Palästina zurück.

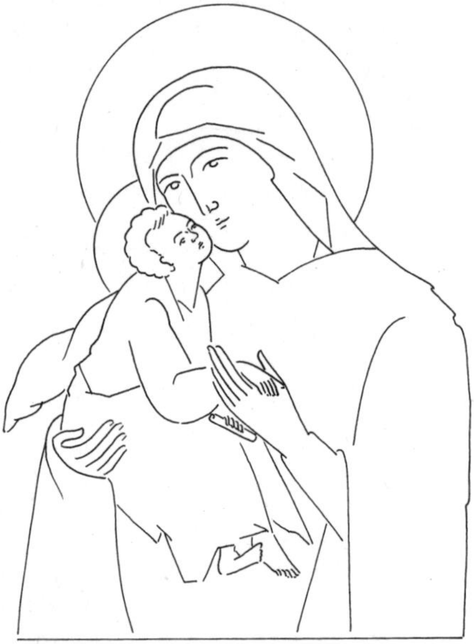

3. *Die Mütterliche* (kunstgeschichtlich: Eleúsa = die sich erbarmt; russisch: Umilénie). Kennzeichen dieses Typus ist, daß Maria ihre Wange an die ihres Kindes legt. Das Kind umarmt meistens die Mutter. Dieser Gottesmuttertypus gilt als „Fürsprecherin der Christenheit". Der Eleusatypus, der erstmals im 6. Jahrhundert im koptischen Bereich nachzuweisen ist, geht auf Bildnisse von antiken Muttergottheiten zurück. Die mütterliche Gottesmutter hat sich besonders im slawischen Bereich in vielen Varianten durchgesetzt (Beispiel: Vladímirskaja), und sie ist als Hausikone besonders beliebt.

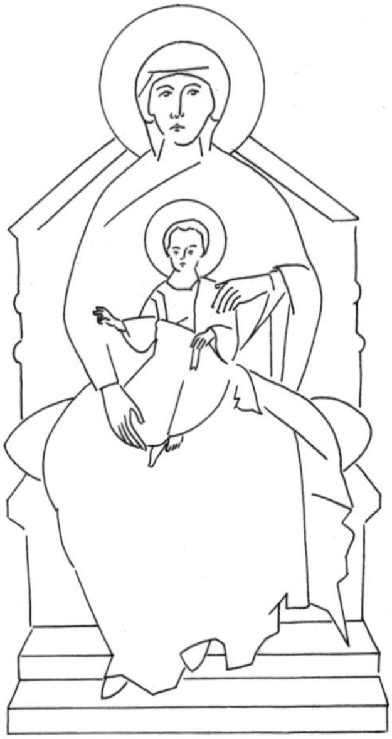

4. *Die Thronende* (kunstgeschichtlich: Platytéra = Weiter als der Himmel). Die Gottesmutter sitzt auf einem Thron und hält das Kind vor sich auf dem Schoß. Dieser Typus ist bereits für das 6. Jahrhundert gut belegt (z. B. durch eine Elfenbeinarbeit, ein Fresko, eine enkaustische Tafelikone).

Viele der Gottesmutterikonen sind Mischtypen, insbesondere zwischen der Hodigitria und der Eleusa. Neben den vier genannten Grundtypen gibt es noch eine Reihe von Sonderthemen. Einige sind an alte Brunnenheiligtümer und an Wallfahrtsorte gebunden. Andere schildern Wunder oder nehmen heidnische Motive auf. Wieder andere sind aus Marienhymnen entwickelt worden.

### *e) Szenische Motive*

Die szenischen Motive der Ikone sind aus unterschiedlichen Textquellen entwickelt worden. Diese Texte sind:

1. Die Schriften des Alten und des Neuen Testaments.

2. Die alttestamentlichen und neutestamentlichen Apokryphen (von gr. apókryphon = das Verborgene); das sind Schriften, die nicht zum Kanon der alttestamentlichen und neutestamentlichen Bücher gezählt werden. Die alttestamentlichen Apokryphen wurden zwischen 200 v. Chr. und 100 n. Chr. geschrieben. Die neutestamentlichen Apokryphen stammen aus der Zeit vom 2. – 9. Jahrhundert. Die Verfasser wollten mit ihren Schriften die kanonischen Bücher ergänzen und wohl auch verbessern oder gar ersetzen. Die Legendenbildung treibt in den Apokryphen üppige Blüten, besonders dort, wo die kanonischen Bücher wenig Auskunft geben und zurückhaltend sind. Historisch sind diese Texte nahezu wertlos. Sie zeigen aber an, wie christliche Legenden und christliche Volksdichtung wuchsen. Die Apokryphen befriedigen das Bedürfnis, über bestimmte Personen und Ereignisse mehr zu erfahren, als den kanonischen Schriften zu entnehmen ist.

3. Legenden und Legendensammlungen.

Die apokryphe Literatur hat auf die christliche Kunst schon früh und nachhaltig eingewirkt. Sie hat außerdem die Kirchendichtung angeregt, die ihrerseits wieder der Malerei Stoff lieferte. Apokryphe Schriften und Legenden sind in breitem Strom in die orthodoxe Frömmigkeitspraxis eingeflossen und sind dort auf Dauer lebendig geblieben. In der Volksfrömmigkeit wird man eine Trennung zwischen biblischen und apokryphen Inhalten kaum erwarten dürfen, weil die „Überlieferung" als Einheit erlebt wird. Im Westen – insbesondere im Protestantismus, zunehmend aber auch im neuzeitlichen Katholizismus – ist durch historische Forschung und theologische Kritik ein Bewußtsein für den qualitativen Unterschied zwischen biblischen und apokryphen Texten entstanden. Im allgemeinen Bewußtsein sind die apokryphen Texte so stark zurückgetreten, daß ihre Inhalte uns nicht mehr vertraut sind. Szenische Ikonen, die apokryphe Überlieferungen oder gar orthodoxe Legendentradition wiedergeben, sind uns daher ohne die literarischen Hilfen kaum verständlich. Zu den nichtbiblischen Themen, die uns auf Ikonen begegnen, gehören auch viele Kindheitsgeschichten Jesu und Szenen aus dem Marienleben, aber auch theologisch so zentrale Themen wie die „Höllenfahrt Christi", die das Oster- oder Auferstehungsbild der orthodoxen Kirche ist.

Die szenischen Ikonen spielen als *Festtagsbilder* im komplizierten Festzyklus der orthodoxen Kirche eine große Rolle. Das Kirchenjahr ist in der Ostkirche allerdings anders geordnet als im Westen. Es beginnt am 1. September. Das Osterfest (samt Osterfestkreis) wird zwar nach der gleichen Art ermittelt, nämlich: erster Sonntag nach Vollmond nach Frühlingsanfang; aber das Kalenderdatum des Frühlingsanfangs wird nicht, wie bei uns, nach dem Gregorianischen Kalender, sondern nach dem älteren Julianischen Kalender errechnet. Danach aber wird der Frühlingsanfang 13 Tage später angesetzt. Als Hauptfeste der orthodoxen Kirche gelten: die Geburt der Gottesmutter – die Einführung der Maria in den Tempel – die Verkündigung an Maria – die Geburt Christi – die Einführung Christi in den Tempel – die Taufe Christi – die Verklärung – der Einzug in Jerusalem – die Höllenfahrt Christi – die Himmelfahrt Christi – die Entschlafung der Gottesmutter – die Kreuzerhöhung. Die Inhalte dieser Feste sind zum Teil auch aus den apokryphen Schriften hergeleitet.

Neben den Bildern zu den zwölf Hauptfesten sind noch eine Reihe anderer Bildtypen aus der Heilsgeschichte üblich. Außerdem ist jeder Tag der Woche einem besonderen Gedächtnis gewidmet. Der Montag z. B. ist der Tag der „körperlosen Mächte", also der Engel. Die Themen der Festtagsikonen sind in ihrem Aufbau festgelegt, und sie werden in den Malerhandbüchern genau beschrieben.

### *f) Heilige*

Die Heiligenbilder sind Ausdruck der Heiligenverehrung. Als Heilige gelten die Patriarchen und Propheten des Alten Testaments (besonders Elija), als Brücke zwischen den Zeiten steht Johannes der Täufer, der „Vorläufer" genannt wird, weiter die vier Evangelisten, die Apostel, die Märtyrer, Vertreter der Hierarchie (Patriarchen, Bischöfe, Priester und Diakone), Mönche und Asketen aller Art, Patronatsheilige (z. B. die Arztheiligen Kosmas und Damian), Soldaten und Reiterheilige, Nationalheilige aller Art, darunter auch Herrschergestalten (z. B. die Fürstensöhne Boris und Gleb oder Kaiser Konstantin und seine Mutter Helena). Unter den Heiligen gibt es auch Frauen. Von den Tausenden von Heiligen sind uns im Westen nur jene Gestalten direkt zugänglich, die der biblischen Tradition entstammen oder deren Legende auch uns bekannt ist wie die des Bischofs Nikolaus von Myra.

Die Heiligen sind den einzelnen Tagen des Jahres zugeordnet, also in das Kirchenjahr und damit in das gottesdienstliche Leben und in die Frömmigkeitspraxis der orthodoxen Kirche eingebunden. Dargestellt werden die Heiligen durchweg frontal, und zwar ganzfigurig, halbfigurig oder nur bis zur Schulter als Portrait. Ikonographisch sind diese Darstellungen nicht besonders interessant, denn sie folgen einem Standardschema. Durch die Kleidung wird der jeweilige Stand gekennzeichnet (Bischof, Diakon, Mönch u. a.). Die Malerhandbücher geben Alter, Haar- und Bartformen an. Da die Kombinationsmöglichkeiten dieser Merkmale begrenzt sind, ist die Identität des jeweiligen Heiligen meistens nur aus der Aufschrift seines Namens zu erkennen, die allerdings obligatorisch ist.

Zunächst wurde nur die „Person" des Heiligen dargestellt. Im 5. Jahrhundert kam der Nimbus dazu. Später entwickelten sich *Vitenikonen* (von lat. vita = Leben), die in einer Bildfolge oder auf dem Rand der Ikone einzelne Szenen aus dem Leben des Heiligen darstellen. Die Vitenikonen sind nur mit Hilfe der jeweiligen Legende zu entschlüsseln.

## 4. ENTWICKLUNG DER TAFELMALEREI

Die im oströmischen Reich entstandenen Ikonen sind in ihrer bleibenden Grundgestalt vor allem in und um Byzanz geprägt worden. Die Ikonenmalerei, die im Bilderstreit ihre bleibenden Normen ausbildete, kam im 13. und 14. Jahrhundert in Konstantinopel zu ihrer nie wieder erreichten stilistischen Vollendung. Künstlerisch hochwertige Ikonenmalerei kann nur in Zentren entstehen, die einen guten kulturellen und finanziellen Hintergrund und eine gewisse politische Eigenständigkeit haben. Die Ikonenmalerei ist daher mit der politischen Geschichte einer Stadt oder einer Region eng verbunden.

Wir haben keine Ikonen aus der Frühzeit. Die ältesten Exemplare, die aus dem 6. Jahrhundert stammen, sind uns im Katharinenkloster auf dem Sinai erhalten geblieben. Im byzantinischen Raum sind alle Ikonen den Ikonoklasten und den Kreuzrittern zum Opfer gefallen. In Rußland sind sie bei den Tatareneinfällen zu-

*Farbtafel Seite 189: Hl. Erzengel Michael.* Tempera auf Holz, 158 × 108 cm. A. Rublev, zweites Jahrzehnt des 15. Jahrhunderts, Zvenigorod, Deesisreihe der Ikonostase. Moskau, Tretjakov-Galerie. – Die Arbeiten Rublevs bilden den Höhepunkt der russischen Ikonenmalerei. Die Malerei erfährt hier einen danach nie wieder erreichten Grad der Vergeistigung. Der Erzengel Michael ist stilistisch dem rechten Engel auf Rublevs Trinitätsikone verwandt. Rublevs Arbeiten sind leider nur zu einem kleinen Teil und schlecht erhalten. (Vgl. im Glossar Deesis, Ikonostase).

*Farbtafel Seite 190: Hl. Apostel Matthäus.* Tempera auf Holz, 106 × 56,5 cm. Um 1300, Ochrid / Makedonien, Klemenskirche. – Die Ikone zeigt beste byzantinische Maltradition. Der unbekannte Meister ist ein hervorragender Zeichner und versteht es, mit Farbtönen fein zu modellieren. Die Figur des Apostels wirkt ungewöhnlich plastisch.

*Farbtafel Seite 191: Hl. Georg.* Zellenschmelz-Email, 14,5 × 11,6 cm. 15. Jahrhundert. Tbilisi, Staatliches Georgisches Kunstmuseum. – Georgien hat schon im 4. Jahrhundert das Christentum angenommen und einen eigenständigen Ikonenstil in unterschiedlichen Materialien entwickelt. Die grusinische Kunst erreicht ihre Blütezeit im 10. bis 14. Jahrhundert. Die Zellenschmelztechnik mit ihren kontrastierenden Farben, die teils durchscheinend und teils opak sind, wirkt sehr dekorativ und betont vor allem die Zweidimensionalität und eben damit jene Dimension, die jenseits des weltlich Faktischen liegt.

*Farbtafel Seite 192: Hl. Nikolaus* (Ausschnitt). Tempera auf Holz, Gesamtmaße 68 × 53 cm. Spätes 12. Jahrhundert, Novgorod. Leningrad, Russisches Museum. – Nikolaus, Bischof von Myra in Lykien und Wundertäter (gest. um 350), wird von Christen des Ostens und des Westens und von Muslimen verehrt. Der vorliegende Ausschnitt veranschaulicht die Maltechnik für Inkarnat und Haar. Der byzantinische Monumentalstil ist hier noch spürbar, aber bereits in einen kräftigen eigenständigen nordrussischen Stil transformiert.

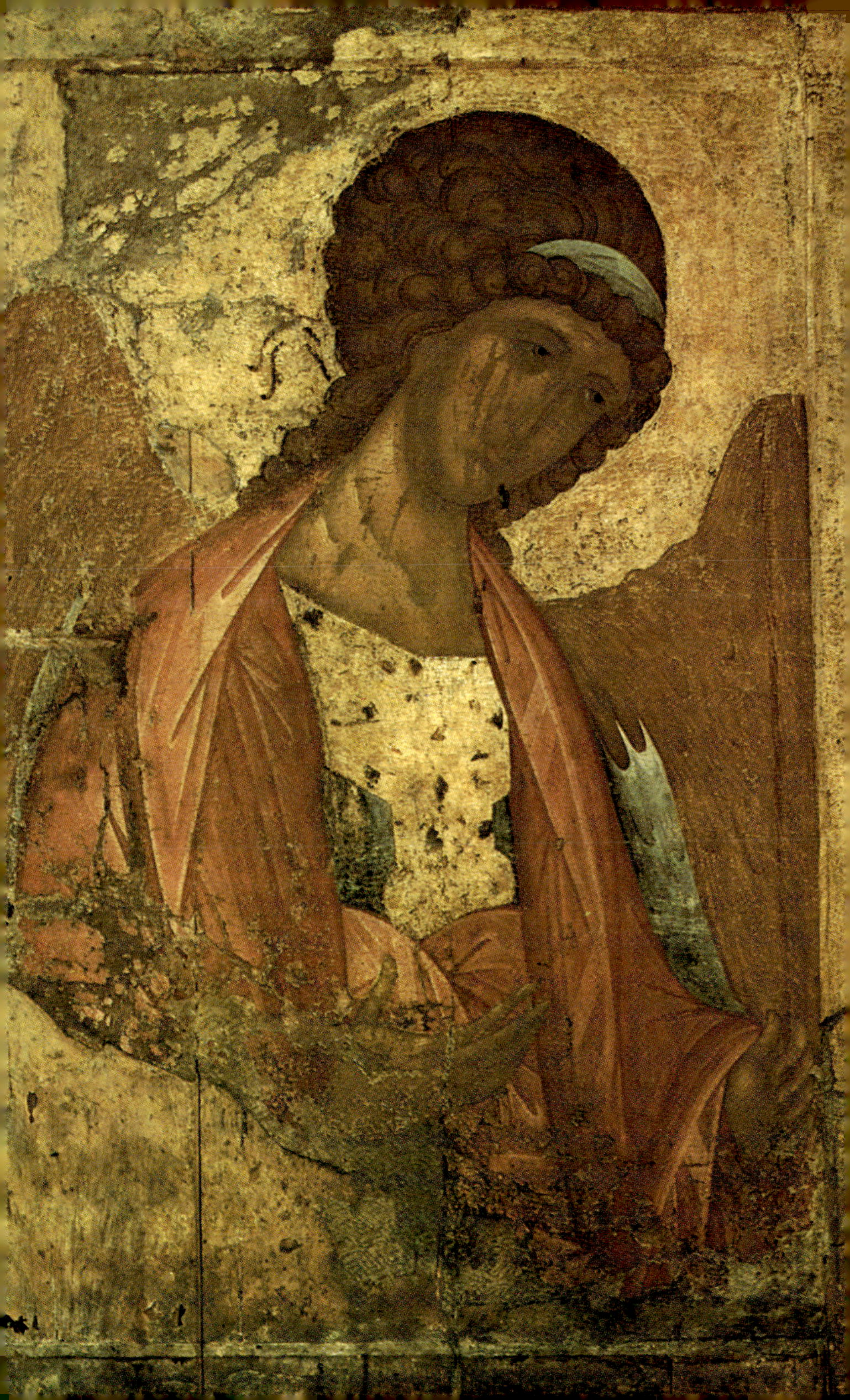

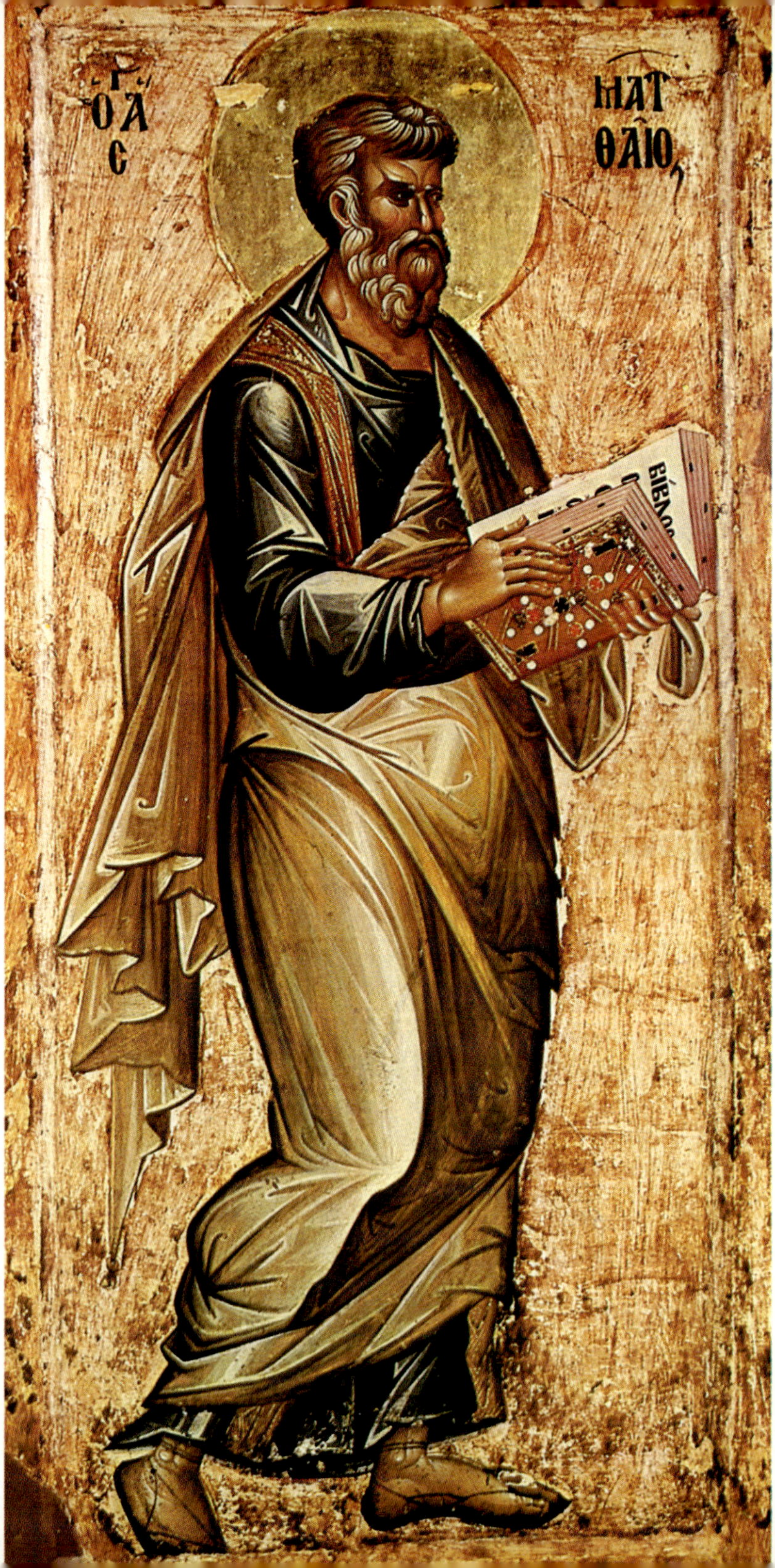
ΜΑΤ
ΘΑΙΟ
ΒΙΒΛΟ

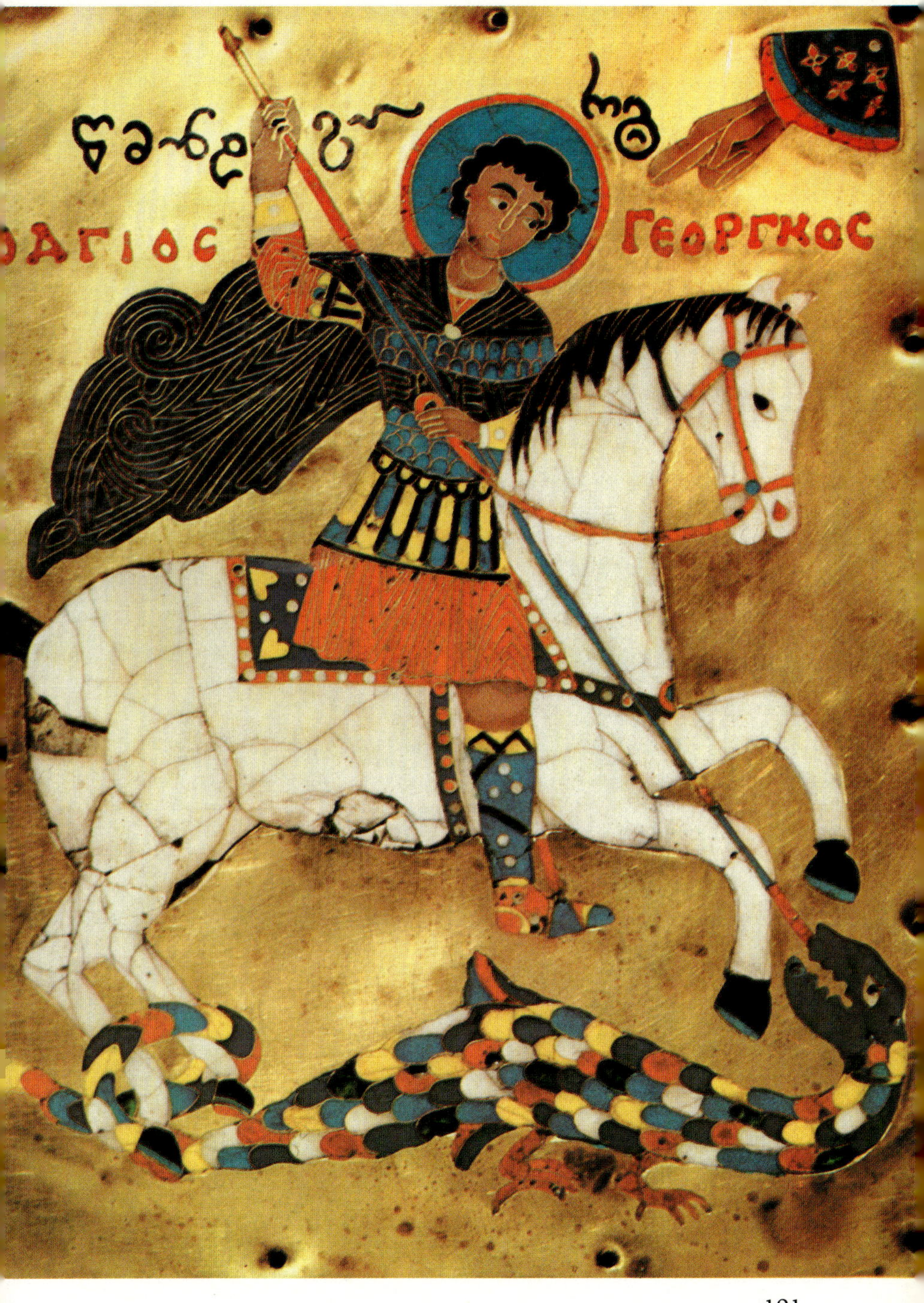

ΑΓΙΟC
ΓΕΟΡΓΚΟC

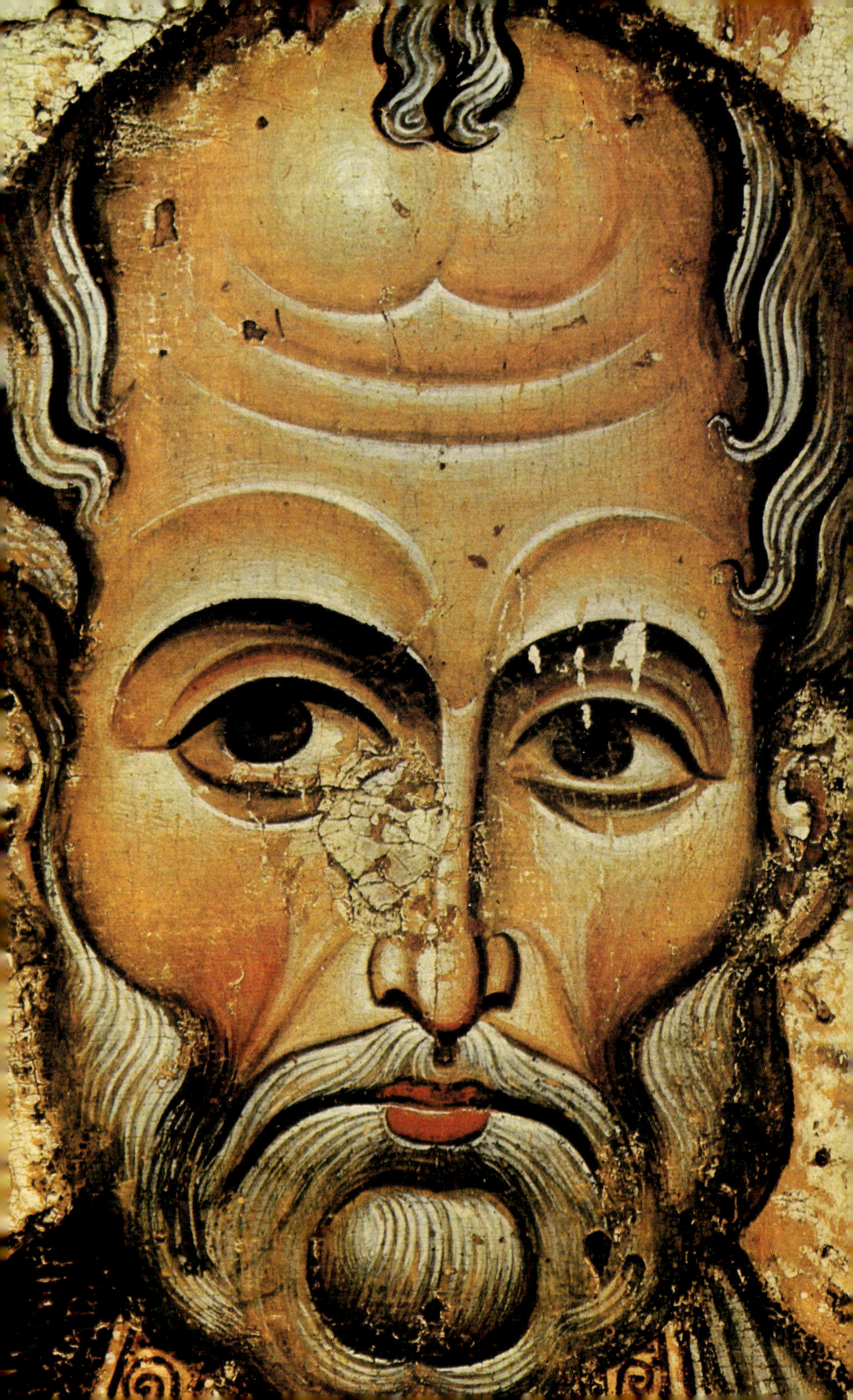

grunde gegangen. Deshalb haben wir nennenswerte Zeugnisse von Tafelikonen in Byzanz erst aus der Zeit des 13. und 14. Jahrhunderts, in Rußland sogar erst aus dem 15. Jahrhundert. Die vor dieser Zeit liegende Entwicklung läßt sich nur aus Mosaiken, aus Fresken, aus Buchillustrationen und aus Ikonen, die aus anderen Werkstoffen hergestellt sind, rekonstruieren.

Das Zentrum der Ikonenmalerei, das auf den gesamten oströmischen Bereich ausgestrahlt hat, war bis zur Eroberung durch die Türken im Jahr 1453 Konstantinopel. Danach verlagerte es sich nach Kreta, das im venezianischen Besitz war und erst 1669 von den Türken eingenommen wurde. In Kreta hat sich auch die oströmische Malweise mit dem westlichen Naturalismus der Renaissancemalerei zu einem neuen Ikonenstil verbunden. Seit Beginn des 2. Jahrtausends kamen byzantinische Ikonen und byzantinische Ikonenmaler nach Rußland, wo sich vom 12. Jahrhundert an verschiedene Ikonenzentren mit eigenständigen Malstilen bildeten. Mit den folgenden Hinweisen soll die Vielfalt der Stile angedeutet und dem Leser eine erste Orientierung gegeben werden.

Im Spätstil von *Konstantinopel* (13. – 15. Jahrhundert) sind die Figuren schlank und hochgewachsen, schwerelos und zerbrechlich. Sie wirken unnahbar und distanziert.

Nach dem Fall von Konstantinopel entstand auf *Kreta* ein neuer Stil. Die von Byzanz nach Kreta geflüchteten Ikonenmaler führten die byzantinische Tradition fort, verbanden sie aber mit naturalistischen Elementen der westlichen Malerei. Dieser neue „kretische Stil", der für die postbyzantinische Epoche (1453 bis Ende des 17. Jahrhunderts) charakteristisch ist, hat auf andere Zentren der Ikonenmalerei im griechisch-römischen Raum eingewirkt, so z. B. auf das Mönchskloster des Athos, auf das Katharinenkloster des Sinai, auf Venedig und durch wandernde Maler auch auf Süditalien, Sizilien, Rom und den Balkan. Der kretische Stil, der in der „kretischen Renaissance" des 16. und 17. Jahrhunderts zur Perfektion entwickelt wurde, zeigt Figuren, die im Vergleich zum rein byzantinischen Stil konkreter und lebendiger wirken und in ihren Bewegungen geschmeidiger aussehen.

In vielen Bereichen des ehemaligen byzantinischen Reiches, vor allem in den verschiedenen Regionen des Balkans, haben sich eigenständige Stile entwickelt, die man als *provinzbyzantinisch* zusammenfassen könnte. Wesentliche Merkmale der byzantinischen Malerei wurden beibehalten, und auf dieser Basis wurden regionale

Eigenheiten ausgebildet. Das zeigt sich in spezifischen Farben und Farbzusammensetzungen, in Dekorationen und Mustern. Das malerische Niveau blieb auf der Ebene von Volkskunst und Bauernstil, obgleich auch hier einzelne Maler oder Zentren künstlerisch hochwertige Ikonen hervorgebracht haben.

Eine eigenständige Linie läuft von Konstantinopel nach *Rußland.* In den ersten Jahrzehnten nach der Taufe des Fürsten Vladimir von Kiev 988 wurden Ikonen in *Kiev* nach dem damals in Byzanz üblichen Stil gemalt: flächig, auf Wesentliches reduziert, ohne die Zentral- oder Fluchtpunktperspektive, mit gedämpften Farben. Die Figuren, meist in Frontalstellung, wirken in Haltung und Ausdruck streng und herb. Die Kleidung zeigt stilisierte Ornamentformen. Der noch ganz von byzantinischen Elementen geprägte Malstil von Kiev wird auch in Vladimir, in Susdal und Jaroslavl übernommen.

Eine eigenständige russische Maltradition bildete sich im 12. Jahrhundert in *Novgorod.* Die Stadt war damals der geistig-kulturelle Mittelpunkt im Norden. Als Fürstentum und als eine mit der Hanse verbundene weltoffene Handelsstadt hatte Novgorod auch den nötigen finanziellen Hintergrund. Die geographische Lage der Stadt und die harten russischen Winter schützten sie vor den Tatareneinfällen. Die Novgoroder Schule, die von etwa 1050 bis etwa 1540 existierte, hatte ihre Blüte im 12. – 14. Jahrhundert. Die Ikonen von Novgorod sind übersichtlich komponiert, die Figuren haben klare Konturen. Die lebhaften warmen und reinen Farben meist heller Tönung sind ausgewogen, aber gegeneinander deutlich abgesetzt. Die Gestalten sind in ihrer Haltung nicht so streng wie in Byzanz, ihre Gesten und Gebärden sind lebhaft und ausdrucksstark. Die Züge der ovalen Gesichter mit niedrigen Stirnen sind menschlich. Auf der flächig gemalten Kleidung tritt das Ornament ganz zurück; im 14. Jahrhundert werden gotische Gewandfalten üblich.

Die Ikonenmaler von *Pskov* übernahmen den Stil der Nachbarstadt Novgorod. Eine Pskover Schule gab es vom frühen 13. Jahrhundert bis zum Anfang des 16. Jahrhunderts. Die Figuren dieser Schule sind gedrungen, und sie wirken starr. Für die Farbenskala sind ein dunkles Meergrün und ein bräunliches Rot charakteristisch. Der Stil von Pskov wirkte auf die Malschule von Tver an der Wolga.

Im 14. Jahrhundert stieg das bis dahin kaum bekannte *Moskau* zum politischen, kulturellen und orthodoxen Zentrum Rußlands auf. Schon 1328 wurde Moskau Sitz des Metropoliten und 1589 Sitz des neugegründeten Patriarchats. Politisch errang Moskau schnell die Herrschaft über die anderen Fürstentümer. So wurde 1478 Novgorod und 1510 Pskov unterworfen. Nach dem Fall von Konstantinopel 1453 begann sich Moskau als Nachfolgerin von Byzanz zu verstehen. Für den Ausbau der Stadt wurden byzantinische Künstler und Maler herbeigeholt. Nach dem großen Brand von 1547 und der Zerstörung der Stadt durch die Polen 1612 wurden für den Wiederaufbau verstärkt Maler aus allen Teilen Rußlands und aus dem Balkan angeworben. Auch die westeuropäische Malerei wirkte auf Moskau ein. So entstand in den zaristischen Ikonenwerkstätten der Hauptstadt ein Mischstil aus den national-volkstümlichen Merkmalen der Provinzen, aus byzantinischen Elementen und aus westeuropäischen Einflüssen.

Neben der alles beherrschenden Hauptstadt verfielen im 17. Jahrhundert die anderen Malzentren Rußlands zu provinzieller Bedeutungslosigkeit. Lediglich in *Jaroslavl*, der ältesten russischen Stadt an der Wolga, die seit dem 13. Jahrhundert eine aus der Kiever Tradition stammende Ikonenmalschule hatte, kam unter dem Einfluß der Moskauer Zarenwerkstätten die Ikonenmalerei im 17. Jahrhundert zu neuer Blüte. Die Jaroslavler Ikonen sind außerordentlich genau und sorgfältig gemalt und mit feinster Ornamentik ausgestattet. Christus, der durchweg als Herrscher dargestellt wird, erscheint übergroß. Reichlich angewendete Goldmalerei, die Farbenzusammenstellung und viele Details vermitteln den Eindruck des Prächtigen.

Von unverkennbar eigener Art und keiner Schule zuzuordnen sind die Ikonen des Byzantiners *Feofan Grek* (Ende 14., Anfang 15. Jahrhundert), seines Schülers *Andrej Rublev* (Anfang 15. Jahrhunderts) und des Meisters *Dionisij* (16. Jahrhundert). Sie schufen Meisterwerke russischer Ikonenmalerei. Zu erwähnen ist auch die *Stroganovschule* aus der Zeit um 1600. Der Name dieser Schule stammt von der wohlhabenden und kunstliebenden Kaufmannsfamilie der Stroganovs, die nach ihren Wünschen Ikonen malen ließ. In Solvytschegodsk entwickelte sich aus Elementen der späten Novgoroder und der Moskauer Tradition ein eigenständiger Malstil. Die Figuren auf den durchweg kleinformatigen Ikonen sind feingliedrig. Ihre Haltung ist elegant, oft etwas gekünstelt. Die Köpfe tragen sie leicht geneigt. Die Kleider sind kostbar und mit erlesenen Goldornamenten reich verziert. Zeichnungen und Male-

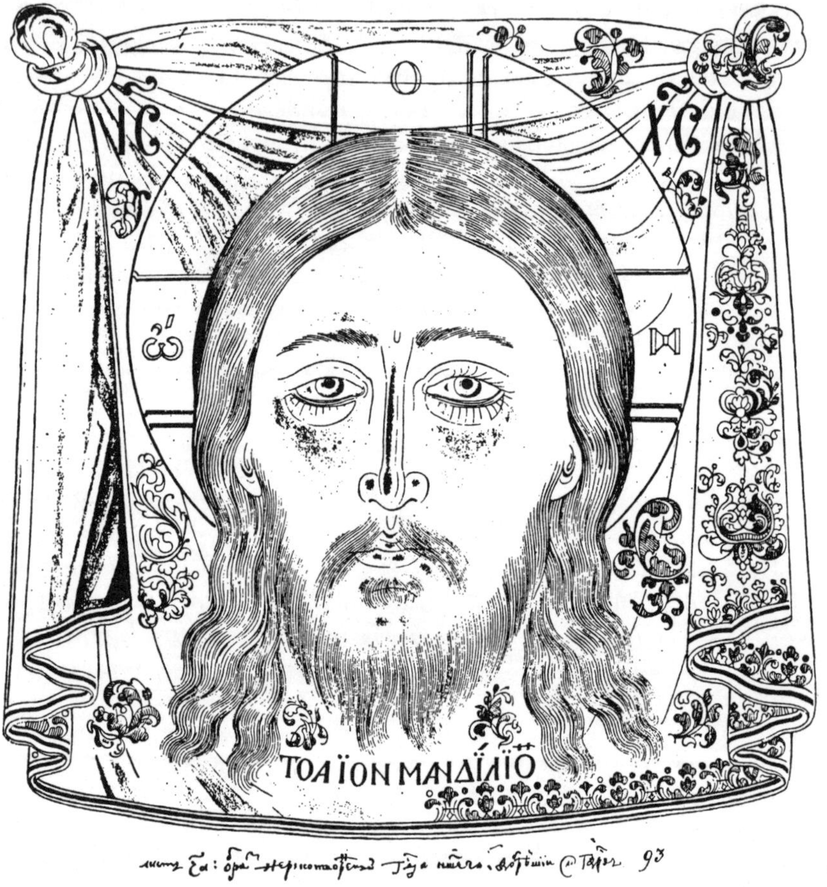


Vorzeichnung für ein Mandylion nach einer Ikone von Simon Ušakov, 1625–1686 (Vorlage: Sijskij Licevoj Podlinnik). Hier ist der Charakter des Tuches deutlich hervorgehoben. In der älteren Malerei wurde das eher angedeutet.

rei sind bis in die Details auf das feinste ausgeführt und handwerklich perfekt. Allerdings drängt sich die künstlerische Gestaltung spürbar vor den religiösen Gehalt.

Im 17. Jahrhundert bahnte sich aber bereits eine Wende in der Ikonenmalerei Rußlands an. Die barocke Malerei des Westens gewann auch im Osten zunehmend an Einfluß. Der begabte Ikonenmaler *Simon Ušakov* übernahm aus der westlichen Malerei das perspektivische Sehen, das Zeichnen nach der menschlichen Anatomie, die Räumlichkeit, Schattierung und Tiefenwirkung mit Effekten von Hell und Dunkel und auch andere Elemente, die in der Ikonenmalerei bis dahin ausgeschlossen waren. Auch Zar Peter I. (der Große) war der westlichen Kunst sehr zugetan. Er holte für den Aufbau seiner Stadt Petersburg (heute Leningrad) italienische und französische Architekten ins Land. Im Jahre 1707 verfügte er, daß die weltliche Malerei von der geistlichen zu trennen sei. Die Künstler, die er für die Ausgestaltung seiner Bauten brauchte, schickte er zum Studium in den Westen, damit sie die zeitgenössische Ölmalerei auf Leinwand erlernten. Die bisherige Ikonenmalerei wurde den Klöstern überlassen oder von einzelnen Malern weiterbetrieben.

Die Altgläubigen, an ihrer Spitze der Patriarch Nikon, hatten bereits Ušakovs Ikonen als unorthodox abgelehnt und die Malweise Rublevs und der Meister der Schule von Novgorod und von Moskau zur Norm erklärt. Sie sammelten Ikonen dieses Stils und gründeten nordöstlich von Moskau in den Dörfern *Palech, Mstera* und *Choluj* „Altgläubigenwerkstätten". In diesen Malerdörfern wurde zwar zunächst handwerklich hochwertig, aber doch rein restaurativ gearbeitet. Die zunehmende Nachfrage nach Ikonen führte schon um 1800 dazu, daß man die Ikonen arbeitsteilig herzustellen begann, und bereits um 1900 wurden die Ikonen dort wie vom Fließband produziert. In dem Maße, in dem die ökonomischen Überlegungen Vorrang bekamen, verselbständigte sich der formale Malprozeß und wurde zur sterilen Reproduktion einer Sache, die Geistiges gar nicht mehr im Sinn hat. Die fabrikmäßig gefertigte Massenware „Ikone" ist vom westlichen Devotionalienkitsch nicht weiter entfernt als jene ölgemalten „Ikonen", die religiöse Szenerien lediglich als Material für süßliche Genrebilder nach dem jeweiligen Zeitgeschmack benutzen.

Gegenwärtig ist in allen orthodoxen Ländern eine Besinnung auf die je eigene Tradition der Ikonenmalerei festzustellen. Die Impulse dazu scheinen aber eher von nationalen und kunstgeschichtlichen Interessen herzukommen als religiös motiviert zu sein. Ob das neuerwachte Interesse an der Ikone auch zu einer Regeneration der Ikonenmalerei innerhalb der orthodoxen Kirchen führen wird, läßt sich noch nicht abschätzen.

# IV
# DER UMGANG MIT IKONEN

Die Ikone ist nicht in den Köpfen von Dogmatikern entstanden, sondern aus der Frömmigkeitspraxis des Volkes hervorgewachsen. Das Kind der orthodoxen Familie lernt das Wesen der Ikone nicht im Katechismusunterricht kennen, sondern im täglichen Umgang. Noch ehe es Sprache verstehen kann, erlebt es auf dem Arm der Mutter intensiven Kontakt mit der Ikone. Was die Ikone ist, erfährt es aus der Art und Weise, in der sich die Erwachsenen zur Ikone verhalten. Die Ehrfurcht vor der Ikone und die Praktiken ihrer Verehrung lernt es, indem es tut, was es bei den Erwachsenen sieht.

Ein vergleichbares emotional geprägtes und gewachsenes Verhältnis zur Ikone hat der westliche Mensch normalerweise nicht. Unsere religiöse Sozialisation verläuft anders. Wir müssen uns die Ikone kognitiv erschließen, weil sie uns als Einzelphänomen gegenübersteht, das in keine soziale Frömmigkeitspraxis eingebunden ist. Das hat für das Verstehen Konsequenzen; denn die Art, einen Gegenstand zu begreifen, entscheidet wesentlich darüber, wie er sich uns darstellt. Es darf also gar nicht überraschen, daß sich unser Verständnis der Ikone von dem des orthodoxen Christen erheblich unterscheidet. Er nämlich kann weder seine emotionale Bindung an die Ikone ausblenden noch sein Verhältnis zur Ikone mit den Augen des aufgeklärten westlichen Menschen analysieren. Wir hingegen können die abendländischen Sehgewohnheiten nicht einfach hinter uns lassen und in die Gefühls- und Denkwelt eines östlich-orthodoxen Menschen hineinschlüpfen. Beide Seiten sollten sich, ohne zu werten, bewußt sein, daß sie dem gleichen Gegenstand „Ikone“ zwangsläufig mit unterschiedlichen Weisen des Begreifens und daher mit unterschiedlichen Kategorien begegnen und daß demgemäß den beiden Seiten der gleiche Gegenstand recht unterschiedlich erscheinen muß. Das gilt in gleicher Weise auch für die Möglichkeiten, den jeweils anderen zu beschreiben und ihn zu verstehen. Selbstverständnis und Fremdverständnis mögen einander verbal noch so nahe kommen; inhaltlich werden sie unvermeidlich verschiedenartig bleiben.

## 1. IKONEN IN DER FRÖMMIGKEITSPRAXIS ORTHODOXER CHRISTEN

### *a) Das Verständnis von „orthodox"*

Die Volksfrömmigkeit der Orthodoxie ist sinnenhafter als die des Westens. Das zeigt schon ein Blick auf die Selbstbezeichnung „orthodox" (von gr. órthos = recht, richtig und gr. dokéō = meinen, glauben). Im Westen meint man mit „orthodox" die „richtige Lehre" im Sinne einer bestimmten Norm. Der Osten meint mit „orthodox" jene richtige Lehre, die sich im richtigen Lobpreis Gottes, d. h. in der richtigen Feier des Gottesdienstes ausdrückt. Nach orthodoxem Verständnis lebt im liturgischen Geschehen, insbesondere der Eucharistiefeier, die Fülle der christlichen Tradition. Hier, im liturgischen Geschehen, erlebt der Gläubige die Gegenwart des Heiligen mit all seinen Sinnen: Er riecht es in Weihrauch und in den aromatischen Substanzen des heiligen Öls; er berührt es, indem er die Ikonen anfaßt und sie küßt; er schmeckt es, wenn er im Sakrament der Eucharistie Brot und Wein empfängt, er hört es in den liturgischen Texten und Gesängen, die er als Echo des himmlischen Gesangs versteht; er sieht es im Kirchenraum, in den liturgischen Gewändern, in den heiligen Geräten und vor allem in den Fresken und Ikonen. Das Schauen spielt eine zentrale Rolle.

### *b) Kultraum und Ikone*

Der orthodoxe Gottesdienst vollzieht und vergegenwärtigt in kunstvoller Dramatik das Heilsgeschehen. Dabei stellt der Bischof Christus dar; der Priester symbolisiert die Apostel, die Diakone sind Symbol der Engel. Das liturgische Geschehen versteht sich als Abbild der himmlischen Liturgie und insofern auch als Ikone. Der mitfeiernde Gläubige weiß sich in das Heilsgeschehen real hineingenommen.

Die Architektur des Kultraums entspricht in symbolischer Form bis in die Einzelheiten der geistigen Architektur des Kultdramas.

Das Heilsdrama, als das sich der orthodoxe Gottesdienst versteht, verlangt nach einem Raum, in dem es angemessen vergegenwärtigt werden kann. Das Grundschema eines orthodoxen Kultbaus zeigt eine klare Gliederung.

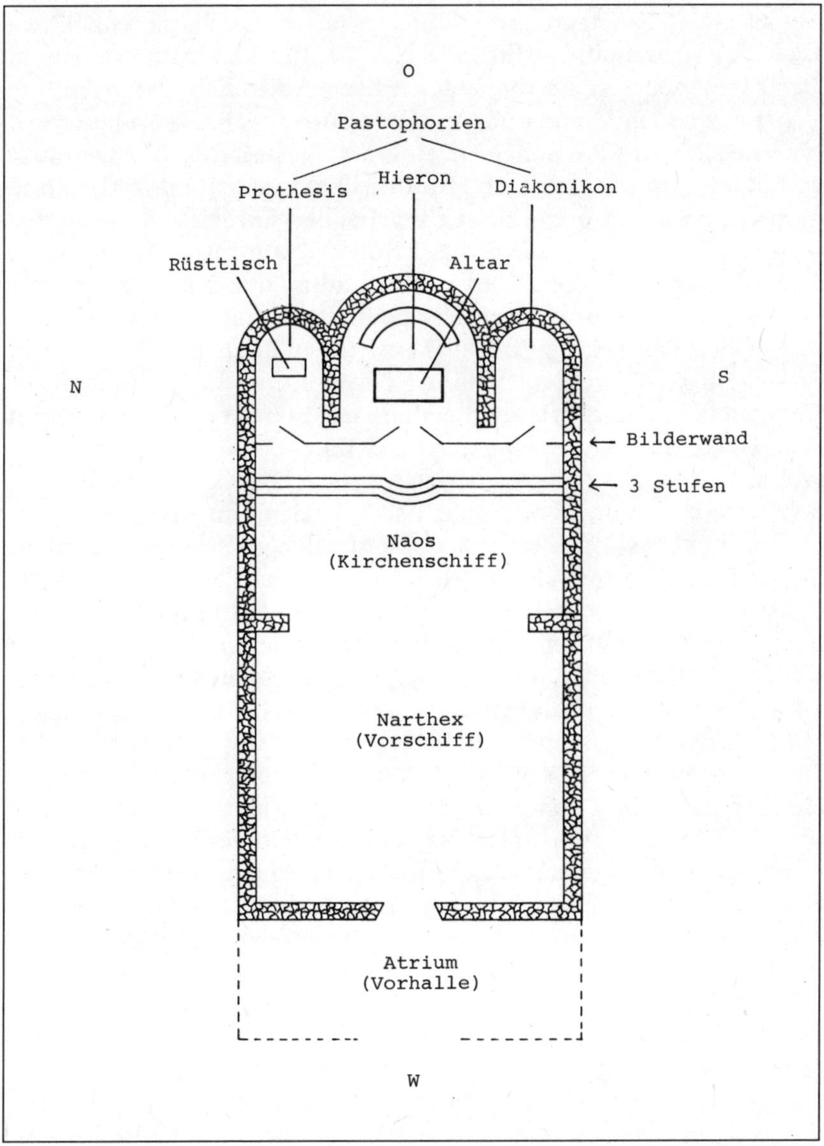

Das Vorschiff (gr. nárthex) repräsentiert das Irdische. Das Kirchenschiff (gr. naós) ist Abbild des Himmels. Der Altarraum (gr. bḗma), der zur aufgehenden Sonne hin gerichtet ist, steht für das, was über dem Himmel ist. In Kuppelkirchen, in denen das Licht von oben her eintritt, wird die gleiche Symbolik auch in der Vertikalen, von oben nach unten, durchgehalten. Die Ikonen und Fresken im Kirchenraum bringen dieses Gefälle klar zum Ausdruck. Der Kirchenbau ist als Ikone der irdischen Kirche verstanden, die selbst wieder als Abbild und Ort aller Güter des Heils gesehen wird. Im liturgischen Geschehen in einem so gestalteten Kirchenraum verbinden sich der Idee nach Himmlisches und Irdisches, Gott und Mensch, Ewigkeit und Zeit zur mystischen Einheit. Der Gläubige wird in die Gegenwart des Ewigen hineingenommen. Das Bema ist dem Kirchenschiff gegenüber erhöht und ist nur den Klerikern zugänglich. Diese Raumeinheit ist wie in der Stiftshütte und im salomonischen Tempel dreigeteilt. Im mittleren Raumteil, dem Hierón (Allerheiligstes), steht der „heilige Tisch" als die Stätte des unblutigen Opfers, der Eucharistie, die allein der Bischof oder der von ihm beauftragte Priester spenden kann. Eine orthodoxe Kirche hat grundsätzlich nur einen einzigen Altar. Die beiden Raumteile neben dem Hieron nennt man Pastophórien. Im Raumteil links (= nördlich) des Altars steht der „Rüsttisch" (gr. próthesis) auf dem die eucharistischen Gaben vorbereitet werden. Dieser Raum heißt „Rüstkammer" (ebenfalls gr. próthesis). Der Raum rechts (= südlich) vom Altar gilt als Diakonikón. Hier werden die liturgischen Geräte und Gewänder, die Kultusbücher und Ikonen aufbewahrt.

Für den gesamten Kirchenraum hat sich im Laufe der Jahrhunderte ein Bildprogramm entwickelt. Die Fresken im Altarraum stellen die Gottesmutter mit Kind, die Inkarnation und andere Christusereignisse dar. Das Kirchenschiff zeigt neben dem Ortsheiligen den liturgischen Festzyklus, also das Heilshandeln der Kirche. Im Vorschiff, das nach Westen, dem Ort des Todes liegt, werden Jüngstes Gericht, Passionsbilder oder die Entschlafung der Gottesmutter dargestellt. Im Bildprogramm gibt es mancherlei Modifikationen.

### *c) Die Bilderwand*

Ein eigenständiger und der vielleicht wichtigste liturgische Baukörper der orthodoxen Kirche ist die Bilderwand (gr. ikonostásis). Sie trennt den als numinos erlebten Altarraum vom Kirchenschiff, bildet also die Trennlinie zwischen himmlischer und irdischer Welt. Die Bilderwand, die sich aus den frühchristlichen Chorschranken (cancelli) entwickelt hat, entspricht dem Lettner in den gotischen Kirchen des Westens. Die komplizierte Entwicklungsgeschichte führt über viele Stationen. Mit der Endform der orthodoxen Liturgie gewann auch die Ikonostase etwa im 14. Jahrhundert ihre endgültige Gestalt. Sie blieb in den Balkanländern relativ niedrig. In Rußland ragt sie hoch in den Kirchenraum hinein.

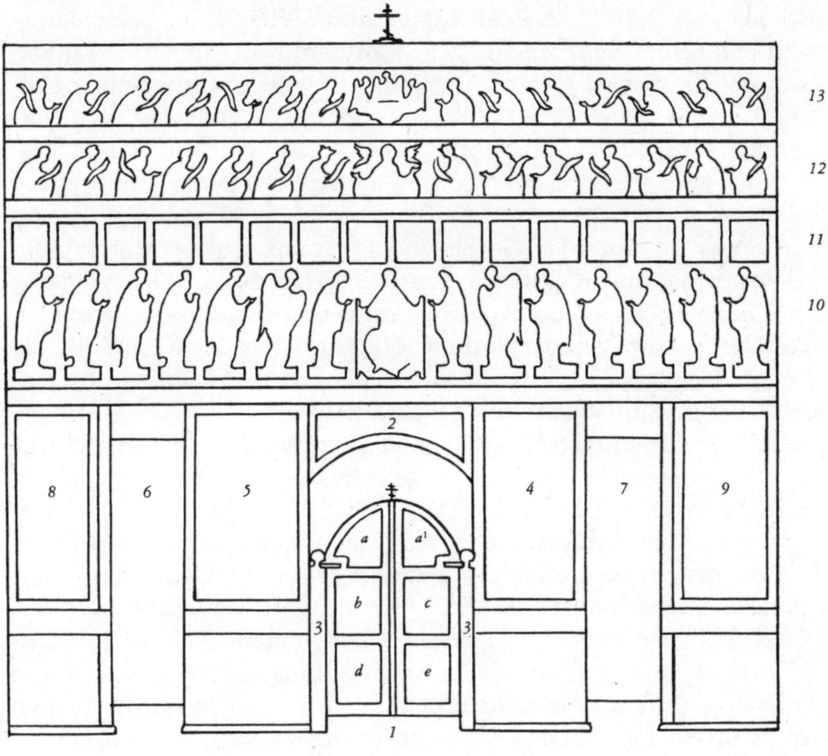


Schema einer russischen Ikonostase nach L. Ouspensky

1. Die heilige Pforte; a und a[1]: Die Verkündigung; b, c, d und e: Die vier Evangelisten. 2. Das Abendmahl. 3. Säulen der heiligen Pforte mit Darstellungen der heiligen Väter Liturgisten. 4. Ikone des Heilands oder Ikone des Ereignisses oder der Person, der die Kirche gewidmet ist. 5. Ikone der Gottesgebärerin. 6. und 7. Die nördliche und die südliche Pforte mit Darstellungen der Erzengel oder heiliger Diakone. 8. und 9. Andere Ikonen. 10. Tschin. 11. Die Ikonen der liturgischen Feste. 12. Die Reihe der Propheten. 13. Die Reihe der Vorväter.

Die Bilderwand faßt die Summe der orthodoxen Theologie in prägnanter Weise zusammen. Einer voll ausgebildeten russischen Ikonostase liegt folgendes Schema zugrunde: Die Bilderwand ist von oben nach unten in Stockwerke (= Ränge) gegliedert. Die Ränge sind nach dem Prinzip der Fürbitte geordnet.

Kernstück der Ikonostase ist der auch optisch im Mittelpunkt stehende Rang über dem Türbereich (10). Er heißt Tschin (von russ. čin = Ordnung) und stellt eine entfaltete Fürbittengruppe = Deesis (von gr. dé̄esis = Bitte, Gebet) dar. Im Mittelpunkt ist Christus als der thronende Pantokrator und Heiland der Welt dargestellt. Zu seiner Rechten steht die Gottesmutter, zu seiner Linken Johannes der Täufer (= der „Vorläufer"), beide in fürbittender Haltung Christus zugewandt. Diese Gruppe, die auch für sich vorkommt, wird die „kleine Deesis" genannt. Auf der Seite der Gottesmutter folgen die Erzengel Michael, der Apostel Petrus und weitere bedeutende Heilige, wie zum Beispiel die großen Liturgen und Theologen Basilius der Große und Johannes Chrysostomus oder Großmärtyrer und Wundertäter. Auf der Seite des Vorläufers folgen der Erzengel Gabriel, der Apostel Paulus und ebenfalls weitere Heilige. Der Tschin veranschaulicht die Fürbitten der Kirche für die Sünden der Welt. Die irdische Gemeinde hat so ständig vor Augen, was in der himmlischen Welt für sie geschieht.

Über dem Tschin stehen die zwölf wichtigsten Feiertage der Kirche (11) oft durch weniger wichtige erweitert. Die Feiertage, die in der orthodoxen Kirche als die „Perlen der göttlichen Dogmen" verstanden werden, bringen die wesentlichen Stücke orthodoxer Lehre zum Ausdruck. Sie stellen also eine Art gemalten Katechismus dar. Über der Feiertagsreihe ist die Reihe der alttestamentlichen Propheten (12), die sich in je eigener Gebärde einem Bild der Menschwerdung Gottes zuwenden, nämlich der Muttergottes des Zeichens (Znamenie), die für die Erlösungserwartung der alttestamentlichen Kirche steht. Die oberste Reihe stellt die Vorväter von Adam bis Mose dar (13), zentriert um die Heilige Dreifaltigkeit oder um die Kreuzigung.

Die Bilderwand unterhalb des Tschin ist von drei Türen durchbrochen. Die in diesem Bereich angebrachten Ikonen folgen keinem so streng verbindlichen Schema. Sie sind auf den Charakter der Kirche und auf die örtlichen Gegebenheiten und Traditionen abgestimmt. Dennoch sind auf der Mitteltür meist die Verkündigung und die vier Evangelisten dargestellt (a – e). Die beiden Seitenpfosten zeigen die Erzengel Michael und Gabriel und heilige Diakone (6 und 7). Links neben der Mitteltür findet man die Gottesmutter (5) und rechts von der Mitteltür kann man Christus, den Pantokrator, eine Trinitätsikone, eine szenische Ikone oder die Portraitikone einer Person, die im Zusammenhang mit der Kirche steht (4), antreffen. Die Ikonen rechts und links außen stellen meistens lokale Heilige dar. Die Ikonen im Bereich der Türen werden unter der Bezeichnung „Verehrungsreihe" zusammengefaßt, weil diese dem Volk zugänglichen und erreichbaren Ikonen unmittelbarer Gegenstand der Verehrung sind.

Die drei Türen in der Ikonenwand zeigen an, daß himmlische und irdische oder göttliche und menschliche Welt nicht streng getrennt sind, sondern eine Einheit bilden. Die mittlere Tür (auch königliche oder heilige Pforte oder Königstür genannt) führt zum Altar. Durch sie dürfen nur Bischof, Priester und Diakon in liturgischer Kleidung gehen. Die nördliche Tür führt in den Prothesisraum, die südliche in das Diakonikon. Das kultische Geschehen spielt sich als ein vermittelndes Geschehen im ständigen Überschreiten jener Grenze ab, welche durch die Bilderwand symbolisiert wird. Das kultische Geschehen entspricht dem dogmatischen Grundsatz: Christus wurde Mensch, damit wir vergottet würden.

Die Ikonen, die für alles gottesdienstliche und geistliche Geschehen in der orthodoxen Kirche eine so große Rolle spielen, sind aber dennoch für die Eucharistie und für die Sakramente nicht konstitutiv. Diese könnten nämlich auch ohne Ikonen gefeiert werden, würden dann allerdings von den orthodoxen Christen als nicht ordnungsgemäß empfunden.

### *d) Ikone und Alltag*

Obwohl der Ort der Ikonen die Kirche ist, gehören Ikonen zum Alltag und zum Haus eines jeden frommen Orthodoxen. Jedes orthodoxe Haus hat seine Ikonenecke. Diese grüßt auch der eintretende Gast zuerst, ehe er sich den Gastgebern zuwendet. Der Täufling erhält bei seiner Taufe eine Ikone seines Namenspatrons. Bei der Hochzeit segnet der Vater der Braut das junge Paar mit der Ikone, die diesem hinterher geschenkt wird. Beim Begräbnis wird dem Toten eine Ikone vorangetragen. Vor der Ikone wird auch geschworen. Im slawischen Raum wurde es üblich, die Ikonen im Haus mit Vorhängen auszustatten. Diese Vorhänge zieht man zu, wenn sich im Raum Dinge ereignen, die den Ikonen besser vorenthalten bleiben sollten. Bräuche dieser Art bewegen sich bereits im Grenzbereich zum Aberglauben, der in der Volksfrömmigkeit jeder Religion eine Rolle spielt. Kirchliche Lehre und Volksfrömmigkeit stimmen zu keiner Zeit voll überein.

### *e) Die Weihe der Ikonen*

Nach heutiger orthodoxer Lehre und im Bewußtsein des Volkes steht gleichermaßen fest, daß erst durch die kirchliche Segnung oder Weihe das religiöse Bild der Orthodoxie zur Ikone, und damit zum Kultbild wird, dem religiöse Verehrung entgegenzubringen ist. Eingeführt wurde die Ikonenweihe allerdings erst in spätbyzantinischer oder gar in nachbyzantinischer Zeit. Nach der alten Bilderlehre beruht nämlich der besondere Charakter des religiösen Bildes nicht auf seiner Weihe, sondern auf seiner Ähnlichkeit mit dem Prototyp. Diese Ähnlichkeit wird insbesondere durch das Auftragen des Namens gesichert. Insofern kann man den Akt der Beschriftung als den ursprünglichen Weiheakt ansehen. Die heute übliche Ikonenweihe wird vom Bischof nach kirchlich festgelegten Ordnungen vollzogen. Sie kann erst stattfinden, nachdem der Bischof überprüft hat, daß die Ikone in ikonographischer und in maltechnischer Hinsicht dem kirchlichen Dogma entspricht. Bei der Weihe wird die Ikone viele Male mit Weihrauch beräuchert und mit Myronöl gesalbt. Erst die geweihte Ikone ist liturgiefähig. Ikonen, die für das Haus bestimmt sind, läßt man nach der Weihe oft einige Monate unter dem Altar der Kirche aufbewahren, wodurch sie in den Augen der Gläubigen noch deutlicher zum verehrungswürdigen Kultgegenstand werden.

## 2. INTERESSEN UND ZUGÄNGE DES WESTLICHEN MENSCHEN

Das Interesse des westlichen Menschen an Ikonen kann durch recht unterschiedliche Umstände und Zufälle geweckt werden. Wer sich mit der Ikone eingehender befassen möchte, der sollte sich vorab ehrlich fragen, wo sein persönliches Interesse an der Ikone liegt: Ist es das Fremdartige und Numinose, ist es ein bestimmtes Thema oder die religiöse Dimension, ist es der ästhetische Reiz dieser Malerei oder die kunsthistorische Neugier, ist es das Alter der Ikonen, ist es der Wertgegenstand, die Wertanlage oder was immer. Es könnte sich herausstellen, daß das Interesse gar nicht der Ikone selbst gilt, sondern daß diese nur recht zufällig in einem Interessenfeld ganz anderer Natur liegt. Wir schulden es dem Kultgegenstand Ikone, daß wir unser Interesse an ihr und unser Verhältnis zu ihr redlich klären.

### a) Ikonen betrachten, entschlüsseln und verstehen

Dieses Buch wurde mit dem Ziel geschrieben, dem westlichen Leser zu einem umfassenden Verständnis der Ikone zu helfen. Hier geht es um die Frage, wie man sich die einzelne Ikone in sinnvollen Schritten erschließen kann. Dafür gibt es keine verbindlichen Regeln. Dennoch lassen sich als Hilfe einige Grundsätze, Warnungen und methodische Empfehlungen formulieren.

Die Ikone ist primär Kultgegenstand und nicht Kunstgegenstand; sie ist aber als Kultgegenstand auch Kunstgegenstand. Die religiöskultische Dimension wird uns über die künstlerische Gestalt zugänglich.

Die Ikone bringt nach ihrem Selbstverständnis göttliche Wirklichkeit zum Ausdruck. Insofern ist sie eine Art „Bilderschrift" der orthodoxen Glaubenslehre. Dieser Charakter muß uns daran hindern, in ungezügelter Phantasie unsere eigenen Gedanken in die Ikone einzutragen. Es gilt vielmehr, die Aussage der Ikone so zu entschlüsseln, wie wir einen schriftlichen Text Wort für Wort und Satz für Satz entschlüsseln. Im Westen ist es gegenwärtig Mode, sich als Betrachter in erster Linie selbst in das Bild „einzubringen". Dabei wird man im Bild nur das finden, was man schon in sich hat. Die Ikone möchte aber weder als Projektionswand unserer Gefühle und Gedanken noch als typologischer Ausdruck für menschheitliche Mythen verstanden werden. Sie möchte uns gerade jenes Fremde schauen lassen, das wir weder in uns noch aus uns haben können: Wirklichkeit, die nur offenbart werden kann.

Am besten zugänglich sind uns jene *szenischen Darstellungen*, denen biblische Texte zugrunde liegen. Den jeweiligen Bibeltext sollte man daher genau lesen und in sich aufnehmen. Da aber die Ikone die Heilsgeschichte nicht einfach illustriert, sondern als solche repräsentiert, ist es zu empfehlen, sich mit Hilfe einer Bibelauslegung den biblischen Text auch theologisch zu erarbeiten.

Nach einer inhaltlichen Aneignung kann man darangehen, mit den Hinweisen, die in III, 2 zu Farben, Gold, Licht, Formen, Perspektive und Beschriftung gegeben worden sind, die Aussage des Bildes Zug um Zug aufzuspüren.

Das kognitive Erfassen der Aussage ist freilich erst der vorletzte Schritt. Denn Heilsgeschichte ist nicht als eine Kette von Ereignissen gemeint, die irgendwann geschehen sind und die jetzt nur noch als Gegenstand einer distanzierten Betrachtung dastehen. Heilsgeschichte bleibt in jeder Gegenwart Geschichte „für uns". Sie ist als Heilsgeschichte nur erfaßt, sofern wir uns in sie hineinnehmen lassen. Die heilsgeschichtliche Darstellung der Ikone kommt also dort zu ihrem Ziel, wo wir im Anschauen dessen, was sich im Bild offenbart, die Anrede an uns vernehmen und zu Antwortenden werden.

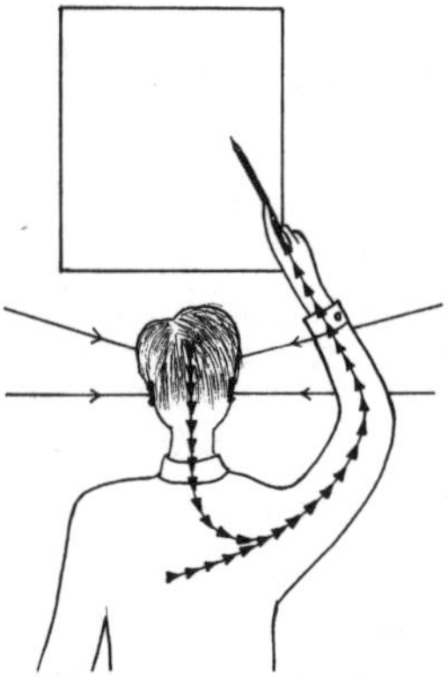

Westliches Bildverständnis

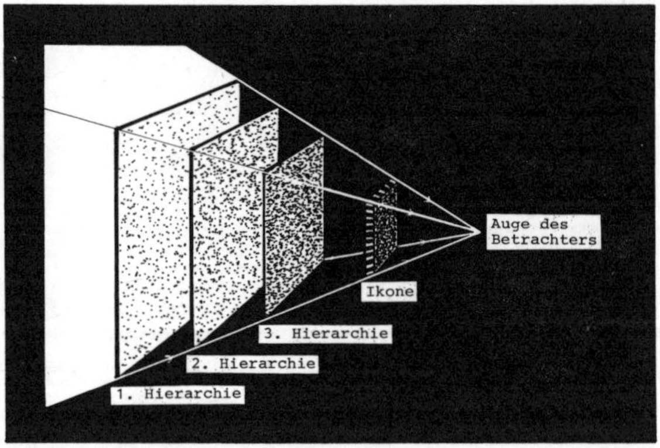


Bildverständnis nach der östlichen Ikonentheologie

Eine Hilfe zum Verständnis könnte der Vergleich zwischen dem westlichen und dem östlichen Bildverständnis sein. Die Hilfsvorstellungen, in denen ich die Gegenüberstellung zu veranschaulichen suche, dürfen freilich nicht gepreßt oder als Sachaussagen verstanden werden. Nach westlichem Bildverständnis entwirft der Maler „sein" Bild und realisiert es auf der Leinwand. Beim religiösen Bild des Westens, das im katholischen Bereich als Andachtsbild Tradition hat, bringt der Maler die Gotteswirklichkeit, die er persönlich erfahren hat, gemäß seiner Erfahrung im Bild zum Ausdruck. Das religiöse Bild des Westens setzt also die Reaktion eines

Menschen auf die Begegnung mit dem Göttlichen ins Bild. Göttliches erscheint im Bild in der individuellen Brechung durch die Persönlichkeit des Malers.

Die Ikone versteht sich demgegenüber eher wie eine lichtempfindliche Platte, auf der das Urlicht, das von Gott her über die abgestuften himmlischen Hierarchien nach unten dringt, als Schimmer aufgefangen und für den Menschen wahrnehmbar wird. Was wir auf der Ikone sehen, das ist also wie „von hinten her" erleuchtet und als direkter und objektiver Niederschlag himmlischer Wirklichkeit auf der Stufe menschlichen Wahrnehmens zu verstehen (vgl. dazu Sendelicht, Eigenlicht, Perspektive, Hierarchien und Bildtheorie). Der Maler hat lediglich die Funktion, die Abschattung des Göttlichen mit Farbe und Pinsel dem irdischen Auge sichtbar zu machen. Der Idee nach ist er dabei reines Werkzeug. Nach orthodoxem Verständnis setzt sich in der Ikone die Inkarnation des Logos im irdischen Sein fort. Das Ewige wird im Zeitlichen für den Menschen anschaubar. Insofern versteht man die Ikonen als „Fenster zur Ewigkeit". Dieses der antiken Philosophie nachempfundene Modell wird der westliche Betrachter freilich nicht als Faktum nehmen können, sondern als Anschauungshilfe verstehen. Wir werden uns allerdings bewußt bleiben müssen, daß nach orthodoxer Überzeugung die 787 in Nicäa festgeschriebene Bilderlehre (die in unserem Schema weder aufgeht noch voll zum Ausdruck gebracht werden kann) als Faktum gemeint ist. Die Divergenzen, die sich im Bildverständnis zwischen Ost und West zeigen, sollten uns aber nicht daran hindern, die Heilsbotschaft der Ikonen wahrzunehmen. Die Botschaft der Ikonen hängt nämlich ebensowenig an der orthodoxen Bildertheorie, wie die Botschaft der Schrift an der Verbalinspiration hängt, die behauptet, Gott habe den Bibeltext seinen Schreibern wörtlich in die Feder diktiert.

Im Verständnis der *Person Christi* besteht zwischen den Konfessionen ein gewisser Konsens. Die Seinsspekulationen der Byzantiner haben freilich zu einem sehr abstrakten Christusverständnis geführt. Unter dem Einfluß der byzantinischen Hofkunst ist in der Orthodoxie das Repräsentationsbild entstanden, das die Person Christi in gleicher Weise als den der Welt entrückten Pantokrator übermäßig stark betont. Dennoch sind aber auch die anderen wichtigen Aspekte des in den Evangelien bezeugten Jesus in der Ikonenmalerei erhalten geblieben. Aus der abendländischen Kunstgeschichte kennen wir die Erscheinung, daß in den einzelnen Epochen im Christusbild, dem Christusverständnis der jeweiligen Zeit entsprechend, Unterschiedliches hervorgehoben wurde. Bei den Ikonen sind, gemäß der orthodoxen Bilderlehre, die einmal entwikkelten Bildtypen festgeschrieben worden. Apokryphe Legenden spielen bei den Christusdarstellungen der Ikonen keine nennenswerte Rolle.

Weitgehende Übereinstimmung liegt auch im Verständnis der *Trinität* vor. Das Nicäno-Constantinopolitanische Glaubensbekenntnis von 381 gilt auch in den Kirchen des Westens, allerdings mit dem Zusatz des Filioque (= und dem Sohn), der besagt, daß der Heilige Geist vom Vater „und vom Sohn" ausgeht. Die orthodoxe Trinitätslehre hat stärker die drei Hypostasen im Blick, während die von Augustin geprägte Trinitätslehre des Westens mehr die Einheit betont. Gegenüber den spekulativen Denkformen des Ostens wirkt die westliche Trinitätslehre nüchtern und rational.

Tiefgreifende Differenzen zwischen den Konfessionen treten im Verständnis der *Mutter Jesu* zutage. Historisch gesicherte Daten über Maria sind im Neuen Testament spärlich. Aus Mk 6, 3 wissen wir, daß Maria außer Jesus, dem wohl erstgeborenen Sohn, noch mindestens sechs weitere Kinder hatte: „Ist er nicht der Zimmermann, Marias Sohn, und der Bruder des Jakobus und Joses und Judas und Simon? Sind nicht auch seine Schwestern hier bei uns?" Die Erklärungen, hier handele es sich um Kinder aus einer früheren Ehe des Josef oder um Vettern Jesu, sind durch keinen biblischen Text, sondern nur dogmatisch begründet. Wie die Familie und Verwandtschaft, so hatte auch Maria für Jesu Wirken kein Verständnis (vgl. Mk 6, 1 – 6). Sehr bezeichnend ist der kurze Text Mk 3, 31 – 35: „Und es kamen seine Mutter und seine Brüder und standen draußen, schickten zu ihm und ließen ihn rufen. Und das Volk saß um ihn. Und sie sprachen zu ihm: Siehe, deine Mutter und deine Brüder und deine Schwestern draußen fragen nach dir. Und er antwortete ihnen und sprach: Wer ist meine Mutter und meine Brüder? Und er sah ringsum auf sie, die um ihn im Kreis saßen, und sprach: Siehe, das ist meine Mutter und das sind meine Brüder! Denn wer Gottes Willen tut, der ist mein Bruder und meine Schwester und meine Mutter." Historisch gilt es nicht als wahrscheinlich, daß Maria unter dem Kreuz stand. Nach Apg 1, 14 scheint sie erst nach Ostern zur Jüngergemeinde gehört zu haben.

Eine Jungfrauengeburt ist lediglich in Mt 1, 18 ff und Lukas 1, 27 ff angedeutet. In der jüngeren Überlieferung des Lukasevangeliums

(1,28 und 1,30) wird Maria als die „Begnadete" bezeichnet, die von Gott gnädig erwählt wurde. Die Kindheitsgeschichten nennen stets das Kind an erster Stelle. Maria wird hier als eine Frau dargestellt, die sich dem Anruf Gottes bedingungslos stellt: „Siehe, ich bin des Herren Magd; mir geschehe, wie du gesagt hast" (Lk 1,38).

Das Marienverständnis der evangelischen Christen bewegt sich im Rahmen dieser neutestamentlichen Aussagen. Maria wird als die Mutter Jesu und als die Begnadete Gottes geachtet. Sie gilt auch als eindrückliches Beispiel eines Glaubens, der aus dem Hören und Empfangen lebt. Nach protestantischem Verständnis nimmt Maria unter den Zeugen des Glaubens einen Ehrenplatz ein. Biblischem wie protestantischem Denken ist es fremd, Maria als Heilige, als Himmelskönigin oder als Mittlerin zu Christus zu verstehen, die deshalb von uns anzurufen oder gar zu verehren wäre.

Eine Marienverehrung entstand in der Christenheit erst im 5. Jahrhundert im Osten, und zwar im Zusammenhang mit dem Kult vorderasiatischer Muttergottheiten. In den Hymnen der orthodoxen Kirche wird Maria zunehmend zur Miterlöserin. Die große Zahl der Marienfeste, Marienlegenden und Mariengebete und die Beliebtheit der Gottesmutterikonen beim Volk lassen erkennen, daß der Gottesmutter als der „immerwährenden Jungfrau" in der Volksfrömmigkeit der Orthodoxie faktisch ein großes Gewicht im Erlösungsgeschehen zugesprochen wird. Die vielen uns fremden Gottesmutterthemen der orthodoxen Kirche zeigen, daß die Legenden hier besonders üppig gewachsen sind.

Die katholische Kirche des Westens, die sich der aufkommenden Marienverehrung zunächst in allen Formen widersetzte, hat den Osten aber später darin weit übertroffen. Die erhabene Himmelskönigin des Ostens wurde im Westen mit den Zügen keltischer und germanischer Göttinnen ausgestattet. Sie nahm dabei menschlichere Züge an und wurde immer mehr zur Fürsprecherin, die den Zorn des Sohnes beschwichtigt. Als Helferin in geistlichen und weltlichen Nöten wurde sie bald allenthalben angerufen. Papst Martin I. (649 – 655) sprach bereits den Bann über diejenigen aus, die Maria weder verehren noch anbeten wollten. Im 12. Jahrhundert entwickelte sich der Gedanke, daß Maria im Hinblick auf ihre Erwählung zur Mutter Jesu Christi „unbefleckt empfangen" worden, d.h. vom ersten Augenblick ihrer irdischen Existenz an von der Erbsünde freigeblieben sei. Diese Lehre von der Immaculata Conceptio wurde 1854 in der katholischen Kirche zum Dogma erhoben. 1950 folgte das Dogma von der leiblichen Aufnahme Mariens in den Himmel. Es stellt fest, daß Maria, wie noch kein anderer Mensch, ihrem Sohn gleichgestaltet worden ist. Diese beiden Dogmen, die in der Bibel keinen Anhaltspunkt haben, werden auch von der orthodoxen Kirche abgelehnt. Wenn Papst Johannes Paul II. mit der Enzyklika „Mutter des Erlösers" von 1987 eine weltweite marianische Bewegung in Gang zu setzen sucht und Maria zur Patronin der Ökumene erklärt, so wird das von den anderen christlichen Kirchen nicht als eine Hilfe, sondern eher als ein Hindernis auf dem Weg zur Ökumene empfunden.

Die Gottesmutterikonen können für die Christen des Westens ein Anstoß sein, nach der Maria zu fragen, die uns das Neue Testament bezeugt. Von dieser allen Christen gemeinsamen Basis her könnte jeder selbst die Marientraditionen der eigenen Kirche und auch die der anderen befragen.

Im Blick auf die *Heiligenikonen* gilt es, zwei Dinge zu unterscheiden: die einzelnen Heiligen und das Prinzip von Heiligkeit. Die Mehrzahl der Heiligen ist auch in der orthodoxen Kirche nur regional bekannt. Die jeweilige Heiligenikone, auch die Vitenikone, ist nur verständlich, wenn man die Lebensgeschichte und die Legenden des Heiligen kennt. Von grundsätzlicher Bedeutung ist aber die Frage, was unter einem Heiligen zu verstehen ist. Nach orthodoxem Verständnis sind es Christen, die aufgrund ihrer Tugend, ihres Martyriums und ihrer Wundertaten den Status von Mittlern zwischen den Gläubigen und Gott erreicht haben. Sie können von den Gläubigen um Fürbitte vor Gott angerufen werden, und sie sind, wie das zweite Konzil von Nicäa 787 festgelegt hat, zu verehren. Katholiken werden diese Gedanken und Praktiken vertraut sein, für Protestanten sind sie nicht nachvollziehbar. Das Neue Testament kennt außer Christus keine Mittler und Fürsprecher bei Gott. Der evangelische Christ kann aber in den „Heiligen" geschichtliche Zeugen für die Kraft und für die Gnade Gottes sehen, die im Menschen wirksam sind. Als diese lebendigen Glaubenszeugen je ihrer Zeit wird er sie würdigen und achten.

### *b) Ikonen kaufen*

Dem Wunsch, eine Ikone zu erwerben, können unterschiedliche Motive zugrunde liegen. Von orthodoxer Seite werden die Praktiken jener Kunsthändler und Käufer gegeißelt, die Ikonen nur als

Wertgegenstände betrachten und mit deren Wertzuwachs auf dem Markt spekulieren. Der westliche Kunstmarkt mit seinen eigenen Gesetzmäßigkeiten kümmert sich um solche Einwände nicht. Kulturkritisch ließe sich dazu mancherlei sagen; aber das soll hier nicht unser Thema sein. Das folgende gilt jenen Ikonenliebhabern, die sich mit dem Gedanken tragen, eine Ikone zu erwerben.

Wer an den Kauf einer Ikone denkt, sollte vor allem anderen klären, warum er denn eine Ikone besitzen möchte. Alle nachfolgenden Entscheidungen und Schritte hängen von dieser persönlichen Kaufmotivation ab. Wenn ich ein bestimmtes Ikonenthema suche, werde ich anders vorgehen, als wenn mich der exemplarische Kultgegenstand interessiert oder wenn ich die Malerei einer bestimmten Schule will.

Auf dem Kunstmarkt wird ein Kunstgegenstand aus vergangenen Zeiten nach verschiedenen Gesichtspunkten bewertet. Bei Bildern fragt man:
- Wie alt ist es?
- Wie ist es erhalten?
- Welchen Malstil verkörpert es?
- Wie ist sein künstlerischer Wert einzuschätzen?
- Was stellt es dar?
- Was ist gegenwärtig besonders gefragt?

Diese Fragen gelten auch für Ikonen als Kunstgegenstände. Reihenfolge und Konstellation der Frage hängen vom jeweiligen Interesse ab.

Im seriösen Kunsthandel spielt die Echtheitsfrage eine wichtige Rolle. Das ist verständlich. Denn in der westlichen Malerei wird der Preis eines Bildes vom Namen des Malers und damit von der Echtheit des Bildes wesentlich mitbestimmt. Die Echtheitsfrage gilt im abgewandelten Sinn natürlich auch für die Ikone als Kunstgegenstand. Für die Ikone als Kunstgegenstand im orthodoxen Verständnis ist sie aber abwegig. Denn jede Ikone, die nach Bildinhalten und Maltechnik der orthodoxen Lehre entspricht, ist eine Ikone im Vollsinn, also „echt". In der religiösen Ebene zählt gerade nicht die Originalität des Ikonenmalers, sondern seine Treue zum Urtyp. Die Echtheitsfrage im westlichen Sinn ist hier kein Thema.

Wer als Kunstsammler originale Ikonen aus bestimmten Schulen, Epochen, Regionen oder Stilen sucht, der bleibt auf den Kunstmarkt angewiesen. Hier ist allerdings äußerste Vorsicht geboten, da, abgesehen von Fälschungen, auch viele unsachgemäß restaurierte Ikonen auf dem Markt sind. Für den Kauf alter Ikonen sollte man sich nur an bekannte seriöse Kunsthandlungen und Galerien halten. Expertisen, die man von ausgewiesenen Fachleuten selbst einholt, können zwar in den Fragen der Echtheit, des künstlerischen Wertes und der Datierung eine gewisse Sicherheit geben; über den materiellen Wert der Ikone werden sie aber nichts aussagen.

Wer nicht speziell den alten Kunstgegenstand sucht, sondern in der Ikone das religiöse Bild der orthodoxen Kirche oder ein spezielles Sujet will, dem sei geraten, einen guten Ikonenmaler in seiner Werkstatt aufzusuchen und sich die gewünschte Ikone nach einer Vorlage anfertigen zu lassen. Anhand der anderen Arbeiten des Malers kann man selbst entscheiden, ob einem dessen Malart und künstlerische Qualität zusagen. Die Ikonenmaler früherer Jahrhunderte haben durchweg für Auftraggeber gearbeitet und nach Vorlagen gemalt. Der heute gemalten Ikone fehlt nichts. Sie ist, wie die alte Ikone, ein Original und echt. Von einem guten Ikonenmaler wird man zu einem vergleichsweise günstigen Preis eine künstlerisch wertvollere Ikone bekommen als im Kunsthandel.

### *c) Ikonen malen*

Ein klassisches Musikstück lernt man am besten dadurch kennen, daß man es selbst musiziert. Das gleiche gilt auch für die Ikone. Wer Ikonen malt, ist, wie der Musizierende, ein Nachschaffender. Der „Inhalt" ist in beiden Fällen zwar vorgegeben, aber in beiden Fällen bedarf es handwerklich-künstlerischer Fähigkeiten, um das vorgegebene angemessen und überzeugend neu erstehen zu lassen, dort mit dem Instrument, hier mit Pinsel und Farbe.

Nach orthodoxem Verständnis ist der Ikonenmaler dem Prediger zu vergleichen. Das Heilshandeln Gottes, das der Prediger mit seiner Sprache dem Ohr vermittelt, das vermittelt der Ikonenmaler mit Farbe und Form dem Auge. Beider Aufgabe besteht darin, die eine und gleiche Wahrheit Gottes im schöpferischen Akt des Sprechens oder des Malens zu bezeugen und darin neu Gestalt werden zu lassen.

Schreiben und Malen, Wort und Bild liegen in vielen Kulturen sehr eng beieinander. Das wird besonders eindrücklich an der chinesischen Schrift deutlich, deren Zeichen eine „Bilderschrift" sind, die mit Pinsel und Tusche gemalt wird. Das Griechische hat für das

Schreiben, Zeichnen und Malen das gemeinsame Wort graphḗ. Ursprünglich bedeutet graphḗ das Einritzen, das sich sowohl auf das Schreiben wie auf das Zeichnen oder Malen bezieht. Unser Wort „kerben" zeigt deutlich den gleichen Stamm und die gleiche Grundbedeutung. Der Geschichtenschreiber heißt im Griechischen logográphos (= Wortschreiber). Der Maler wird zōgráphos (von gr. zṓon = lebendiges Wesen, Bild, Gemälde) oder auch eikonográphos genannt. Auch im Russischen steht pisát für malen und für schreiben. Es gibt also keinen Grund, den griechischen zōgráphos und den russischen ikonopísec mit Bilder-„schreiber" zu übersetzen. Ikonen werden gemalt und nicht geschrieben. Dennoch ist die Ikonenmalerei als Verkündigung in engster Beziehung zum Wort und zur Literatur zu sehen. Der Ikonenmalerei sind die Inhalte wortsprachlich und literarisch vorgegeben, und zwar durch das Dogma, durch Legenden, durch Hymnen und durch Gebete.

Das Malen von Ikonen ist vom Selbstverständnis der Ikone her eng mit dem geistlichen Leben des Malers verbunden. Ikonen malen hat nach orthodoxem Verständnis gottesdienstlichen Charakter. Der fromme Ikonenmaler bereitete sich daher durch Gebet und Fasten auf seine Arbeit vor. Für den Malermönch war das geistliche Leben durch die klösterliche Ordnung vorgegeben. Wo das Ikonenmalen zum normalen Broterwerb wurde oder gar als Fließbandarbeit betrieben wurde, da löste es sich aus seiner Einbindung in den Gottesdienst und aus der geistlichen Lebenspraxis. Die Geschichte zeigt, daß die Ikonenmalerei regelmäßig verfällt, sobald sie nicht mehr als geistliches Geschehen verstanden wird. Die Ikonenmalerei bleibt nicht durch das Handwerk, sondern durch die geistlichen Inhalte lebendig. Der enge Zusammenhang zwischen dem geistlichen Hintergrund und den handwerklich-künstlerischen Prozessen sollte auch dem westlichen Ikonenmaler vor Augen bleiben. Sollen wirklich Ikonen und nicht fehlerhafte Abziehbilder oder noch Schlimmeres entstehen, so kommt auch der nichtorthodoxe Ikonenmaler des Westens nicht daran vorbei, an die besten Traditionen des Ostens anzuknüpfen. Fünf Bereiche sollten im Blick sein.

*1) Der geistliche Hintergrund der Ikone*

Als Ikonenmaler muß ich wissen, wie die Ikone als Bild gemeint ist und in welchen geistlichen Prozeß ich mich hineinbegebe, wenn ich Ikonen male.

*2) Die kanonischen Regeln der Ikonenmalerei*
Als Ikonenmaler muß ich die von der orthodoxen Kirche festgelegten Bildinhalte, die Grundprinzipien der Komposition, der Formen, der Farben, der Darstellung und der Malmaterialien kennen, damit ich auf der einen Seite klar weiß, wo ich durch die orthodoxe Lehre festgelegt bin, auf der anderen Seite aber die Freiheiten des Inhalts und der Gestaltung sehe und diese nach meinen schöpferischen Möglichkeiten wahrnehme.

*3) Die konkreten Bildinhalte*
Als Ikonenmaler muß ich mir, ehe ich mit dem Malen beginne, das auf der Ikone Dargestellte inhaltlich erschließen, und zwar nicht nur im Bereich der Realien (was ist dargestellt?), sondern vor allem in seiner theologischen Bedeutung (was wird mir offenbart?). Die geistige Arbeit und Aneignung muß der Malarbeit vorausgehen. Das Verstehen wird durch die Malarbeit vertieft werden. Ikonenmalen ist Meditation des Bildinhalts. Wer sich beim Ikonenmalen mit Unterhaltungsmusik berieseln läßt, der sagt bereits alles über sein Verhältnis zur Ikone und zu seiner Arbeit.

*4) Das Handwerkliche*
Als Ikonenmaler muß ich das Handwerk des Malens beherrschen. Aus dem 17. Jahrhundert ist uns der Lehrvertrag eines jungen Kreters erhalten, aus dem hervorgeht, daß die Ausbildung zum Ikonenmaler vier Jahre dauerte. Wer in halbwegs angemessener Weise musizieren möchte, der weiß, daß er auf dem Instrument seiner Wahl einige Jahre Unterricht nehmen muß. Im Bereich des Malens ist uns dieser Gedanke ungewohnt. Dennoch: Wer über das Niveau der Bauernmalerei hinauskommen und Ikonen in zufriedenstellender Weise malen will, dem sei geraten, bei einem guten Ikonenmaler oder einer guten Ikonenmalerin Malunterricht zu nehmen.

*5) Ziel und Selbstverständnis*
Wer Ikonen malt, der sollte sich ehrlich darüber Rechenschaft geben, warum er das tut. Die Ziele des Ikonenmalens können für den westlichen Menschen sehr unterschiedlich sein. Dem kunsthistorisch Interessierten mag es genügen, über das Malen den Stil der Ikonenmalerei besser kennenzulernen. Für den religiös Interessierten könnte der meditative Prozeß im Vordergrund stehen. Der Kunstschüler kann sich darauf beschränken, an der Ikone die Tem-

peramalerei zu lernen. Oft wird Ikonenmalen einfach als Freizeitbeschäftigung betrieben. Antrieb und Ziel kann aber auch sein, mit Ikonen Geld zu verdienen. Was immer das Ziel sein mag: Der Ikonenmaler muß sich der Frage stellen, ob er bei seinem Vorhaben die Ikone als Kultgegenstand ernst nimmt, oder ob er sie lediglich für seine eigenen Zwecke gebraucht. Der geistliche Anspruch der Ikone verbietet es, sie für Zwecke, die nicht in ihr selbst liegen, zu benutzen. Der Ikonenmaler kommt nicht daran vorbei, sein Verhältnis zur Ikone als einem Kultgegenstand der orthodoxen Kirche und sein Verhältnis zu den Bildinhalten zu klären.

## 3. IKONEN ALS ÖKUMENISCHE BRÜCKE

Wenn man die Ikone nicht als neutrales Kunstphänomen versteht, sondern als das, was sie ist, nämlich anschaulicher Ausdruck orthodoxer Frömmigkeit und Theologie, so führt sie uns direkt in das ökumenische Gespräch.

Nach Jahrhunderten gegenseitiger Abgrenzung, wechselseitigen Argwohns und allseitiger Polemik ist seit der Mitte dieses Jahrhunderts ein ökumenischer Dialog zwischen den Konfessionen in Gang gekommen. Unter Ökumene wird in den deutschsprachigen Ländern zwar vorwiegend das evangelisch-katholische Gespräch verstanden; dennoch sind in den letzten Jahrzehnten auch die orthodoxen Kirchen in den Blick gekommen, deren Gemeinden insbesondere in evangelischen Kirchen und Gemeindezentren Gastrecht genießen oder gar Heimat gefunden haben. Die orthodoxen Christen bilden in der Bundesrepublik Deutschland durch den Zuzug der Gastarbeiter mit mehr als einer halben Million Mitgliedern die drittgrößte christliche Konfession.

Die orthodoxen Kirchen sind mit den evangelischen Kirchen Vollmitglieder im Ökumenischen Rat der Kirchen. Die katholische Kirche konnte sich zur Vollmitgliedschaft bisher nicht entschließen. Gespräche zwischen den Konfessionen gehören aber seit einigen Jahrzehnten zur festen Einrichtung. 1965 wurde die gegenseitige Exkommunikation von 1054 in Rom und in Konstantinopel gleichzeitig als nichtig erklärt. Das Schisma zwischen der orthodoxen und der katholischen Kirche wurde damit freilich nicht überwunden. Der Dialog zwischen den orthodoxen und den nichtrömischen Kirchen hat eingesetzt, und zwar 1973 mit den Anglikanern,

1975 mit den Altkatholiken, die schon seit hundert Jahren Kontakte mit der Orthodoxie pflegten, 1981 mit dem Lutherischen Weltbund und 1986 mit den reformierten Kirchen. Die Euphorie des Anfangs mit mancherlei illusionären Erwartungen ist allenthalben einer nüchternen Einschätzung gewichen. Die ernsthaften Gespräche haben gezeigt, daß es im Verständnis von Christus, der Kirche, des Menschen und des gesamten Heilsgeschehens tiefgreifende Unterschiede gibt. Diese unterschiedlichen Grundverständnisse werden auch in absehbarer Zeit nicht überwunden werden können, weil sie die Identität der jeweiligen Konfession berühren.

Christliche Kirche und Evangelium gibt es in dieser Welt nicht an sich, nicht geschichtslos, nicht konfessionslos und nicht überkonfessionell, sondern stets nur in der Gestalt und im Deutungsgefüge geschichtlich gewordener Konfessionen. Diese Realität, die wir vorfinden, kann selbst durch die kühnste Vision nicht übersprungen werden. Eine Welteinheitskirche wird es nicht geben. Es gibt genügend gute Gründe, sie nicht einmal anzustreben. Keine Chance haben auch jene Denkmodelle, nach denen eine Konfession die anderen absorbiert. Einheit wird schließlich auch weder aus demokratischen Mehrheitsbeschlüssen zu gewinnen sein, noch indem man die konfessionellen Teile zu einer neuen Summe zu addieren sucht. Möglich aber wäre eine konziliar oder synodal strukturierte Gemeinschaft von Kirchen, die sich als Lerngemeinschaft versteht, in der keine Kirche von der anderen Änderung erwartet, ohne auch selbst dazu bereit zu sein. Das ist sehr viel mehr als eine indifferente friedliche Koexistenz, die dem Dialog aus dem Wege geht. Das ist auch mehr als jene scheinbare Toleranz, die alles als gleich gültig stehen läßt und es so nur gleichgültig macht. Zukunft hat eine Ökumene, in der die einzelnen Konfessionen ihre Identität ohne Exklusivitätsansprüche bewahren, dabei aber für jene Einsichten und Traditionen durchlässig bleiben, die bei den anderen vorhanden sind.

Die offiziellen Gespräche von kirchlichen Kommissionen werden die Ökumene gewiß nicht herbeiführen. Aber die Ökumene auf der Gemeindeebene vor Ort wird auch nicht vorankommen, ohne daß Grundkonsens und Dissens zwischen den Konfessionen theologisch redlich geklärt werden. Schwärmerische, im Emotionalen begründete spektakuläre Ökumenismusdemonstrationen vor Ort haben der ökumenischen Gemeinschaft oft mehr geschadet als genützt, weil sie theologisch unausgegoren und von den Kirchen nicht gedeckt waren und so zu allseitigen Enttäuschungen führen mußten. Wir können und werden nicht mit einem Schlag die Jahrhunderte währende und in Inhalten begründete Verschiedenheit der Kirchen aufheben. Wir können aber bereits dort Gemeinschaft üben, wo eine Trennung gar nicht existiert und wo Gemeinschaft schon heute möglich ist, nämlich in sehr elementaren Bereichen: zum einen in ernsthaften Versuchen, einander zu verstehen und voneinander zu lernen, zum anderen im gemeinsamen Handeln aus dem Geiste Christi und schließlich im gemeinsamen Beten.

Welche Rolle kann die Ikone in diesen Zusammenhängen für ökumenische Prozesse spielen? Ein Erstes: Die Ikonen stellen uns vor Augen, daß sich orthodoxer Glaube auf den gleichen Herrn gründet und richtet wie auch unser Glaube, wenngleich das Heilsgeschehen dort anders akzentuiert und sprachlich anders ausgeformt wird, als wir das gewohnt sind. Wo Gesprächspartner des gemeinsamen Grundes ansichtig und gewiß werden, da gewinnen sie die Freiheit, sich mit dem auseinanderzusetzen, was jedem am anderen fremd und befremdlich ist. Ist die gemeinsame Basis im Blick, so lassen sich auch die Unterschiede ohne Angst um die eigene Identität ertragen und bearbeiten. Die Ikone in katholischen und protestantischen Kirchen und Häusern könnte für orthodoxe und für westliche Christen gleichermaßen sichtbarer Hinweis auf den gemeinsamen tragenden Grund und Ermutigung für ein Gespräch sein, das uns zum Wesen des jeweils anderen führt und zum gemeinsamen Handeln aus dem gleichen Geist der Liebe befähigt.

Ein Zweites: Die Ikone stellt mit ihrem theozentrischen Bildverständnis einen heilsamen und einen notwendigen Kontrapunkt zu jenem anthropozentrischen Verständnis westlicher Kunst und westlichen Glaubens dar, das sich nur allzuleicht in subjektivistisches Belieben auflöst. Gegenüber aller notwendigen, aber auch stets gefährdeten Subjektivität des Verstehens, Aneignens und Bekennens kann die Ikone uns westlichen Christen die jedem menschlichen Zugriff entzogene „Objektivität" des Heilsgeschehens vor Augen stellen und so unser subjektives Reden bei der „Sache" halten.

Ein Drittes: Die Gottesdienste der drei großen Konfessionen sind in ihrer Grundkonzeption recht unterschiedlich. Ökumene wird nicht dadurch entstehen, daß man Teile summiert oder daß man eine Art „Verschnitt" aus allen Formen bildet. Schon in den urchristlichen Gemeinden bestanden unterschiedliche gottesdienstliche Formen nebeneinander. Gewachsene Lebensformen lassen sich nicht durch eine „ideale" Konstruktion aus der Retorte ersetzen oder gar überbieten. Der orthodoxe Gottesdienst hat von seinem Grundverständnis her besonders ein Element stark entwickelt, das in den Gottesdiensten der westlichen Kirchen nur schwach ausgebildet ist oder ganz zurücktritt, nämlich das Element des Lobens und der Anbetung. Anbetung wird in knappster und in eindrücklicher Weise paradigmatisch durch die Deesis-Reihe der Bilderwand anschaulich. Die Ikonen einer Deesis sind geeignet, Anbetung nicht nur bildhaft zu repräsentieren und in Erinnerung zu rufen, sie könnten durch ihre Gegenwart in unseren Kirchen auch Anstoß zu liturgisch praktizierter Anbetung und Ausdruck eines alle Zeiten und Konfessionen umfassenden Gebets der Christenheit sein.

Einer schwärmerischen und mystifizierenden Huldigung der Ikone kann ich nicht das Wort reden. Die Orthodoxen selbst wehren sich zu Recht gegen jene enthusiastischen westlichen Bewunderer, die sich mit nebulosen Hymnen auf die „ehrwürdigen und geheimnisvollen Schätze der Ostkirche" der Ikone und ihrer Botschaft mehr entziehen als stellen. Wer sich der Ikone ehrlich aussetzt, wird nicht zu irgendwelchen geheimnisvollen Kunstschätzen geführt, sondern geradewegs zu dem einen Wunder des Glaubens, das allen christlichen Konfessionen als Geschenk gemeinsam ist. Die breite und schnelle Autobahnbrücke zur Ökumene wird es vermutlich nie geben. Uns bleibt nur, die schmalen und zerbrechlichen Stege zu begehen, über die ökumenische Begegnungen und Prozesse in Gang kommen. Die Ikone ist einer von diesen ökumenischen Stegen.

# GLOSSAR

( ´ = Betonungszeichen; ¯ = Zeichen für langen Vokal)

*Abbreviatur* (lat.): „Abkürzung".

*Abgarbild:* das Bild, das ein Abgesandter des Fürsten Abgar von Edessa von Jesus gemalt haben soll. Nach einer anderen Version der Abgarlegende soll Jesus sein Antlitz in ein Tuch (Mandylion) gedrückt haben und diesen Abdruck zusammen mit einem Brief an Abgar gesandt haben. Vgl. → Mandylion.

*(die) Acheiropóietos* (gr.): nicht von Menschenhand gemaltes Bild des Antlitzes Christi, Marias oder anderer Heiliger.

*Achill* (gr.): der tapferste und der schönste aller griechischen Helden des Trojanischen Krieges. Der Siegfriedsgestalt der deutschen Sage vergleichbar.

*Adonis:* syrischer Vegetationsgott, der nach Übernahme in den griechischen Mythos als schöner junger Mann (Geliebter der Aphrodite) gedacht wurde. Adonis stand in hellenistischer Zeit im Mittelpunkt eines ekstatischen Mysterienkults.

*Akrópolis* (gr.): der Burgberg griechischer Städte.

*Allegorie:* bildliche Veranschaulichung von an sich unanschaulichen Vorstellungen, Begriffen oder Zusammenhängen. Hauptmittel der Veranschaulichung ist die Personifikation.

*(der) Alte der Tage:* ikonographischer Typus der Darstellung Gottes oder Christi nach Dan 7,9.13.22.

*Ambivalenz* (lat.): Doppelwertigkeit.

*Amulett* (lat./franz.): ein Gegenstand, der am Körper oder am Haus oder Fahrzeug befestigt wird in dem Glauben, daß er Schaden oder Gefahr abwehrt.

*Anáthema* (gr.): im Neuen Testament (1 Kor 16,22) das Gottgeweihte, aber auch das Verfluchte. Später eine Formel, mit der im Kirchenrecht bei einem der Häresie oder anderer schwerer Vergehen Überführten die mit der Kirchengliedschaft verbundenen Rechte aufgehoben werden und er in diesem Sinne aus der Kirchengemeinschaft ausgeschlossen und dem Satan überantwortet wird.

*Angelologie* (gr.): kirchliche Lehre von den Engeln.

*ángelus intérpres:* „Deuteengel". Engel, der ein Geschehen in göttlichem Auftrag deutet.

*anthropomórph, Anthropomorphismus* (gr.): „menschengestaltig". Die Praxis, sich das Aussehen, das Empfinden und das Verhalten der Götter menschenartig vorzustellen.

*Anthropotókos* (gr.): „die einen Menschen geboren hat". Wegen der göttlichen und menschlichen Natur Christi bezeichnete man Maria in einer bestimmten Phase der christologischen Auseinandersetzungen nicht nur als Theotokos (Gottesgebärerin), sondern zugleich als Anthropotokos, nämlich als Mutter des Menschen Jesus.

*anthropozentrisch* (gr.-lat.): den Menschen in den Mittelpunkt stellend.

*Ǟon* (gr.): griechisch „Weltzeit"; im Mithraskult höchste Gottheit; in der Gnosis die vor aller Zeit aus Gott hervorgegangenen und als persönliche Wesen gedachten überirdischen Geistmächte, die als Erscheinungsweisen des Absoluten gelten. Die spätjüdische Apokalyptik unterscheidet zwei Äonen: „diesen Äon", der vergeht, und den „zukünftigen Äon", der kommen soll und das Königreich der Gerechtigkeit und des Friedens sein wird. In diesem Sinne spricht auch das Neue Testament vom Äon.

*Apokryphen* (gr.): jene Bücher und Schriften, die trotz ihres religiösen Anspruchs im Judentum nicht in die kanonische Sammlung der heiligen Schriften aufgenommen wurden; ebenso religiöse Schriften aus den ersten Jahrhunderten des Christentums, die nicht in den Kanon des Neuen Testaments aufgenommen wurden.

*Apollon* (gr.)/*Apollo* (lat.): griechischer Gott, der das griechische Ideal „apollinischer Schönheit" verkörpert. Apollon vertritt Recht, Ordnung und Frieden. In seinem Namen wurde auch Schuld gesühnt. Sein Kult kam schon im 5. Jahrhundert v. Chr. nach Rom.

*Apologeten* (gr.): christliche Schriftsteller des 2. Jahrhunderts, die den christlichen Glauben gegen den Vorwurf der Staatsfeindlichkeit und des Atheismus verteidigen.

*Apotheose* (gr.): Vergottung eines lebenden oder eines verstorbenen Menschen, der fortan göttlich verehrt wird. Im römischen Kaiserkult üblich.

*Ápsis* (gr.): halbkreisförmiger Abschluß eines Kirchenschiffs; in der Regel nach Osten gerichtet.

*archaisch* (gr.): Frühstufe eines Stils oder einer Entwicklung.

*Archimandrít* (gr.): Titel in der Hierarchie der orthodoxen Kirche. In Byzanz seit 10./11. Jahrhundert der Abt eines oder mehrerer Klöster.

*Areopág* (gr.): ein Hügel westlich der Akropolis von Athen. Dort hielt der älteste Rat von Athen im Freien seine Sitzungen ab. Daher auch Bezeichnung für den Ältestenrat.

*Areopagpredigt:* nach Apostelgeschichte 17,22ff die Predigt des Apostels Paulus auf dem Areopag.

*Arianer:* Anhänger des Arius (gest. 336), der die Gottheit der Person Christi bestritt und Christus als das erste und höchste Geschöpf Gottes verstand, das von Gott aus dem Nichts erschaffen worden ist.

*Armenbibel*, lat. bíblia páuperum, auch Bilderbibel: stellt Szenen aus der biblischen Heilsgeschichte dar. Sie greift dabei in → typologischer Auslegung auch auf alttestamentliche Themen zurück. Die Armenbibel, die auf altkirchliche Traditionen – auch auf Wandmalerein – zurückgreift, entstand Ende des 13. Jahrhunderts. Der Name bezieht sich entweder auf die Armen im Geiste, die der Anschauung bedurften, oder auf die armen Leutpriester, für die eine vollständige Bibel nicht erschwinglich war.

*Artemis von Ephesus:* darf nicht mit der griechischen Göttin Artemis verwechselt werden, die eine den Nymphen verwandte jungfräuliche Jagdgöttin war. Die vielbrüstige Artemis von Ephesus ist eine kleinasiatische Fruchtbarkeitsgöttin. Sie ist eine der Ausprägungen der → magna mater.

*Assíst:* eine Technik, mit deren Hilfe man feine Goldfäden auf Gewänder, Thronsessel u.a. „malen", d.h. aufbringen kann. Auf dünne Fäden einer Gummi- oder Leimlösung wird Blattgold aufgelegt, das geglättet und sogar poliert werden kann. Vgl. → Chrysographie.

*Athanasianer:* Anhänger des Athanasius (gest. 373), der Christus als „wesenseins" mit dem Vater verstand.

*Atrium* (lat.): Vorhof, Vorhalle des Kirchengebäudes.

*Attis:* ein aus Kleinasien stammender Vegetationsgott. Sein Mythos als sterbender und im Frühjahr wiederauferstehender Gott war Mittelpunkt der orgiastischen Attismysterien, in denen sich die Eingeweihten ihrer Wiedergeburt und Unsterblichkeit vergewisserten.

*Aufklärung:* die geistige Bewegung vom Ende des 17. bis zum Ende des 18. Jahrhunderts, die der menschlichen Vernunft den Vorrang vor Tradition und Autoritäten zuspricht. Die autonome Vernunft soll die einzige Instanz sein, die darüber entscheidet, was als wahr, gut, schön und religiös zu gelten hat. Kant sagt: „Aufklärung ist der Ausgang des Menschen aus seiner selbstverschuldeten Unmündigkeit". Zu einer aufgeklärten Aufklärung gehört es inzwischen, die Grenzen der menschlichen Vernunft zu erkennen.

*Aureóle* (lat.): ein meist goldener (aureolus) Strahlenkranz oder Heiligenschein, der die ganze Figur umgibt. Daher auch „großer" → Nimbus genannt. Die Aureole kann kreisförmig oder oval bis mandelförmig ausgebildet sein. Vgl. → Gloriole.

*autokephál, Autokephalíe* (gr.): Kirchen, die ein selbständiges Oberhaupt und eigene Rechtsprechung besitzen, wie das bei den selbständigen orthodoxen Kirchen der Fall ist.

*autokratisch* (gr.): unumschränkt, selbstherrlich herrschend.

*Báal:* syrisch-palästinensischer Gott des Regens und der Fruchtbarkeit. Das Absterben der Vegetation in der Trockenzeit des Sommers wurde als der Tod Baals, die wiederkehrenden Regenfälle wurden als seine Wiedergeburt erlebt.

*Babylonische Gefangenschaft* → Exil.

*Baldr* (altnord.): „der Herr". Germanischer Gott des Lichtes, der Guten und der Gerechtigkeit.

*Bann:* im Alten Testament ist die Weihe der Kriegsbeute an Jahwe gemeint, später der Ausstoß aus der israelitischen Gemeinde. Im Kirchenrecht der katholischen und der orthodoxen Kirche entspricht der Kirchenbann der Exkommunikation, d.h. dem zeitlich begrenzten oder dem endgültigen Ausschluß aus der Kirchengemeinschaft.

*Baptisterium* (gr.-lat.): Taufkirche als eigenständiges Bauwerk.

*Basilika* (gr.): „Königshalle". Bei Griechen und Römern Halle für Rechtspflege und Handelsverkehr. Das Christentum hat die Basilika als Versammlungsraum für die Gemeinde, d.h. als Kirche, übernommen. Die Grundform ist ein Langschiff, das in einer Apsis endet. Beiderseits des hohen Mittelschiffs sind niedrigere Seitenschiffe angegliedert. Das Mittelschiff empfängt das Licht aus dem Lichtgaden, der über den Dächern der Seitenschiffe liegt. Die Basilika wurde mannigfach variiert und ausgestaltet.

*Basmá* (russ.): „Borte". Metallverkleidung, die den Rand einer Ikonentafel oder den Rand und den Bildhintergrund bedeckt, die Figuren aber stets freiläßt. Dieser Ikonenbeschlag, der meistens aus Silberblech besteht, wird in Rußland ab dem 14. Jahrhundert zunehmend reicher verziert.

*Bedeutungsperspektive* → Perspektive.

*Beleuchtungslicht* → Licht.

*Bḗma* (gr.): erhöhte Plattform, die über Stufen zu erreichen ist. Im Kirchenbau die erhöhte Ebene auf der Apsis-Seite der orthodoxen Kirche.

*Biblia pauperum* → Armenbibel.

*Bilderbibel* → Armenbibel.

*Bilderwand:* eine Wand, die nach einem bestimmten Schema von Ikonen gebildet wird. Sie ist aus den frühchristlichen Chorschranken hervorgegangen und trennt den nur Klerikern zugänglichen Bereich des Altars und seine Nebenräume vom Kirchenschiff. Vgl. → Ikonostase.

*Blachernitissa, Blachernoissa:* Gottesmuttertyp, der Maria in der Haltung der Orantin darstellt. Das Kind kann in der Gestalt des Emmanuel im Medaillon vor der Brust der Maria abgebildet sein. Der Name ist von der Blachernerkirche in Konstantinopel hergeleitet, wo sich das Urbild befunden haben soll.

*Bolus* → Poliment.

*Cancélli* (lat.): Platten aus Stein, Metall oder Holz, die zur Einfriedung, Abgrenzung oder Abzäunung verwendet werden. In der Kirche dienten die cancelli (= Chorschranken) dazu, den Altarraum, der nur den Klerikern zugänglich war, vom übrigen Kirchenraum abzugrenzen. Die Kanzel (von cancelli) ist aus der erhöhten Lesebühne (= Ambo) hervorgegangen, die an den cancelli stand. Aus den cancelli ist im Kirchenbau des Ostens die Bilderwand und im Kirchenbau des Westens der Lettner hervorgegangen.

*Chalcedonénse:* das vom 4. ökumenischen Konzil in Chalcedon 451 beschlossene Glaubensbekenntnis, das in der katholischen Kirche und in den orthodoxen und evangelischen Kirchen bis heute als verbindlich anerkannt wird.

*Cherub, Kerub* (hebr.), pl. Cheruben, Cherubim oder Keruben, Kerubim: im alten Orient Schutzgeister. Im Alten Testament geflügelte Engel mit menschlichem Antlitz. Nach orthodoxer Lehre gehören die Cheruben der ersten Hierarchie der himmlischen Geistwesen an, die unmittelbar vor Gottes Thron stehen. In der Ikonenmalerei werden sie mit menschlichem Kopf und mit zwei zumeist bläulichen Flügeln dargestellt.

*Chitṓn* (gr.): Untergewand.

*Chorschranken:* Schranken aus Stein oder Holz, die den Altarraum einer Kirche gegen die den Laien zugänglichen Bereiche abgrenzen.

*Christotókos* (gr.): „die Christus geboren hat". Maria als Mutter Christi.

*Christus* (gr.): griechische Übersetzung des hebr. → Messias (= Gesalbter).

*Chrysographie* (gr.): Goldmalerei. Malen mit einer aus reinem Dukatengold gewonnenen Tinktur. Mit dieser Technik wird Gold auf Hintergründe und Gegenstände aufgelegt (z.B. auf den Nimbus). Ein Spezialfall der Chrysographie ist der → Assist.

*Clavus* (lat.), meist Mehrzahl Clavi: Zierstreifen von unterschiedlicher Farbe und Breite am antiken Gewand. Die Clavi reichen vom Hals bis zum Saum. Sie sind am kaiserlichen Hof eine Art von Rangzeichen. In der christlichen Kunst und auf den Ikonen tauchen sie auf Christi Gewand recht früh als Herrschaftsattribut auf.

*Clípeus* (lat.): „gewölbter Schild". In der Malerei eine Art von Medaillon, ein Bild in der Form eines Rundschildes mit dem Bildnis eines Verstorbenen (lat. imago clipeata). In der christlichen Kunst wurden auf dem Clipeus besonders der Emmanuel und einige Gottesmuttertypen dargestellt.

*Craquelée, Craquelure* (franz.): feine Risse in der Farb- oder Firnisschicht, hervorgerufen durch Zusammentrocknen.

*Déēsis* (gr.): „Fürbitte, Gebet". Darstellung des thronenden Christus, zu dessen Rechten Maria und zu dessen Linken Johannes der Täufer stehen, beide in fürbittender Haltung. Dieses Dreifigurenbild, das auch „kleine Deesis" genannt wird, kann durch die Erzengel Michael und Gabriel, durch die Apostel Petrus und Paulus sowie durch die Liturgen Basilius und Chrysostomus und andere, die sich im Fürbittengestus Maria und dem Täufer anschließen, zur „großen Deesis" erweitert werden.

*Deportation* → Exil.

*Deutero-Jesaja* (gr.): „der zweite Jesaja". Bezeichnung für den namentlich nicht bekannten Verfasser der Kapitel 40–55 des Jesajabuches. Deuterojesaja ist ein Prophet des Exils.

*Diakon* (gr.): „Diener". Kirchliches Amt, das in den christlichen Kirchen unterschiedlich definiert wird.

*Diakonikón* (gr.): im orthodoxen Kirchengebäude der Raum südlich des Hieron hinter der Bilderwand. Hier werden liturgische Geräte und Gewänder, Kultusbücher und Ikonen aufbewahrt.

*Diana von Ephesus:* entspricht der → Artemis von Ephesus.

*Díptychon* (gr.): „doppelt zusammengefaltet". Ein durch Gelenke verbundenes zusammenklappbares Paar von Täfelchen.

*Dogma* (gr.): wörtlich „Grundsatz", „Axiom", „Beschluß", „Lehrsatz". Nach orthodoxem Verständnis sind die Dogmen der Kirche zum Teil durch die Heilige Schrift, zum Teil durch mündliche Tradition von den Aposteln her überliefert und von den sieben ökumenischen Konzilen und den heiligen Vätern für alle Zeit verbindlich festgelegt worden. Die Dogmen werden nicht primär als Lehre, sondern als Ordnungen verstanden, die das gesamte Leben durchwalten sollen. Insofern ist es für den Glaubenden heilsnotwendig, sie als geoffenbarte Glaubenswahrheit anzuerkennen. – Nach katholischem Verständnis gründen sich die Dogmen der Kirche auf Heilige Schrift und Tradition. Das Dogma gilt hier als eine von Gott geoffenbarte Wahrheit, die vom kirchlichen Lehramt als verbindliche Offenbarung festgestellt und verkündigt wird. Das Dogma hat in der katholischen Kirche lehrhaften Charakter. – Nach evangelischem Verständnis gibt es keine Dogmen im Sinne von Lehren, in denen die Wahrheit christlichen Glaubens ein für allemal festgeschrieben werden könnte. Gottes Wort erreicht uns stets nur in menschlichen Zeugnissen als Anrede, die zur Antwort herausfordert. Alle Aussagen über die Wirklichkeit Gottes und des Glaubens haben den Charakter von Versuchen, in denen Menschen oder ganze Epochen der göttlichen Wahrheit in zeitgebundener menschlicher Weise sprachlich Ausdruck geben. Die uns betreffende Wahrheit christlichen Glaubens muß von jeder Generation im Hören auf die biblischen Zeugnisse neu erfaßt und sprachlich eigenständig formuliert werden. Die ökumenischen Bekenntnisse, die Texte der Kirchenlehrer aller Zeiten und die Bekenntnisschriften der reformatorischen Kirchen sind für die gegenwärtigen Formulierungsversuche wichtige Wegweiser und Verstehenshilfen.

*Dogmatik:* wissenschaftliche Darstellung christlicher Glaubensinhalte.

*Edessénum:* das → Abgarbild wird nach Abgar von Edessa auch Edessenum genannt.

*Eigenlicht* → Licht.

*Eitempera:* eine Maltechnik, die Ei als Malmittel benutzt. Vgl. → Temperamalerei.

*Eleū́sa* (gr.): „die sich Erbarmende". Typus einer Gottesmutterdarstellung, der das Mütterliche betont. Das Christuskind schmiegt seine Wange an die der Mutter, die sich ihm zuneigt. Russ.: → Umilenie.

*Emanation* (lat.): die Lehre, wonach die Welt stufenweise aus dem Einen, nämlich der Gottheit, hervorgeht (emanare = herausfließen).

*Emmánuel,* auch *Immanuel* (hebr.): „Gott mit uns". Darstellung Christi als des präexistenten Logos. Deshalb oft als jugendlicher Christus dargestellt. Bezieht sich auf Mt 1,23 und Jes 7,14.

*Emulgator* (lat.): Mittel, das die Bildung einer Emulsion erleichtert. Eidotter ist der leistungsfähigste Emulgator, den wir kennen.

*Emulsion* (lat.): die mikroskopisch feine Verteilung von zwei Flüssigkeiten ineinander, die untereinander nicht mischbar sind, aber auf physikalische Weise in einen Balancezustand gebracht werden, bei dem der eine Stoff im anderen in der Schwebe bleibt. Die beiden Substanzen bleiben dabei chemisch unangetastet. So sind z.B. in der Milch feine Fett-Tröpfchen in Wasser emulgiert. Im Hühnerei sind etwa 12% fette Öle in 74% Wasser verteilt.

*Engeldéēsis:* ein Dreifigurenbild entsprechend der kleinen → Deesis. Christus Emmanuel tritt an die Stelle des thronenden Christus. Die Erzengel Michael und Gabriel treten an die Stelle der Gottesmutter und des Täufers.

*Enkaustik* (gr.): spätantikes Malverfahren mit erhitzten Wachsfarben.

*Enzyklika* (gr.-lat.): von encyclica epistula = „Rundschreiben". Lehrschreiben des Papstes an den Klerus und an die Laien der katholischen Kirche.

*Eucharistie* (gr.): „Dankbarkeit, Danksagung". Bezeichnung für das Sakrament des Heiligen Abendmahls.

*Eucharistiefeier:* zur deutlichen Unterscheidung von „Eucharistie" in der orthodoxen Kirche die „Göttliche Liturgie", in der katholischen Kirche die „heilige Messe" als ganze. In den protestantischen Kirchen nur bezogen auf die „Feier des Heiligen Abendmahls".

*evangelisch* (gr.): geht in seiner heutigen konfessionellen Bedeutung auf Luther zurück, der darunter ein Christentum und eine Kirche verstand, die sich allein auf die biblische Botschaft gründet. Daraus ergab sich die Sammelbezeichnung für alle Kirchen, die aus der kirchlichen Reformation des 16. Jahrhunderts hervorgingen.

*Evangelium* (gr.): „Frohe Botschaft". 1. Die Botschaft vom Reden und Handeln des Erlösers. 2. Die vier biblischen Bücher, die von Jesus berichten: Matthäus, Markus, Lukas, Johannes.

*Exil:* Zwangsverschleppung führender jüdischer Bevölkerungsschichten nach Babylon in den Jahren 598 und 587 v. Chr. Seit etwa 520 v. Chr. durften die Deportierten wieder nach Israel zurückkehren.

*Exkommunikation* (lat.): zeitlich begrenzter oder lebenslänglich geltender Ausschluß aus der eucharistischen Gemeinschaft oder aus der Kirchengemeinschaft.

*Farben:* vgl. → Komplementärfarbe, → Pigmente.

*Farbenperspektive* → Perspektive.

*filióque* (lat.): „und vom Sohn". Zusatz der abendländischen Kirche zum Nicäno-Constantinopolitanum. Dieser Zusatz will ausdrücken, daß der Heilige Geist nicht nur vom Vater, sondern vom Vater „und vom Sohn" ausgeht. Das filioque war seit 589 in der spanischen Kirche in Geltung. In Rom wurde es 1014 offiziell eingeführt. Die Ostkirche lehnt diesen Zusatz bis heute ab. Er war für die Ostkirche auch einer der Gründe für die Trennung von Rom.

*Fluchtpunktperspektive* → Perspektive.

*Fossor* (lat.): Zisternenbauer und später Fachmann für den Bau von Katakomben.

*Fresko* (ital.): Wandmalerei, die auf dem frischen (ital. = fresco), noch feuchten Kalkbewurf ausgeführt wird. Nach dem Trocknen sind die Pigmente unlöslich mit dem Putz verbunden.

*Frontalität:* 1. eine bestimmte Art der Menschendarstellung in der archaischen und antiken Plastik und Malerei. Der Körper wird symmetrisch zu einer durch ihn gelegten Mittelsenkrechten gestaltet.
2. ein Stil, Personen von hohem Rang in frontaler Haltung darzustellen. Diese Darstellung zwingt den Betrachter dazu, sich der dargestellten Person ebenfalls frontal zu stellen.

*Genius* (Mehrzahl: Genien): verkörpert als römische Gottheit die dem Manne innewohnende Zeugungskraft. Heute versteht man unter dem Genius loci das geistige Klima eines bestimmten Ortes.

*Genre* (franz.): eine Gattung der Malerei, die typische Ausschnitte des alltäglichen Lebens verschiedener Stände darstellt.

*Glorióle* (lat.): Heiligenschein oder Strahlenkranz, der die ganze Gestalt umgibt. Daher auch großer Nimbus genannt. Vgl. → Aureole. Die Gloriole kann kreisförmig oder oval bis mandelförmig ausgebildet sein.

*Gnṓsis, gnṓstisch* (gr.): „Erkenntnis, Wissen". Eine spätantik-orientalische religiöse Weltanschauung auf dualistischer Basis. Sie lehrt, daß der geistig-göttliche Funke, der in die Materie des Menschen eingegangen ist, durch Gnosis erweckt werden und den Menschen erlösen kann. Es gibt viele Spielarten von vorchristlichen und von christlich gefärbten gnostischen Systemen.

*Goldenes Kalb:* Ein Kultsymbol, das Gott repräsentieren soll. Ob es sich bei der Erzählung in Ex 32 um ein goldenes oder mit Goldblech überzogenes Jungstierbild, oder um eine stierbekrönte Standarte oder lediglich um das Piedestal eines absichtlich nicht dargestellten Gottes handelte, läßt sich nicht entscheiden.

*Gráf'ja* (gr./russ.): Umrißskizze, die mit einem spitzen Metallstift in den Malgrund der Ikone eingeritzt wird. Die Umrißlinien werden so für den Malvorgang dauerhaft festgehalten.

*Gregorianischer Kalender:* die im Jahre 1582 von Papst Gregor XIII. eingeführte Berechnung des Jahres. Die Kalenderreform war notwendig geworden, weil nach dem → Julianischen Kalender die Differenz zwischen Kalenderdatum und astronomischer Realität bereits auf 10 Tage angewachsen war. Gregor korrigierte diese Abweichung (auf den 4. folgte der 15. Oktober 1582), setzte für die Jahreslänge 365,2425 Tage fest und verfeinerte die Schaltjahr-Regelung. Nach dem Gregorianischen Kalender wird erst in 3000 Jahren der Kalender um einen Tag von der Sonne abweichen. Vgl. → Julianischer Kalender.

*Hagiographie* (gr.): Lebensbeschreibung eines christlichen Heiligen.

*Häresie* (gr.): „Wahl, das Gewählte". In der griechischen Antike und im Hellenismus ein religiöses oder politisches Bekenntnis und eine wissenschaftliche Denkweise. In der frühen Christenheit wird Häresie zunehmend im Sinne einer willkürlichen Auswahl aus den Lehren der Kirche verstanden, die so zur Irrlehre wird und zu einer Abspaltung führt. So gilt z. B. der → Arianismus als eine Häresie. Der Begriff wird sinngleich mit dem erst im Mittelalter entstandenen Wort „Ketzerei" verwendet.

*Henotheismus* (gr.): Bekenntnis des Gläubigen zu nur einem Gott, ohne daß die Existenz anderer Götter bestritten wird.

*Hermenéia* (gr.): „Auslegung", „Erklärung". In der Ikonenmalerei ein Malerhandbuch, das die Technik und die Ikonographie der Kompositionen von Ikonen erklärt. Russ. Pódlinnik.

*Hexáptychon* (gr.): sechsteiliges, zusammenklappbares Bild.

*Hierarchie, hierarchisch* (gr.): 1. wörtlich: heilige Herrschaft; 2. priesterliche oder kirchliche Ämterordnung. Im übertragenen Sinn wird Hierarchie auch für abgestufte Herrschaftsbefugnisse im profanen Bereich verwendet; 3. im speziellen Sinn der orthodoxen Lehre auch die Stufenfolge der himmlischen Wesen. In diesem Verständnis sinngleich mit → Triade.

*Hierón* (gr.): im orthodoxen Kirchengebäude der zentrale Raum hinter der Bilderwand, der nur Klerikern zugänglich ist.

*Himátion* (gr.): das über dem → Chiton getragene Obergewand. Ein Umschlagtuch von rechteckigem Schnitt, mit dem man den Oberkörper so umhüllte, daß der rechte Arm frei blieb.

*Hodigítria* (gr.): „Wegführerin". Typus einer Gottesmutterdarstellung, die Maria in herrschaftlicher Haltung als die Repräsentierende darstellt, die dem Volk ihren Sohn präsentiert.

*homoū́sios* (gr.): „wesensgleich". Dieser Begriff wurde vom Konzil von Nicäa 325 in das Glaubensbekenntnis aufgenommen. Er soll ausdrücken, daß Gott Vater und Gott Sohn ihrem Wesen nach gleich sind.

*Humanisten:* klassisch Gebildete und Gelehrte, die auch eine Modernisierung der Theologie und kirchliche Reformen erstrebten. Berühmte Vertreter: Erasmus von Rotterdam (gest. 1536), Johann Reuchlin (gest. 1522).

*Hus, Johannes:* Universitätslehrer in Prag, der die Reformideen Wiclifs (vgl. → Lollharden) übernahm und in Böhmen propagierte. 1415 durch das Konzil von Konstanz zum Feuertod verurteilt und hingerichtet. (Seine Anhänger heißen Hussiten).

*Hyperduléia* (gr.): Die Duleia (= Verehrung), die der → Hyperhagia (der über den Heiligen stehenden Maria) gilt.

*Hyperhagía* (gr.): „Überheilige". Ehrentitel für Maria.

*Hypostáse* (gr.): Grundlage, Substanz, Wesenheit. In der Trinitätslehre Bezeichnung für eine in sich bestehende Wesenheit, die als göttliche Person gedacht wird.

*Ideenlehre:* Platon versteht unter „Ideen" Allgemeinbegriffe, die eine metaphysische, übersinnliche Existenz besitzen. Die Ideen, die ewig sind, entstehen nicht und vergehen nicht. Ideen kommt, im Gegensatz zu den wahrnehmbaren und vergänglichen Dingen, Wirklichkeit zu. Sie sind die ewigen Urbilder der Erscheinungen. Die Einzeldinge sind nur Abbilder der Ideen.

*Idol* (gr./lat.): Trugbild, Götzenbild.

*Ikonodūle* (gr.): Bilderverehrer, Bilderfreund.

*Ikonodulíe* (gr.): Bilderverehrung, Bilderdienst.

*Ikonographie* (gr.): Beschreibung und Zuordnung von Bildern, Bildthemen, Bildmotiven und Bildinhalten, ganz allgemein von Kunstwerken.

*Ikonoklasmus* (gr.): Bildersturm.

*Ikonoklast* (gr.): Bilderstürmer, Bildergegner.

*Ikonolatrie* (gr.): Bilderverehrung.

*Ikonologie* (gr.): Deutung und Erklärung von Bildinhalten und Kunstwerken.

*Ikonostase* (gr.): Bilderwand.

*Imago* (lat.): Bild.

*immaculata conceptio* (lat.): „unbefleckte Empfängnis". Lehre der katholischen Kirche, nach der Maria von ihrer Mutter Anna unbefleckt empfangen, d. h. von der Erbsünde freigeblieben ist. Diese seit dem 12. Jahrhundert nachweisbare Ansicht wird 1854 von Papst Pius IX. als göttlich geoffenbartes Dogma verkündigt. Die orthodoxe Kirche lehnt die Vorstellung und das Dogma von 1854 ab. Evangelischem Glauben sind alle Gedanken fremd, die Maria eine Mittlerrolle im Heilsgeschehen zusprechen.

*Immánuel* → Emmanuel.

*Inkarnát* (lat.): Fleischfarbe.

*Inkarnation* (lat.): Menschwerdung (= Fleischwerdung) eines göttlichen Wesens.

*Insignien* (lat.): Zeichen der Macht, des Standes und der Würde bei staatlichen oder kirchlichen Amtsträgern.

*Invocavit-Predigten:* berühmte Predigten, die Luther in der ersten Passionswoche des Jahres 1522 in Wittenberg gehalten hat. Der 1. Passionssonntag hat nach Ps 91, 15 den Namen „Invocavit" (= er rief an).

*Isis:* altägyptische Göttin, Gattin von → Osiris. Beider Sohn ist → Horus. In den Isis-Mysterien, die im Römischen Reich weit verbreitet waren, wurde Isis als Universalgöttin verehrt.

*Jáhwe* (hebr.): im Alten Testament der Name des Gottes Israels.

*Julianischer Kalender:* die Berechnung des Jahres nach der Kalenderreform von Caesar 46 v. Chr. Das Sonnenjahr wurde auf 365,25 Tage festgesetzt, so daß alle 4 Jahre ein Schaltjahr eingefügt werden mußte. Diese Regelung war aber ungenau. Vgl. → Gregorianischer Kalender.

*Jungfrauensterne:* auf Ikonen jene drei Sterne auf dem Maphorion der Gottesmutter (Stirn und beide Schultern), mit denen die Jungfräulichkeit der Maria vor, während und nach der Geburt Jesu symbolisiert wird.

*Kamulianum:* nach der Legende soll einer Frau im kappadozischen Kamulia in einem Brunnen das trockene Bild Christi erschienen sein, das an ihrem Gewand einen Abdruck hinterließ. Dieses nicht von Menschenhand gemalte Bild (→ Acheiropoietos) tauchte 574 in Konstantinopel auf. Vgl. auch → Mandylion.

*Kanon* (sumer.-babyl.-gr.-lat.): „Richtschnur, Leitfaden". Im kirchlichen Sprachgebrauch 1. die endgültig festgelegte Sammlung heiliger Schriften; 2. das kirchenamtliche Verzeichnis der Heiligen; 3. das Hochgebet der Eucharistie in der katholischen Liturgie; 4. Mehrzahl Kanones: Einzelbestimmungen des katholischen Kirchenrechts.

*Karpokratianer:* gnostische Sekte im 2. Jahrhundert in Alexandrien. Genannt nach dem Leiter Karpokrates. Der Gründer Epiphanes, der für Güter- und Weibergemeinschaft eintrat, wurde von seinen Anhängern göttlich verehrt.

*Katakombe:* unterirdische Begräbnisstätte. Ursprüngliche Bezeichnung lat. coemetérium = Schlafgemach, Ruhestätte. In Rom entstanden die ersten Coemeterien um 150. Im Mittelalter war nur noch eines dieser Coemeterien zugänglich und bekannt. Es lag in der Via Appia, und zwar in jener Talsenke, die man „ad catacumbas" nannte. Dieser Beiname eines bestimmten Coemeteriums wurde später zur Bezeichnung für alle römischen Coemeterien.

*katholisch* (gr.): kath' hólēn tēn gēn = über die ganze Erde hin verbreitet. In diesem Sinne verstehen sich alle christlichen Kirchen als „katholische" Kirche. Die Kirche des Papstes wird von nichtrömischen Christen daher als „römisch-katholische" Kirche bezeichnet. Hier wird „katholisch" für die Kirche verwendet, die unter der Jurisdiktion des Papstes steht. Das entspricht auch ihrer Selbstbezeichnung.

*Ketzerei* → Häresie.

*Kirchenväter:* frühchristliche Schriftsteller, die vor allem in der orthodoxen Kirche als verbindliche Kirchenlehrer gelten.

*Koinḗ* (gr.): die griechische Umgangssprache, die sich in der Zeit des Hellenismus im gesamten Mittelmeergebiet durchgesetzt hat.

*Kolorismus* (lat.): natürliche Farbgebung, wie sie dem entspricht, was wir sehen. Gegensatz → Polychromie.

*Komplementärfarbe:* geht man von den drei Grundfarben Rot, Gelb, Blau aus, so entsteht die Komplementärfarbe zu jeder dieser drei Grundfarben aus der Mischung der jeweils beiden anderen. Die Komplementärfarbe zu Rot wäre also die Mischung aus Gelb + Blau = Grün.

*Konstitution* (lat.): in der katholischen Kirche Bezeichnung für einen päpstlichen Erlaß mit Gesetzeskraft und für einen Konzilsbeschluß, gelegentlich auch für Beschlüsse und Erlasse weniger bedeutender Gremien.

*Kontemplation* (lat.): Versenkung in Wort und Werk Gottes, in das Übersinnliche, in mich selbst. In den vielen Formen der Mystik ist Kontemplation oft mit der schrittweisen Ausschaltung menschlichen Denkens verbunden.

*Konzil* (lat.): Versammlung von Bischöfen und anderen kirchlichen Amtsträgern mit dem Ziel, theologische und kirchliche Fragen zu erörtern oder zu entscheiden. Sieben Konzile wurden von der gesamten Christenheit als ökumenisch anerkannt. Sinngleich mit → Synode (gr.).

*Kosmokrátor* (gr.): im Hellenismus „Weltenherrscher". Einige orientalische Kirchenväter bezeichneten im 4. Jahrhundert auch Christus als Kosmokrator.

*Kovčég* (russ.): „Heiligenschrank, Arche". In der Ikonenmalerei wird damit die Vertiefung in der Ikonentafel bezeichnet, die die Malfläche bildet und die überstehenden Teile als Ränder erscheinen läßt.

*Krakelüre:* vgl. → Craquelée/Craquelure.

*Kreuznimbus* (dt./lat.): die mit einem Kreuz ausgestattete Lichtscheibe hinter dem Haupt Christi.

*Kvas* (russ.): ein aus Sauerbrot gewonnenes Dünnbier, das russische Ikonenmaler zur Verdünnung der Eiemulsion benutzten.

*Kybele:* phrygische Muttergöttin, die als Spenderin von Leben und Fruchtbarkeit verstanden wird. Ihre Liebe zu Attis symbolisiert das Erblühen und Absterben in der Vegetation und damit Vergehen und Wiedererstehen. Vgl. → Magna mater.

*Kýrie eléison* (gr.): „Herr, erbarme dich". In der Antike ein Huldigungsruf und Bittruf im Sonnenkult und im Kaiserkult. Im christlichen Gottesdienst erstmals 390 in Jerusalem als liturgisches Element nachweisbar, und zwar als Kehrreim eines litaneiartigen Fürbittengebets.

*Lasur* (pers.-arab.-lat.): ein dünner Farbauftrag, bei dem der Malgrund oder untere Malschichten hindurchschimmern.

*Levkás* (russ.; von gr. leukós = weiß): 1. das aus fein gestoßenen Kreiden und Alabaster gewonnene Pulver, das mit Leim und Wasser vermischt zum Malgrund verarbeitet wird; 2. der aufgetragene Malgrund.

*Libri Carolini:* Denkschrift Karls des Großen, in der die fränkische Kirche den Beschlüssen der 7. ökumenischen Synode zu Nicäa 787 zur Verehrung der Bilder widerspricht und die Bilderverehrung verwirft.

*Licht:* – *Beleuchtungslicht:* Jenes Licht, das von einer Lichtquelle her von außen auf einen Gegenstand fällt.

– *Eigenlicht:* In der Ikonenmalerei das Licht, das die Farben gleichsam von innen her erleuchtet und durchstrahlt.

– *Sendelicht:* In der Ikonenmalerei das Licht, das die von innen her erleuchteten Farben ausstrahlen.

*Liturgie* (gr.): „Dienst, Dienstleistung". Die zur geregelten Ordnung eines Gottesdienstes gehörenden Formen, Elemente, Handlungen und Abläufe. In der orthodoxen Kirche wird mit „Liturgie" nur die „Göttliche Liturgie", d.h. die → Eucharistiefeier bezeichnet.

*Lógos* (gr.): „Wort, Gedanke, Vernunft, Rede". In der alten Philosophie als Weltvernunft, als göttliche Urkraft oder als Mittler zwischen Gott und Welt verstanden. In der Theologie wird nach Joh 1 der Logos als das im Gottessohn fleischgewordene Wort verstanden.

*Lollharden:* Anhänger des englischen Theologen John Wiclif (gest. 1384), die als Wanderprediger Reformideen und Gedanken gegen die politische Macht der Kirche verbreiteten. Viele wurden hingerichtet.

*Luftperspektive* → Perspektive.

*Lukasbilder:* Bildnisse Christi und der Maria, die nach der Legende vom Evangelisten Lukas gemalt sein sollen und die daher als authentisch und normativ gelten.

*Lukaslegende:* Legende, nach der der Evangelist Lukas die authentischen Bilder von Jesus und von Maria gemalt haben soll. Die Legende ist seit dem 14. Jahrhundert nachweisbar.

*Magna mater* (lat.): „große Mutter". Bezeichnung für die phrygische Muttergottheit → Kybele.

*Majuskel* (lat.): Großbuchstabe im Unterschied zur kursiven Kleinschreibung (→ Minuskel).

*Malerhandbuch* → Hermeneia.

*Malgrund* vgl. → Levkas.

*Mandórla* (arab./gr./ital.): mandelförmiger Heiligenschein um die ganze Figur, fast nur bei Christus- oder Mariendarstellungen.

*Mandýlion* (gr./pers.): „kleiner Mantel, Tuch". Byzantinische Bezeichnung für → Acheiropoietos.

*Maphórion* (gr./syr.): ein weites Tuch, das Kopf und Schultern bedeckt. Ursprünglich eine syrisch-palästinensische Frauentracht, die dann von den frühchristlichen Diakonissen übernommen wurde. In der Ikonenmalerei gehört das Maphorion, das die drei Jungfrauensterne trägt, zur Bekleidung der Gottesmutter.

*Märtyrer* (gr.): ursprünglich „Zeuge" im Rechtsleben. Die christlichen Gemeinden verstanden darunter den Zeugen für die Wahrheit des Evangeliums, also den Glaubenszeugen, der für sein Bekenntnis den Tod erleidet.

*Mausoleum* (gr.): heute Bezeichnung für ein monumentales Grabdenkmal. Der Name stammt von dem Grabmal, das sich der König Mausolos von Karien (gest. 353 vor Chr.) in Halikarnassos hat errichten lassen. Es muß sehr prachtvoll gewesen sein, denn es wurde zu den sieben Weltwundern gezählt.

*Medaillon* (franz.): oval oder auch rund gerahmtes Bild.

*Memorialkirche:* Kirche, die zu Ehren und zur Verehrung eines bestimmten Heiligen gebaut wurde und diesem gewidmet war.

*Messias* (hebr.): „Gesalbter": Im Alten Testament zunächst Bezeichnung für den regierenden König, später der erhoffte Heilskönig der Endzeit aus Davids Stamm (Jes 9, 1 – 6; Mi 5, 1 – 5). In der Zeit nach dem Exil der König eines endzeitlichen Gottesreiches. Die junge Christenheit sah in Jesus die jüdische Messiashoffnung erfüllt und bezeichnete Jesus mit dem Hoheitstitel → „Christus", der griechischen Übersetzung des hebr. „Messias".

*Metapher* (gr.): bildliche Übertragung eines meist konkreten Begriffs auf einen abstrakten. Das beiden Gemeinsame ist ein Vergleichspunkt, der durch den menschlichen Geist geschaffen wird.

*Metropolit* (gr.): Bischof einer Hauptstadt, ursprünglich der erste Bischof einer Kirchenprovinz. Heute ein Titel für unterschiedliche Aufgaben und Funktionen eines orthodoxen Bischofs.

*Minuskel* (lat.): Kleinbuchstaben im Unterschied zur Großschreibung (→ Majuskel).

*Míthras:* indoiranischer Erlösergott, dessen Kult seit dem 1. Jahrhundert im Römischen Reich besonders unter Soldaten viele Anhänger fand. Der Mithraskult ist eine Mysterienreligion, von der Frauen ausgeschlossen waren.

*Monochromie* (gr.): Einfarbigkeit.

*Monolatrie* (gr.): Verehrung nur eines Gottes, ohne daß damit die Existenz anderer Götter in Frage gestellt wird.

*Monotheismus* (gr.): Bekenntnis zu nur einem einzigen Gott, für den Universalität und Ausschließlichkeit beansprucht wird. Gegensätze → Polytheismus und → Henotheismus.

*Mosaik* (arab.): Flächenkunst oder Flächendekoration, die dadurch zustande kommt, daß kleine bunte Stücke aus Glas, Stein oder Ton in einer feuchten Mörtelschicht zu Bildern oder Mustern zusammengefügt werden.

*Mumie* (arab.): Leiche, die durch besondere Zubereitung vor Verwesung geschützt ist.

*Mumienportrait* (arab.-franz.): Portrait, das, auf ein Brettchen gemalt, am Kopfende der Mumie befestigt oder direkt auf die Mumienhülle gemalt wurde.

*Mýron* (gr.): ein aus Oliven gewonnenes Öl, das für den kirchlichen Gebrauch in der Myronweihe durch verschiedene Ingredienzien angereichert wird. Die Myronsalbung in der orthodoxen Kirche entspricht der Firmung in der katholischen Kirche.

*Myste* (gr.): ein in die kultischen Geheimnisse einer antiken Mysteriengemeinschaft Eingeweihter und Aufgenommener. Die Aufnahme war mit Weihen und Ritualen verbunden.

*Mysterien* (gr.): „Geheimnisse". Antike Geheimkulte. Im Mittelpunkt bedeutender Mysterien der Spätantike standen orientalische Götter (z.B. Adonis, Attis, Kybele, Mithras).

*Mystik* (gr.): eine Form religiösen Erlebens, die auf das Ziel gerichtet ist, die menschliche Seele mit dem Göttlichen zu vereinigen (unio mystica). Die Wege, die zu dieser Vereinigung führen, können z.B. Askese, Meditation, Tanz u.a. sein. In der Orthodoxie ist die Vereinigung mit Christus Kern und Ziel der mystischen Bemühungen. Die Wege zu diesem Ziel sind unterschiedlich: Askese, Meditation, Gebetstechniken, Erkenntnisprozesse, die Schau der Urbilder u.a.m.

*Mythos* (gr.): erzählte Göttergeschichte, die jenseits unserer realen Zeit spielt, in der aber der Ursprung von Welt und Mensch, unsere gegenwärtigen Bedingungen von Leben, Menschsein und Gemeinschaft und der Horizont von Zukunft und Heil zur Sprache und in den Blick kommen.

*Naós* (gr.): im orthodoxen Kirchengebäude das Kirchenschiff.

*Nárthex* (gr.): im orthodoxen Kirchengebäude das Vorschiff des Kirchenraums.

*natürliche Perspektive* → Perspektive.

*Neolithicum* (gr.): „Jungsteinzeit". Im östlichen Mittelmeer und im Nahen Osten die Zeit von etwa 6000 – 3000 v.Chr., in West- und Nordeuropa die Zeit von etwa 3000 – 1500 v.Chr. Kulturgeschichtlich bezeichnet Neolithicum den Übergang von der Kultur schweifender Jäger zur bäuerlichen Dorfkultur.

*Neuplatonismus:* eine philosophische Richtung des 3. – 6. Jahrhunderts, die sich an der Ideenlehre Platons orientiert, aber auch andere Elemente der griechischen Philosophie und orientalische Gedanken aufnimmt. Kennzeichnend für den Neuplatonismus, der in verschiedenen Spielarten auftritt, sind eine ausgeprägte → Emanations- und Hypostasenlehre.

*Nicäno-Constantinopolitanum:* die nach einer strittigen Überlieferung auf dem Konzil von Konstantinopel (381) angenommene Erweiterung des nicänischen Bekenntnisses.

*Nicänum:* das auf dem 1. ökumenischen Konzil von Nicäa (325) beschlossene Glaubensbekenntnis.

*Nike* (gr.): vergöttlichte Personifikation des Sieges in einem Krieg, einem künstlerischen oder sportlichen Wettkampf. Entspricht der römischen Göttin Victoria.

*Nimbus* (lat.): „Wolke, Nebel". Lichtscheibe oder Heiligenschein hinter dem Haupt einer Person. Schon in der Antike ein Attribut der Göttlichkeit. In der christlichen Kunst Ausdruck der Heiligkeit. Der Nimbus hinter dem Haupt gilt als „kleiner Nimbus". Eine Lichtscheibe hinter der gesamten Gestalt heißt → Aureole oder → Gloriole. Kreuznimbus heißt der mit einem Kreuz ausgestattete Nimbus um das Haupt Christi.

*Obelisk:* hoher rechteckiger Steinpfeiler, der sich nach oben verjüngt und in einer pyramidenförmigen Spitze endet.

*Oklád* (russ.): „Beschlag". Beschlag einer Ikone, von der nur noch das Inkarnat der Personen freibleibt. Auch → Riza/Risa.

*Ökumene* (gr.): „die bewohnte Welt". Die Gesamtheit der christlichen Kirchen.

*Ökumenischer Rat der Kirchen:* die Gemeinschaft christlicher Kirchen, die sich 1948 in Amsterdam konstituiert hat. Heute gehören dem Rat die meisten Kirchen, die aus der Reformation hervorgegangen sind, die Altkatholiken und die meisten orthodoxen Kirchen an. Die katholische Kirche konnte sich zur Mitgliedschaft bisher nicht entschließen.

*Ökumenische Symbole:* Glaubensbekenntnisse, die in der gesamten Christenheit anerkannt sind. Als solche gelten das Apostolicum, das Nicäno-Constantinopolitanum und das Athanasianum.

*Olífa* (russ.): eine aus bestem Leinöl, Harzen und Bernstein bestehende Schutzschicht, die nach Abschluß der Malarbeiten über die Malerei gelegt wird. Sie wird im Laufe der Zeit tiefbraun.

*Oránt, Orántin, Orans* (lat.): eine Figur, die in Gebetshaltung mit emporgehobenen Armen und nach oben geöffneten Händen dargestellt wird.

*Orárion* (gr.): ein etwa 2 m langes und etwa 10 cm breites Stoffband, das der Diakon der orthodoxen Kirche über die linke Schulter wirft. Auf dem nach vorn weisenden Ende sind drei Kreuze oder das Wort „heilig" eingestickt. Es entspricht der Stola in der katholischen Kirche. Das Orarion ist für die liturgischen Dienste des Diakons unentbehrlich.

*Orpheus:* griechische mythologische Gestalt, die mit ihrem Gesang und Saitenspiel Menschen, Tiere und Pflanzen bezaubert. Orpheus steigt nach dem Tod seiner geliebten Gattin Euridike in die Unterwelt hinab und erreicht, daß ihm Hades, der Gott der Unterwelt, seine Gattin wieder zurückgibt.

*orthodox, Orthodoxie* (gr.): „rechtgläubig, richtig lehrend". Selbstbezeichnung der Ostkirchen im Unterschied zur römischen Kirche.

*Osíris:* altägyptischer Gott, der einen patriarchalisch-nomadischen Herrscherbegriff mit einem bäuerlich-vegetativen Lebensbegriff verbindet.

*Palládium* (gr.-lat.): Bild der griechischen Göttin Pallas Athene, das im Sinne eines Schutzbildes getragen wurde. Im weiteren Sinne Bild der Schutzgottheit einer Stadt oder eines Staates. So ist z.B. die → Vladimirskaja Palladium ganz Rußlands.

*Pallium* (lat.): im antiken Rom ein mantelartiger Überwurf.

*Panhagía* (gr.): „Allheilige". Bezeichnung und Ehrenname der Gottesmutter Maria.

*Pantokrátor* (gr.): „Allherrscher". Nach 2 Kor 6,18 als Bezeichnung für Christus übernommen, mit der dessen göttliche Universalität und Allmacht ausgedrückt werden soll. Als Ikone wird der Pantokrator als Halbfigur oder als Ganzfigur frontal dargestellt, die Rechte lehrend erhoben, in der Linken das Evangelienbuch.

*Paradígma* (gr.-lat.): Beispiel, Muster für etwas.

*Parusíe* (gr.): in der Antike Bezeichnung für Einholungsakt, Ankunft und Erscheinung des kultischen Götterbildes oder des Kaiserbildes. Im Christentum wird mit Parusie die Wiederkunft Christi in Herrlichkeit am Ende der Zeiten bezeichnet.

*Pastophórien* (gr.): im orthodoxen Kirchengebäude die beiden Räume nördlich (Prothesis) und südlich (Diakonikon) des Hieron.

*Patriarch* (gr.): im Alten Testament Bezeichnung für die Erzväter des Volkes Israel (Abraham, Isaak, Jakob und dessen Söhne). In der orthodoxen Kirche Titel der Bischöfe von Konstantinopel, Alexandrien, Antiochien und Jerusalem sowie der vier neueren autokephalen Ortskirchen in der Orthodoxie, nämlich Moskau, Belgrad, Bukarest und Sofia.

*Patriarchat* (gr.): „Vaterherrschaft". Eine bestimmte gesellschaftliche Struktur. In der orthodoxen Kirche Bezeichnung für jene autokephalen orthodoxen Ortskirchen, deren Bischof den Titel Patriarch trägt.

*Patron* (lat.): 1. Schutzheiliger einer Kirche oder einer Berufs- oder Standesgruppe. 2. Gründer, Erbauer oder Stifter einer Kirche, dem dadurch Vorrechte und Pflichten erwuchsen.

*Patronat* (lat.): Rechtsstellung des Stifters einer Kirche oder seines Nachfolgers (z.B. Vorschlagsrecht bei Stellenbesetzungen und Ernennungen, Unterhaltspflicht für die Pfarrstelle u. a. m.).

*Pentáptychon* (gr.): fünfteiliges Bild, das wie ein Flügelaltar zusammengeklappt werden kann.

*Perspektive* (lat.):

– *Bedeutungsperspektive:* konzentriert den Blick und die Information auf die Person des jeweils höchsten Ranges. Diese Person wird so dargestellt, daß sie „vor" allen anderen steht und diese auch „überragt". Die ranghöchste Person darf durch Personen geringerer Bedeutung nicht verdeckt werden.

– *Farbenperspektive:* vgl. auch → Luftperspektive, geht von der Erfahrung aus, daß Farben, die in der gleichen Ebene liegen, teilweise vortreten, teilweise aber zurücktreten. Rot und Gelb scheinen vorzutreten, Blau hingegen scheint zurückzutreten. Das kann der Maler ausnutzen, um die Wirkung der Tiefe zu verstärken. Die → Luftperspektive ist eine Sonderform der Farbenperspektive.

– *Fluchtpunktperspektive:* entspricht der Zentralperspektive.

– *Luftperspektive:* beruht auf der Erfahrung, daß in der Landschaft die warmen Gegenstandsfarben des Vordergrunds zum Horizont hin zunehmend ins Bläuliche übergehen. Der Maler kann die Tiefendimension des Raumes dadurch verstärken, daß er die Farben zum Bildhintergrund hin in Richtung Blau oder Blaugrün abstuft. Vgl. auch Farbenperspektive.

– *natürliche Perspektive:* entspricht der → Zentralperspektive.

– *umgekehrte Perspektive:* auch episch-informative Perspektive, verlegt den „Fluchtpunkt" in den Betrachter. Linien, die nach der Zentralperspektive konvergieren, divergieren nach den Regeln der umgekehrten Perspektive. Der Fluchtpunkt verschiebt sich je nach der Position des Betrachters innerhalb der Komposition. Dadurch wird ein Höchstmaß an Information möglich.

– *Zentralperspektive:* stellt den Raum so dar, daß sich alle senkrecht zur Bildfläche laufenden Geraden im „Fluchtpunkt" treffen. Dieser Fluchtpunkt liegt auf der

Horizontlinie, die je nach der Position der angenommenen Augenhöhe des Betrachters hoch oder tief liegt. Die Position des Fluchtpunktes auf der Horizontlinie entspricht der Position, die der Betrachter zum Raum einnimmt. Die Zentralperspektive wird seit dem 5. Jahrhundert v. Chr. in der antiken Szenenmalerei angewendet. Die gesetzmäßige und mathematische Konstruktion wurde im 15. Jahrhundert (Frührenaissance) in Italien entwickelt. In Deutschland ist sie erstmals von A. Dürer in der Malerei und Graphik konsequent angewendet worden.

*Pigment:* Farbpulver, das den Farbton einer Farbsubstanz bestimmt. Durch Zugabe von Bindemitteln stellt man Malfarbe her.

*Platytéra* (gr.): Typus der Gottesmutterikone. Maria sitzt auf einem Thron und hält das Kind vor sich auf dem Schoß.

*Pódlinnik* (russ.): → Hermeneia.

*Poliment* (lat.-franz.): feiner, geschlämmter Ton, der als Unterlage für die Vergoldung mit Blattgold dient. Dem Ton, der rot, gelb oder dunkelgrau sein kann, werden Wachse, Seifen und Fette beigegeben, damit seine Klebefähigkeit verbessert wird. Auch „Bolus" genannt.

*Polychromie* (gr.): „Vielfarbigkeit". Hier als Gegensatz zu → Kolorismus verstanden. Unabhängig von der Naturfarbe und von dem, was wir sehen, werden klare Farbflächen mit scharfen Grenzlinien voneinander abgegrenzt. Die farbliche Komposition richtet sich nach den symbolischen Farbwerten und nach ästhetischen Gesetzen der Komposition.

*Polytheismus* (gr.): der Glaube an die Vielzahl von Göttern und Göttinnen (Gegensatz → Monotheismus).

*polyvalént* (gr.-lat.): „vielwertig".

*Póntifex* (lat.): „Brückenbauer". Römisch: Oberpriester. Christlich: Bischof.

*Pontifikalmesse* (lat.): vom Bischof zelebrierte Messe.

*Portrait* (franz.): künstlerische Darstellung eines bestimmten Menschen, die dessen Individualität sichtbar macht.

*Poseidon:* griechischer Gott, Herr des Meeres. Er galt auch als Helfer in Seenot und als Patron der Fischer.

*präexistent* (lat.): die Existenz eines Wesens bereits vor seiner irdischen Erscheinung. Nach christlichem Verständnis war Christus bereits vor seinem Erdendasein als ewiger Logos existent.

*Présbyter* (gr.): „der Älteste". Kirchliches Amt.

*Primat* (lat.): „Vorrangstellung". Der Bischof von Rom erhebt als Papst den Anspruch auf die geistliche und rechtliche Leitung der Kirche.

*profan* (lat.): bezeichnet das außerhalb des heiligen oder kultischen Bereichs Liegende. Gegensatz: → sakral.

*Proskynése* (gr.): „Verehrung, Anbetung" durch Niederwerfen und Berühren des Bodens mit der Stirn, durch Beugen der Knie, durch Verbeugen und durch Küssen.

*protestantisch* (lat. pro-testari = öffentlich bezeugen, als Zeuge auftreten für ...): Historisch geht die Bezeichnung auf die feierliche Verwahrung der evangelischen Reichsstände auf dem Reichstag zu Speyer 1529 gegen die kaiserliche Religionspolitik zurück. „Protestantisch", sinngleich mit → „evangelisch", wird zum Sammelbegriff für alle aus der kirchlichen Reformation des 16. Jahrhunderts hervorgehenden Kirchen.

*Próthesis* (gr.): 1. im orthodoxen Kirchengebäude der Raum nördlich des Hieron hinter der Bilderwand; 2. der Rüstaltar in diesem Raum; 3. der Akt der Vorbereitung der Liturgie, die „Vormesse".

*Prototyp* (gr./lat.): Urbild, Musterbild.

*Quadríptychon* (lat./gr.): vierteiliges Bild, das zusammengeklappt werden kann.

*Rang:* Bezeichnung für die „Reihe" in der Bilderwand. Der Deesis-Rang ist die Reihe, in der die Deesis dargestellt wird.

*Rationalismus:* eine erkenntnistheoretische Position, die im menschlichen Verstand ein selbständiges und von allen äußeren Einflüssen unabhängiges Erkenntnisorgan sieht. Platon war mit seiner Ideenlehre der erste Theoretiker des Rationalismus. Der neuzeitliche Rationalismus, der zur Philosophie der Aufklärung wurde, beginnt mit Descartes (1596–1650).

*Rechtfertigung:* die Lehre von der Rechtfertigung sucht die Frage zu beantworten, wie der Mensch vor Gott recht werden kann. In der orthodoxen Kirche spielt diese Frage kaum eine Rolle, denn sie ist vor allem an der Unsterblichkeit und an der Vergottung des Menschen interessiert. Im Westen hat die Rechtfertigungslehre eine lange und komplizierte Geschichte. Im Anschluß an Paulus (Röm 3, 24 und 28) hält Luther fest, daß der Mensch vor Gott gerecht werden kann allein durch Gnade, allein durch das Heilswerk Christi und allein durch Glauben, ohne jedes menschliche Werk. Nach dem Verständnis des → Tridentinums spielen die guten Werke des Menschen im Rechtfertigungsgeschehen hingegen eine wichtige Rolle.

*Refrigerium* (lat.): „Erquickung". Totengedächtnismahl am Grab des Verstorbenen an den Totengedächtnistagen und am Jahrestag des Todes. Das Totenmahl, das auch in den Katakomben gefeiert wurde, wurzelt in der antiken Vorstellung, daß der Verstorbene ein abgeschiedenes, trauriges Schattendasein führt und des liebevollen Gedenkens der Lebenden und der „Erquickung" bedarf.

*Reliéf* (franz.): „erhabene Arbeit". Bildhauerarbeit, bei der die Figuren aus der Fläche hervortreten. In der ägyptischen Kunst gibt es als Sonderform auch das versenkte Relief. Hier sind die Figuren in die Fläche hineingearbeitet.

*Reliquiár* (lat.): Behältnis zum Aufbewahren von Reliquien.

*Reliquie* (lat.): „Überrest, Überbleibsel". Reste heiliger Personen oder Gegenstände, denen besondere Macht zugesprochen wird und die deshalb verehrt werden.

*Renaissance* (franz.): nach heutigem Sprachgebrauch eine Epoche der Kultur-, Kunst- und Geistesgeschichte, die Ende des 13. Jahrhunderts in Italien einsetzt und um 1600 vom Barock abgelöst wird. Kennzeichnend für die Renaissance ist eine Annäherung an die Antike in Lebensgefühl, Weltverständnis und künstlerischer Form.

*Repräsentationsbild:* Bild, das den Eindruck des Übermächtigen und Übermenschlichen hervorrufen will. Meistens Portraitbilder in frontaler Darstellung und mit streng formalisierter Gestik und Mimik.

*Riza, Risa* (russ.): „Einfassung". Entspricht → Oklad.

*sakral* (lat.): das Heilige betreffend. Gegensatz: → profan.

*säkular* (lat.): weltlich.

*Sarkophag* (gr.): Sarg aus Stein, Ton, Holz oder Metall, meist kunstvoll verziert. Der Name (wörtlich: „Fleischfresser") kommt von einem von den Griechen verwendeten Kalkstein, der die darin beigesetzte Leiche allmählich aufzehren sollte.

*Säulenheilige:* Mönchische Einsiedler, die (in Syrien seit dem 5. Jahrhundert) zum Zeichen ihrer Askese auf dem Kapitell einer Säule lebten. Auch Styliten (gr.) genannt. Der berühmteste Säulenheilige, Symeon Stylites (gest. 459), hat 30 Jahre auf einer Säule verbracht.

*Schisma* (gr.): „Spaltung". Gemeint ist die Kirchenspaltung.

*Schma* (hebr.): das nach dem Anfangswort schma (= höre) benannte jüdische Bekenntnis nach Dtn 6,4–9.

*Selbstrechtfertigung:* die Vorstellung, daß der Mensch aus sich, mit eigener Anstrengung und mit eigenen Mitteln vor Gott gerecht werden kann.

*Sendelicht* → Licht.

*Seráph* (hebr.) von „brennen", Pl. Seráphen oder Seraphím: Engelwesen, die schon im Alten Testament erwähnt sind. Nach orthodoxer Lehre gehören sie der ersten Hierarchie der himmlischen Geistwesen an, die unmittelbar vor Gottes Thron stehen. In der Ikonenmalerei werden sie mit sechs meist roten Flügeln dargestellt.

*Serápis:* hellenistischer Gott, der als Retter und Heiler verstanden wurde. Der Name ist von Osiris-Apis hergeleitet, der Bezeichnung des heiligen Stiers von Memphis.

*Sphaira* (gr.): „Weltkugel".

*Staurothek* (gr.): „Kreuzbehälter". → Reliquiar zur Aufnahme einer Reliquie des wahren Kreuzes. Meistens Kästchen, in die vertieft die Gestalt des byzantinischen Kreuzes eingearbeitet war. Die Kreuzpartikel wurden in die Mitte dieser Vertiefung gelegt.

*Staurothekikonen* (gr.): in Rußland wurde aus der byzantinischen → Staurothek ab dem 17. Jahrhundert die Staurothekikone entwickelt. An die Stelle des Schreins trat eine Ikone. Statt der Kreuzreliquie wurde in die Ikone ein Metallkreuz oder ein in Ikonenart gefertigtes Holzkreuz eingelegt.

*Styliten* → Säulenheilige.

*Subordinatianische Christologie:* eine Theologie, die den göttlichen Logos für ein göttliches, aber Gott untergeordnetes Wesen erklärt. Diese Christologie wurde insbesondere von den Apologeten des 2. Jahrhunderts vertreten.

*Symbol* (gr.): Gegenstand oder Vorgang, der für einen nicht darstellbaren Sachverhalt steht.

*Synkretismus* (gr.): Vermischung, Vermengung, Verschmelzung verschiedener Religionen oder einzelner religiöser Phänomene (z. B. Götter oder Kulte).

*Synode* (gr.): vgl. → Konzil.

*Támmuz* (hebr.): sumerisch-babylonischer Vegetationsgott.

*Temperamalerei* (lat.): im Mittelalter verstand man unter „temperare" das Mischen von Pigmenten mit Bindemitteln. Je nach dem Bindemittel unterscheidet man Gummi-, Ei-, Kasein-, Wachstempera u. a. m. Die Temperafarben trocknen sehr rasch. Die Malerei wirkt daher sehr hart. Übergänge müssen mit kleinen Strichen oder Punkten ausgearbeitet werden.

*Theotókos* (gr.): Maria als Gottesgebärerin.

*theozentrisch* (gr.-lat.): Gott in den Mittelpunkt stellend.

*Torá* (hebr.): „Weisung", „Lehre", „Gesetz". Das alttestamentliche Gesetz, insbesondere die fünf Bücher Moses.

*Transzendenz* (lat.): der Bereich, der außerhalb der Grenzen sinnenhafter menschlicher Wahrnehmung und Erfahrung liegt.

*transzendieren* (lat.): „überschreiten" dessen, was man mit dem Verstand erfassen und mit den Sinnen wahrnehmen kann.

*Trias, Triade* (lat.): „Dreiheit".

*Tridentinum:* Bezeichnung für das Konzil von Trient (1545 – 1563), das die Lehre und Gestalt der katholischen Kirche angesichts der Gedanken der Reformatoren und gegen sie für lange Zeit festschrieb und damit auch Anstoß zur Reform der katholischen Kirche gab.

*Trinität* (lat.): „Dreieinigkeit, Dreifaltigkeit".

*Triptychon* (gr.): dreiteiliges Bild, das nach Art eines Flügelaltars zusammengeklappt werden kann.

*Trullanum:* Name zweier Konzile, die im „Trullus", dem Saal des Kaiserpalastes zu Konstantinopel, stattfanden. Das Trullanum I fand 680 statt und zählt als das 6. ökumenische Konzil. Das Trullanum II fand 691 statt.

*Tschin* (russ.): 1. Die durch Tradition und Kirchenrecht festgelegte Ordnung aller gottesdienstlichen Handlungen. 2. Deesis-Reihe der russischen Ikonostase.

*Typologische Auslegung:* eine Auslegungsmethode, bei der vor allem alttestamentliche Texte als Vorausabbildung (= Typos) zukünftiger heilsgeschichtlicher Ereignisse verstanden und in diesem Sinn gedeutet werden. So wird in Röm 5 Adam als Typus Christi, oder in Hebr 7 Melchisedek als Typus des Hohenpriesters Christus verstanden. Das, was Jona widerfahren ist, wird auf Tod und Auferstehung hin gedeutet.

*umgekehrte Perspektive* → Perspektive.

*Umilénie* (russ.): Gottesmutterikone vom Typus der → Eleusa.

*Vesta:* römische Göttin des häuslichen Herdfeuers und des Staatsfeuers, das im Rundtempel der Vesta auf dem Forum Romanum von den Dienerinnen der Göttin (Vestalinnen) gehütet wurde.

*Vicarius Christi:* Stellvertreter Christi.

*Vicarius Dei:* Stellvertreter Gottes.

*Victoria* (lat.) → Nike.

*Vita* (lat.): „Leben", hier im Sinne von Lebenslauf.

*Vitenikone:* Ikonentypus, der das Leben Heiliger schildert.

*Vladímirskaja:* Gottesmutterikone von Vladimir.

*Waldenser:* eine asketische Laienbewegung, die 1176 von dem Lyoner Kaufmann Petrus Waldes ins Leben gerufen wurde. Sie verwarfen Eid, Krieg, Seelenmessen, Ablässe, Fegefeuer und Sakramente, die von unwürdigen Priestern gespendet wurden. Sie betonten die Bußpredigt und das Armutsideal. Von der Hierarchie, insbesondere von der Inquisition, wurden sie verfolgt. Reste konnten sich in den piemontesischen Alpentälern erhalten. Seit 1860 verbreiteten sie sich in ganz Italien.

*Weltrat der Kirchen* → Ökumenischer Rat der Kirchen.

*Werkgerechtigkeit:* die Vorstellung, daß der Mensch durch seine eigenen guten Werke vor Gott gerecht werden kann.

*Zentralperspektive:* → Perspektive.

*Zeus:* oberster Gott der Griechen. Er ist Himmels- und Gewittergott. Er sendet den Blitz, lenkt das Schicksal der Menschen und hütet Recht und Besitz. Als König der Götter thront er vornehmlich auf dem Olymp.

*Zisterzienser:* ein 1098 in Cîteaux (lat.: Cistertium) gegründeter benediktinischer Reformorden, der durch Bernhard von Clairvaux (gest. 1153) geprägt und gefördert wurde.

*Znaménie* (russ.): Gottesmutterikone vom Typus der → Orantin. Vgl. auch → Blachernitissa.

(der) *Zölibat* (lat.): die in vielen Religionen für Priester und Mönche geforderte „Ehelosigkeit". Das Verbot der Priesterehe, das von Papst Gregor VII. in der Fastensynode von 1074 nachhaltig gefordert wurde und seit dem Tridentinum in der katholischen Kirche geltendes Recht ist. In den orthodoxen Kirchen ist der Zölibat nur für Mönche und Bischöfe vorgeschrieben.

# LITERATURHINWEISE


*Adam, A.:* Lehrbuch der Dogmengeschichte, Bd. 1, 5. Aufl. 1985

*Alpatov, M. V.:* Early Russian Icon Painting, 1978

*Asmussen, J. P. u. a. (Hg.):* Handbuch der Religionsgeschichte, 3 Bde. 1971 f

*Ausstellungskatalog:* 1000 Jahre russische Kunst, 1988

*Caluwé, R. de:* Ikonenmalerei, o. J.

–: Motive der Ikonenmalerei, 1987

*Coche de la Ferté, E.:* Byzantinische Kunst, 1982

*Effenberger, A.:* Frühchristliche Kunst und Kultur von den Anfängen bis zum 7. Jahrhundert, 1986

*Felicetti-Liebenfels, W.:* Geschichte der byzantinischen Ikonenmalerei, 1956

–: Geschichte der russischen Ikonenmalerei, 1972

*Galitis, G./Mantzaridis, G./Wiertz, P.:* Glauben aus dem Herzen. Eine Einführung in die Orthodoxie, 1987

*Gerhard, H. P.:* Welt der Ikonen, 7. Aufl. 1980

*Hämmerle, E./Ohme, H./Schwarz, K.:* Zugänge zur Orthodoxie, 2. Aufl. 1989

*Heuser, A.:* Ikonenmalerei heute, 1988

*Ivanov, V.:* Das große Buch der russischen Ikonen, 1988

*Kegelmann, K.:* Ikonenmalschule – Werkstoffe und Maltechnik. Eine Anleitung für die Praxis, 1989 (Zu beziehen auch beim Vf. K. K., Nienborger Damm 56, 4434 Ochtrup)

*Kitzinger, E.:* Byzantinische Kunst im Werden, Stilentwicklungen in der Mittelmeerkunst vom 3. bis zum 7. Jahrhundert, 1984

*Kottje, R. / Moeller, B.:* Ökumenische Kirchengeschichte, Bd. 1, 4. Aufl. 1983

*Laurina, V. K./Puschkarjow, W. A. u.a.:* Nowgoroder Ikonen des 12. bis 17. Jahrhunderts, 1983

*Lohse, E.:* Umwelt des Neuen Testaments, 1971

*Müller, P. J.:* Byzantinische Ikonen, 1978

*Onasch, K.:* Ikonen, 1961

–: Die Ikonenmalerei, 1967

–: Kunst und Liturgie der Ostkirche in Stichworten, 1981

*Ouspensky, L./Lossky, W.:* Der Sinn der Ikonen, 1952 (englische Neuauflage: The Meaning of Icons, 1982)

*Rothemund, B.:* Handbuch der Ikonenkunst I, 3. Aufl. 1985

*Schönborn, Ch.:* Die Christus-Ikone, 1984

*Skrobucha, H.:* Meisterwerke der Ikonenmalerei, 1961

*Sommer, K.:* Ikonen. Ein Handbuch für Liebhaber und Sammler, 1979

*Stützer, H. A.:* Die Kunst der römischen Katakomben, 1983

*Thon, N.:* Ikone und Liturgie, 1979

*Weitzmann, K.:* Die Ikone (6. bis 14. Jahrhundert), 1978

*Weitzmann, K. u. a.:* Die Ikonen, 1982

*Zaloscer, H.:* Vom Mumienbildnis zur Ikone, 1969

## SYNOPSE DER ALPHABETE

| GLAGOLITISCH RUND | GLAGOLITISCH ECKIG | ZAHLENWERT | GRIECHISCH | ZAHLENWERT | KYRILLISCH | ZAHLENWERT | HEUTIGE RUSSISCH-KIRCHENSLAW. TRAD. | ZAHLENWERT RUSS.-KIRCHENSLAW. | LAUTWERT |
|---|---|---|---|---|---|---|---|---|---|
| Ⰰ | Ⰰ | 1 | Α α | 1 | а | 1 | а | 1 | A |
| Ⰱ | Ⰱ | 2 | | | б | | Б | | B |
| Ⰲ | Ⰲ | 3 | Β β | 2 | в | 2 | В | 2 | V |
| Ⰳ | Ⰳ | 4 | Γ γ | 3 | г | 3 | Г | 3 | G |
| Ⰴ | Ⰴ | 5 | Δ δ | 4 | д | 4 | Д | 4 | D |
| Ⰵ | Ⰵ | 6 | Ε Ɛ ε | 5 | є | 5 | Є | 5 | OFFENES E |
| Ⰶ | Ⰶ | 7 | | | ж | | Ж | | FRZ. J WIE "JOURNAL" |
| Ⰷ | Ⰷ | 8 | Ϛ ς | 6 | ѕ | 6 | Ѕ | 6 | DS (STIMMHAFT) |
| Ⰸ | Ⰸ | 9 | Ζ ζ | 7 | з | 7 | З | 7 | STIMMHAFTES S |
| Ⰹ | Ⰹ | 10 | Ι ι | 10 | і, ı | 10 | І | 10 | I |
| Ⰻ | Ⰻ | 20 | Η η | 8 | и | 8 | И | 8 | I |
| Ⰼ | Ⰼ | 30 | | | ђ | | | | |
| Ⰽ | Ⰽ | 40 | Κ κ | 20 | к | 20 | К | 20 | K |
| Ⰾ | Ⰾ | 50 | Λ λ | 30 | л | 30 | Л | 30 | L |
| Ⰿ | Ⰿ | 60 | Μ μ | 40 | м | 40 | М | 40 | M |
| Ⱀ | Ⱀ | 70 | Ν ν | 50 | н | 50 | Н | 50 | N |
| Ⱁ | Ⱁ | 80 | Ο ο | 70 | о | 70 | О | 70 | ŏ |
| Ⱂ | Ⱂ | 90 | Π π | 80 | п | 80 | П | 80 | P |
| Ⱃ | Ⱃ | 100 | Ρ ϱ | 100 | р | 100 | Р | 100 | R |
| Ⱄ | Ⱄ | 200 | Σ Ϲ σ (ς) | 200 | с | 200 | С | 200 | STIMMLOSES S |
| Ⱅ | Ⱅ | 300 | Τ τ | 300 | т | 300 | Т | 300 | T |
| Ⱆ | Ⱆ | 400 | ΟΥ ου | 400 | оу, ѹ | 400 | Оу | 400 | U |

| GLAGOLITISCH RUND | GLAGOLITISCH ECKIG | ZAHLENWERT | GRIECHISCH | ZAHLENWERT | KYRILLISCH | ZAHLENWERT | HEUTIGE RUSSISCH-KIRCHENSLAW. TRAD. | ZAHLENWERT RUSS.-KIRCHENSLAW. | LAUTWERT |
|---|---|---|---|---|---|---|---|---|---|
| Ⱇ | Ⱇ | 500 | Φ φ | 500 | ф | 500 | Ф | 500 | F |
| Ⱈ | Ⱈ | 600 | Χ χ | 600 | х | 600 | Х | 600 | CH (WIE IN "ACH") |
| Ⱉ | Ⱉ | 700 | Ω ω ω | 800 | ѡ | 800 | Ѿ | 800 | ŌT |
| Ⱋ | Ⱋ | 800 | | | щ | | Щ | | SCHTSCH |
| Ⱌ | Ⱌ | 900 | (ϡ ϡ) | 900 | ц | 900 | Ц | 900 | TS = C |
| Ⱍ | Ⱍ | 1000 | (ϙ ϟ) | 90 | ч | 90 | Ч | 90 | TSCH |
| Ⱎ | Ⱎ | | | | ш | | Ш | | SCH |
| Ⱏ | Ⱏ | | | | ъ | | Ъ | | |
| ⰟⰉ | | | | | ы | | Ы | | I |
| Ⱐ | Ⱐ | | | | ь | | Ь | | |
| Ⱑ | Ⱑ | | | | ѣ | | Ѣ | | JA, JE |
| Ⱓ | Ⱓ | | | | ю | | Ю | | JU |
| | | | | | ꙗ | | Ꙗ | | JA |
| | | | | | ѥ | | Є | | JE |
| Ⱔ | | | | | ѧ | 900 | Ѧ | | JA |
| Ⱖ | | | | | ѫ | | | | |
| Ⱘ | Ⱘ | | | | ѩ | | | | |
| Ⱙ | | | | | ѭ | | | | |
| | | | Ξ Ξ ξ | 60 | ѯ | 60 | Ѯ | 60 | KS = X |
| | | | Ψ ψ | 700 | ѱ | 700 | Ѱ | 700 | PS |
| Ⱚ | Ⱚ | | Θ ϑ | 9 | ѳ | 9 | Ѳ | 9 | GRIECH. θ (=TH,F) |
| Ⱛ | | | Υ υ | 400 | ѵ | 400 | Ѵ | 400 | GRIECH. Υ |

Die Aussprache der Laute hat sich nur leicht verändert. Notiert ist der Lautwert in der gegenwärtigen Praxis der russisch-kirchenslawischen Tradition.

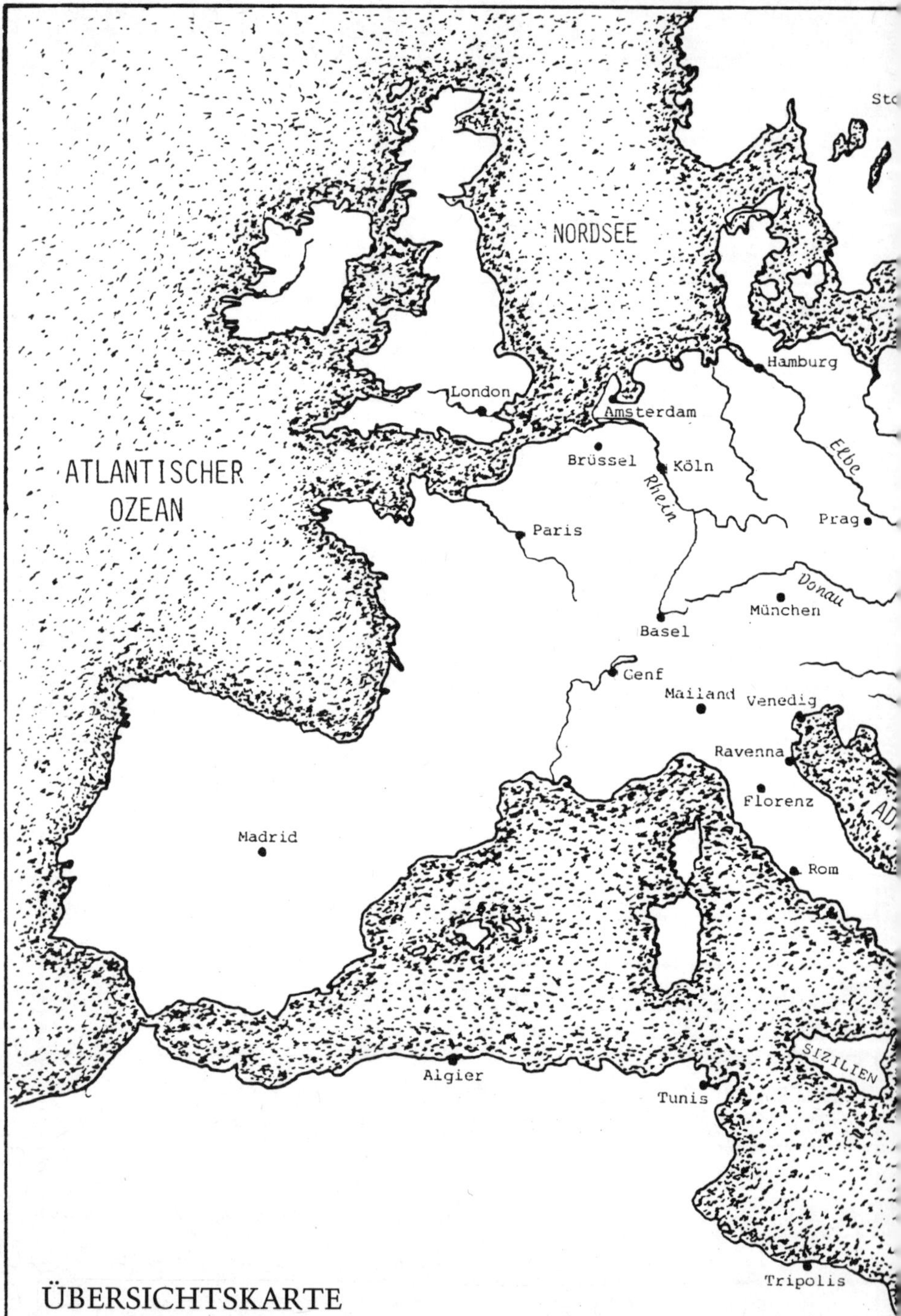


ÜBERSICHTSKARTE
ZUR GESCHICHTE UND VERBREITUNG
DER IKONEN

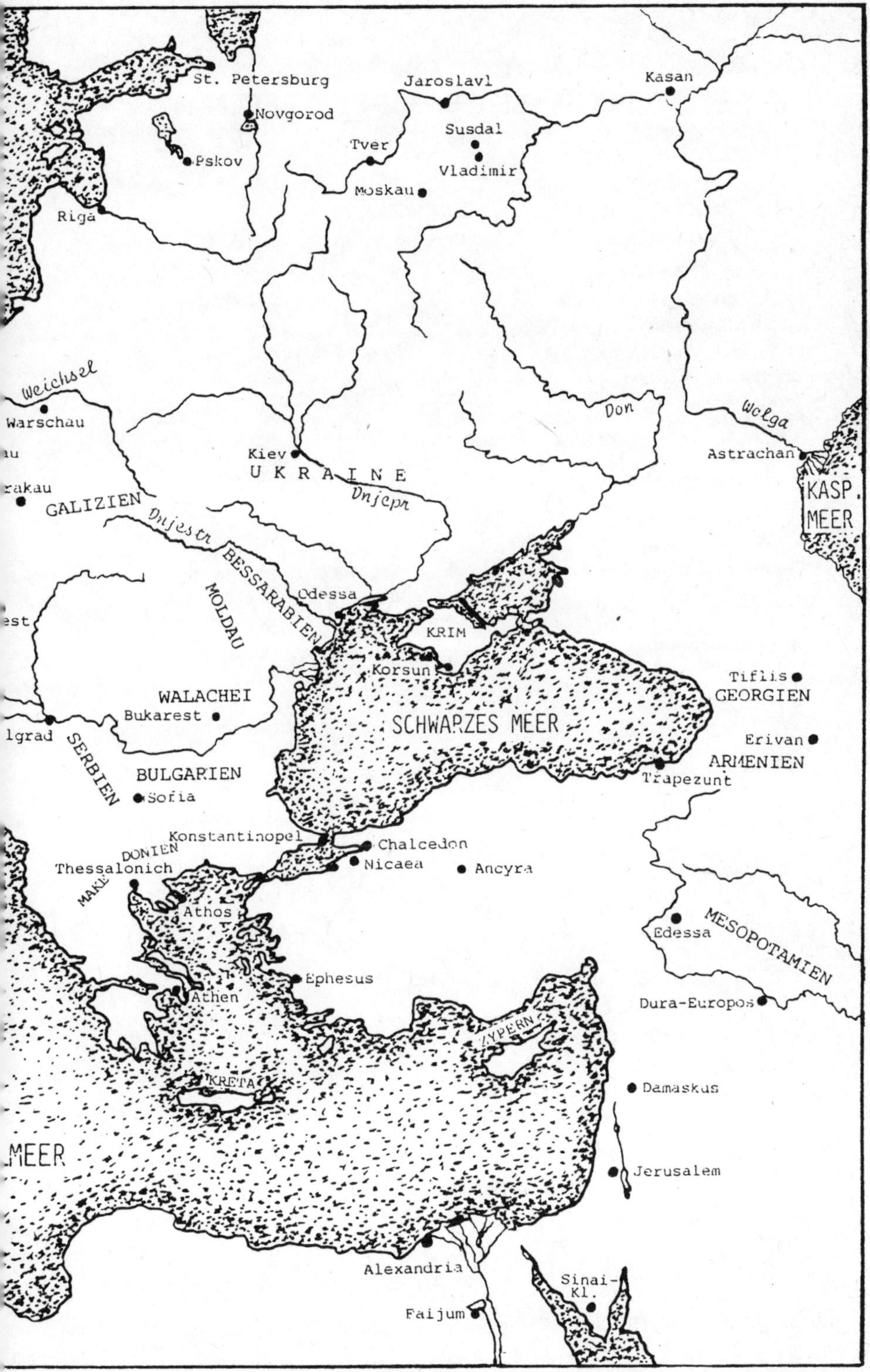

St. Petersburg
Novgorod
Pskov
Riga
Jaroslavl
Tver
Susdal
Vladimir
Moskau
Kasan
Weichsel
Warschau
au
rakau
GALIZIEN
Kiev
UKRAINE
Dnjepr
Don
Wolga
Astrachan
KASP. MEER
Dnjestr
BESSARABIEN
MOLDAU
Odessa
KRIM
Korsun
est
WALACHEI
Bukarest
lgrad
SERBIEN
BULGARIEN
Sofia
SCHWARZES MEER
Tiflis
GEORGIEN
Erivan
ARMENIEN
Trapezunt
Konstantinopel
Chalcedon
Nicaea
Ancyra
MAKEDONIEN
Thessalonich
Athos
Edessa
MESOPOTAMIEN
Ephesus
Athen
Dura-Europos
ZYPERN
KRETA
Damaskus
MEER
Jerusalem
Alexandria
Sinai-Kl.
Faijum

# REGISTER DER BIBELSTELLEN

# REGISTER DER NAMEN

(Gl = Abkürzung für „Glossar", S. 221 – 240)

# REGISTER DER ORTE UND SACHEN

(Gl = Abkürzung für „Glossar“, S. 221 – 240)